高等职业教育“十四五”系列教材

“五小工”劳动技能培训教程

主　编　张希跃　王其梁

副主编　曹志刚　李　祥　贺迪军

中国水利水电出版社
www.waterpub.com.cn
·北京·

目录

第一章

“五小工”概述

2020 年 3 月，中共中央、国务院发布的《关于全面加强新时代大中小学劳动教育的意见》中指出：“劳动教育是中国特色社会主义教育制度的重要内容，把劳动教育纳入人才培养全过程，贯通大中小学各学段，贯穿家庭、学校、社会各方面。”定向士官开展劳动教育课程，有利于促进劳动力资源开发，使士官生的智慧和主观能动性得以有效发挥，让劳动价值观成为青年士官生的自觉追求，实现青年士官生的全面发展。

第一节 "五小工"志愿服务活动的目的及意义

开展"五小工"志愿服务活动旨在培养士官生以校为家、自家自建，崇尚劳动、尊重劳动，勇于奉献、甘于牺牲的精神，在志愿服务活动中增强集体归属感和荣誉感，为走好军旅之路打下坚实的基础。"五小工"志愿服务活动确立以厉行节约为宗旨、以修缮设施为重点、以服务师生为目标的新劳动教育观，实现劳动教育与思政教育有效结合，现实意义深刻。

一、在劳动实践中立德树人

士官生劳动教育要务实，切忌流于形式。流于形式的劳动教育不仅不具备树德、增智、强体、育美的育人价值，还会造成士官生对劳动的理解偏差。"五小工"不仅为定向士官劳动教育实践拓展了渠道，搭建了平台，让士官生真正动手实践、出力流汗，更让他们明白今天的美好生活来之不易，是广大劳动人民长期艰苦奋斗的成果。这样才能培养士官生尊重劳动者、珍惜劳动果实的优良品德。

二、在劳动实践中磨砺意志

定向培养士官生是特殊的大学生，毕业后将步入军营，担负保家卫国的使命和责任，需要具备坚强的意志品质。但是，受社会各种因素影响，青年士官生大多缺乏恒心和毅力，学习训练持久力不足，半途而废的情况比较普遍。在士官生中开展劳动教育，让他们在劳动中品尝艰辛，在艰辛中磨炼意志，才能促进素质全面提升，坚定扎根基层、从军报国的信念。

三、在劳动实践中锤炼素质

通过开展"五小工"志愿服务活动，让士官生在校期间积极投身劳动教育实践，在日常生活劳动、生产劳动和服务性劳动中，直面生活中遇到的各种问题，并在解决问题的过程中拓展知识，在实践中打开思维，掌握解决问题的办法，提升动手操作的实践能力，为适应部队工作岗位打下良好的基础。

四、在劳动实践中强化担当

开展"五小工"志愿服务活动的目的是培养士官生以校为家、自家自建，崇尚劳动、尊重劳动的优良品德。士官生通过参与"五小工"志愿服务活动，积极投身劳动实践和社会服务，在实践活动中体会自身社会价值和责任担当，引导他们认识到只有通过今天的无私付出，才能共同建设和谐美好社会，进一步培养他们的社会责任感和使命担当。

第二节 “五小工”工作职责

一、水木维修工

水木维修工主要负责营区排水管、水龙头、门窗、床铺等水木设施的维护和修缮工作，如图 1-1 所示。

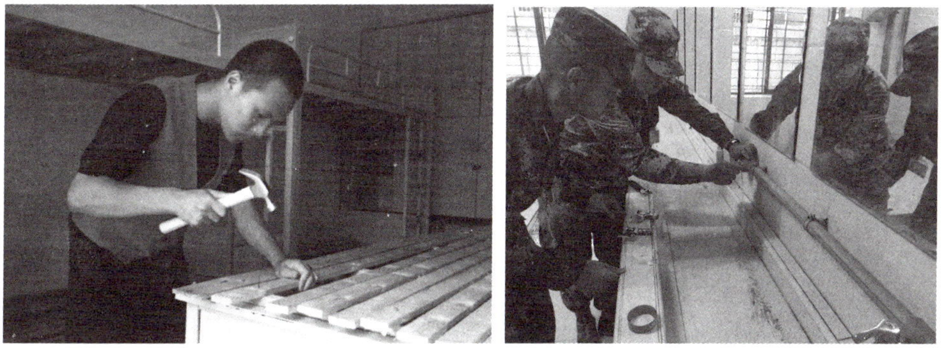

图 1-1 水木维修工作现场

二、电子维修工

电子维修工主要负责手机、计算机等电子设备，以及风扇、空调、灯管、开关插座面板等电器设备的维护和修理工作，如图 1-2 所示。

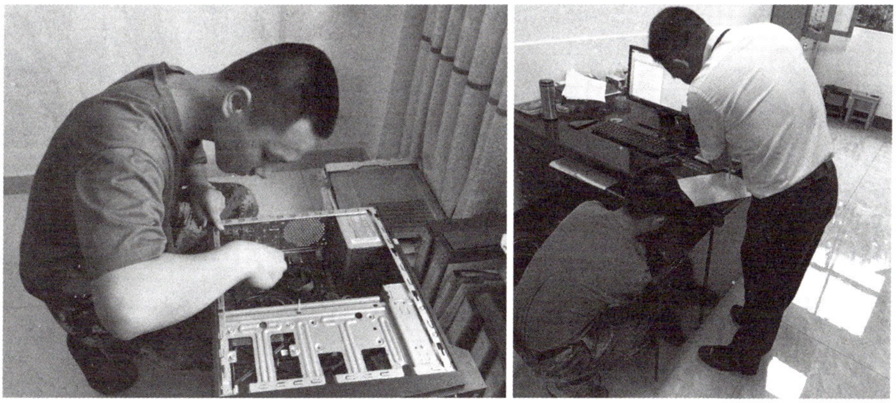

图 1-2 电子维修工作现场

三、营房维修工

营房维修工主要负责营房墙面、地板的维护和修缮工作，如图 1-3 所示。

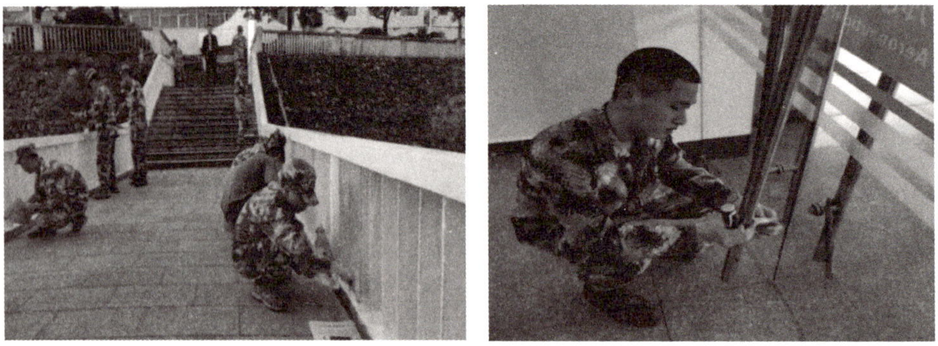

图 1-3　营房维修工作现场

四、志愿服务工

志愿服务工主要负责对学院、社会开展志愿服务活动，如图 1-4 所示。

图 1-4　志愿服务工作现场

五、理发工

理发工主要负责为士官生义务理发，如图 1-5 所示。

图 1-5　理发工作现场

第三节 “五小工”运行机制

为促进“五小工”志愿服务活动规范化、制度化和高效化，“五小工”志愿服务活动要坚持从制度建设入手，进一步健全和完善规章制度，为志愿服务工作的顺利开展提供基础保障。

一、人员选拔

“五小工”队员选拔采取班级推荐、大队审核、学院考核的方式组织实施，要求选拔对象政治思想好、集体观念强、勤奋好学，并且具有一定的实践基础，人数控制在全体士官学员的 20% 左右。

二、技能培训

针对新选拔队员要进行集中培训，每学期开展 1 ～ 2 次。一是要合理安排培训内容。针对当前学生知识结构、发展意愿和实际用途，制订学习计划和学习内容，增强学习兴趣和效果。二是要拓展学习培养渠道，聘请地方专业人员授课组训，组织具备相关业务能力的人员参加地方执业考试，增强个人发展竞争实力。三是要落实优胜劣汰制度，新队员经培训考核合格后，颁布上岗资格证，持证上岗；对于能力素质不足、不作为、乱作为者予以淘汰。

三、报修程序

积极实行多种报修方式：一是选配“五小工”骨干时，设立各军种负责人为副队长，模拟营连“五小工”担任信息员，将报修情况上报副队长，由协调组负责汇总情况并安排维修服务；二是开通线上报修流程，凡需要帮助均可通过报修小程序进行报修；三是各带班教导员定期检查，收集情况，汇总给“五小工”指导老师。

四、维修要求

每周利用学习训练间隙安排巡检维修服务任务，以工促训，集中力量开展服务，提高学院基础设施管护水平，规范工作标准，熟悉掌握营产营具及学生日常生活需求，积极主动开展工作，做到营房设施完好，小修小补不过夜，厉行节约，规范工作流程，日常工作经院领导批准后开展。

五、物资保障

每学期向学院申领维修物资，按需分发使用，落实出入库登记，做到账、物、事相符。积极开展垃圾分类活动，制定“垃圾分类活动计划”，对废品进行回收处理，解决“五小工”志愿服务队的日常开支问题。

六、激励措施

（1）落实绩效考评。对照评分标准，每月对“五小工”工作开展、耗材管理、工作统计等情况进行考评，评出先进小组及队员。

（2）建立健全表彰奖励制度。开展“每月之星”评选、为毕业入伍队员赠送纪念品、宣传“五小工”先进典型等活动，激发广大士官生参加劳动实践活动的积极性。

（3）注重强化思想引领。定期组织“五小工”队员参观“雷锋纪念馆”和“湖南党史陈列馆”及其他红色景点，进行爱国主义教育，提高队员思想政治素质。

第二章

水木维修

水木维修工主要担负营区水电管路、门窗、床板及柜子等设施的维修任务，需要“五小工”维修人员具备一定的识图判图、常用工具使用及维修实践能力。

第一节 水路图纸识读

一、建筑给水管图纸

建筑给水管的布置有多种方式，根据用户对水质、水压和水量的要求，结合室外管网所能提供的水质、水压和水量情况，同时根据建筑物的高度、外形和位置等因素来共同决定。常见的给水方式有直接给水、单设水箱给水、水泵水箱联合给水以及气压给水等。下面介绍生活中常见的给水方式。

（一）直接给水方式

直接给水方式是建筑物内部只设有给水管道系统，不设增压及储水设备，室内给水管道系统与室外供水管网直接相连，利用室外管网压力直接向室内给水系统供水的给水方式。这是最为简单、经济的给水方式。这种给水方式适用于室外管网水量和水压充足的情况，能够全天保证室内用户用水要求，如图 2-1 所示。

（二）单设水箱给水方式

建筑物内部设有管道系统和屋顶水箱（亦称高位水箱），且室内给水系统与室外给水管网直接连接。当室外管网压力能够满足室内用水需要时，则由室外管网直接向室内管网供水，并向水箱充水，以储备一定水量；当高峰用水时，室外管网压力不足，由水箱向室内系统供水。为了防止水箱中的水回流至室外管网，在引入管上要设置止回阀，如图 2-2 所示。

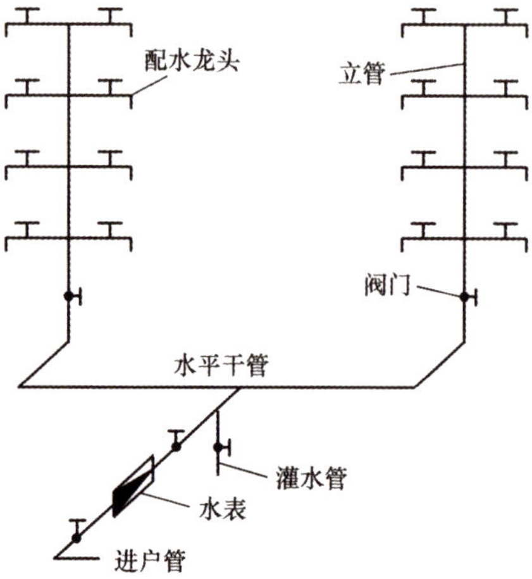

图 2-1 直接给水示意图

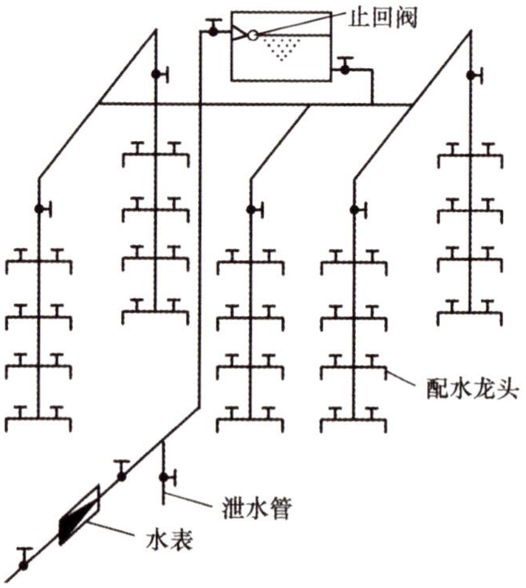

图 2-2 单设水箱给水示意图

（三）水泵水箱联合给水方式

当室外给水管网水压经常不足、室内用水不均匀、室外管网不允许水泵直接吸水而建筑物允许设置水箱时，常采用水泵水箱联合给水方式。水泵从储水池吸水，经加压后送入水箱。因水泵供水量大于系统用水量，水箱水位上升至最高水位时水泵停止工作，此后由水箱向系统供水，水箱水位下降，至最低水位时水泵重新启动，如图 2-3 所示。

这种给水方式由水泵和水箱联合工作，水泵及时向水箱充水，可以减少水箱容积。同时在水箱的调节下，水泵能稳定在高效点工作，节省电能。

（四）气压给水方式

利用密闭压力水罐取代水泵水箱联合给水方式中的高位水箱，形成气压给水方式。水泵从储水池吸水，水送至给水管网的同时，多余的水进入气压水罐，将罐内的气体压缩，罐内压力上升，至最大工作压力时，水泵停止工作。此后，利用罐内气体的压力将水送至给水管网，罐内压力随之下降，至最小工作压力时，水泵重新启动，如此周而复始实现连续供水，如图 2-4 所示。

这种给水方式适用于室外管网水压经常不足，不宜设置高位水箱的建筑（如隐蔽的国防工程、地震区建筑等）。

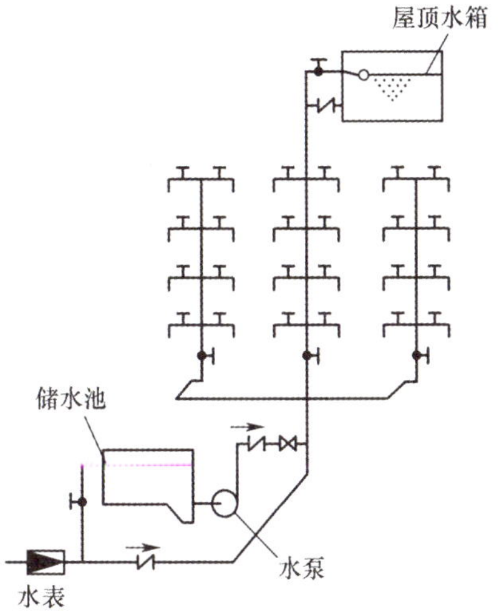

图 2-3 水泵水箱联合给水示意图

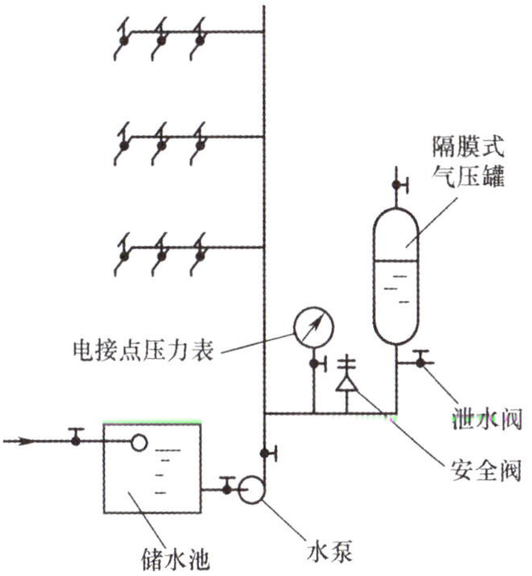

图 2-4 气压给水示意图

二、室内给排水管图纸

（一）给水管布置图纸

给水管布置图需要分布冷水管和热水管，冷水管和热水管之间通过燃气热水器或储水式热水器连接，将冷水管中的自来水经过热水器的加热传输到热水管中，供给全屋热水，如图 2-5 所示。

（二）排水管布置图纸

排水管主要分布在厨房、卫生间以及阳台中。每一个空间中有主排水立管，分支的排水管需要从主排水立管中分接出来。厨房需要预留一个直径为 75mm 的排水管，布置在水槽下面；卫生间需要预留 2 个或 3 个直径为 75mm 的排水管，1 个直径为 110mm 的排水管，布置在洗手盆、淋浴花洒、公共地漏以及坐便器的附近；阳台需要预留 1 个或 2 个直径为 75mm 的排水管，布置在洗衣机、拖把池或公共地漏的附近。

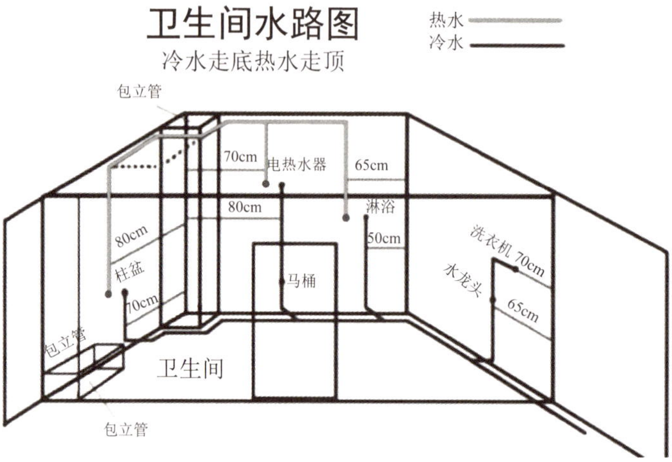

图 2-5　给水管布置图

第二节　水木维修常用工具

一、常用测量工具

（一）钢直尺

钢直尺通常用来测量管材的下料尺寸，具有测量简单、便于携带等特点。按测量上限分，其规格有 150mm、300mm、500mm、1000mm、1500mm、2000mm 六种，可以用于测量各种物件的尺寸，如图 2-6 所示。

图 2-6　钢直尺

（二）钢卷尺与皮卷尺

钢卷尺、皮卷尺用于测量管线的长度，但对长距离管线一般使用测绳测量，测绳的长度为 50 ～ 100m，每米有一个标记。钢卷尺的规格按测量上限分为小钢卷尺和大钢卷尺。小钢卷尺有 1m、2m、3m 三种，大钢卷尺有 5m、10m、15m、20m、30m、50m、100m 七种，如图 2-7 所示；皮卷尺又称皮尺，规格有 5m、10m、15m、20m、30m、50m 六种，如图 2-8 所示。

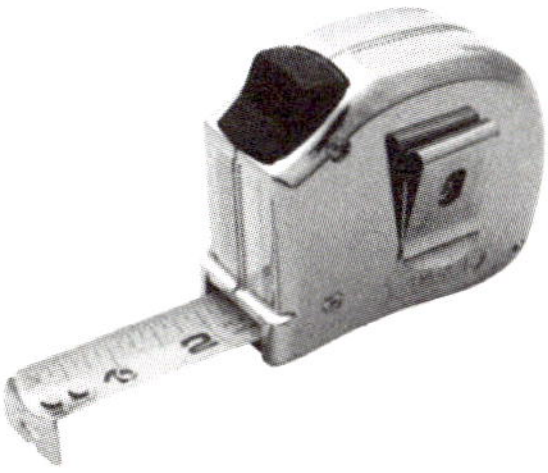

图 2-7　钢卷尺

图 2-8　皮卷尺

（三）游标卡尺

游标卡尺是一种测量管材长度、内外径以及深度的测量工具。游标卡尺由主尺和附在主尺上能滑动的游标两部分构成。若从背面看，游标是一个整体。游标与尺身之间有一弹簧片，利用弹簧片的弹力使游标与尺身靠紧。游标上部有一个紧固螺钉，可将游标固定在尺身上的任意位置。主尺一般以 mm 为单位，在尺身上刻有每格为 1mm 的刻度线，而游标上则有 10 个、20 个或 50 个分格，如图 2-9 所示。

（四）角尺

角尺用于度量面与面、线与线之间的垂直度，如法兰盘的组装等，如图 2-10 所示。当以角尺的两边贴靠在两个角或者两条线上无间隙时，则可以认为两个面或者两条线是垂直的。

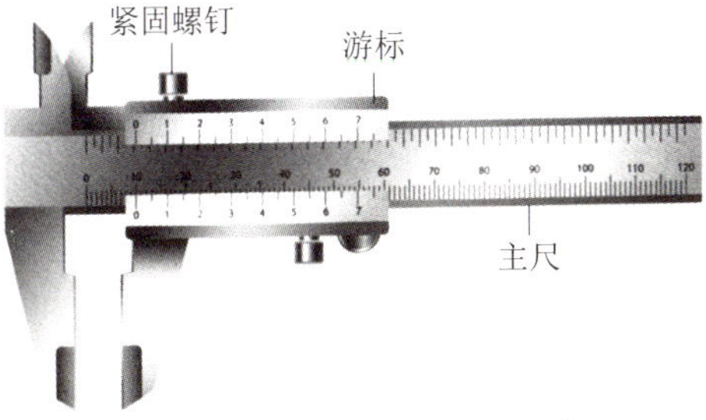

图 2-9　游标卡尺

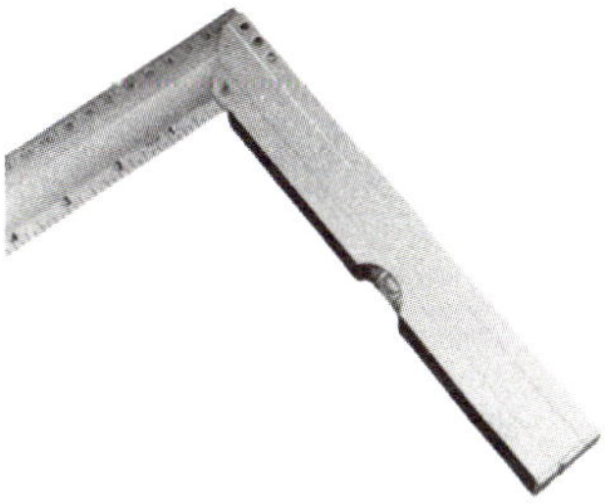

图 2-10　角尺

二、手动管钳

手动管钳又名管子扳手，用来扳动金属、管子附件或其他圆柱形工件，由钳柄、套夹和活动钳口组成，其开口的尺寸可以调节，如图 2-11 所示。

三、管子割刀

管子割刀是一种手动切割 PVC（聚氯乙烯）、PPR（无规共聚聚丙烯）等塑料管道的剪切工具，主要辅助切割机和热熔机来完成水管的切割工作，如图 2-12 所示。

十、钳子

钳子是一种用于夹持、固定加工工件或者扭转、弯曲、剪断金属丝线的手工工具。钳子的外形呈 V 形，通常包括手柄、钳腮和钳嘴 3 个部分，如图 2-19 所示。

图 2-18　锤子（羊角锤）

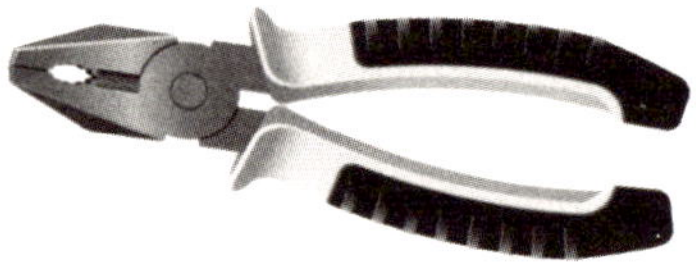

图 2-19　钳子

第三节　水路维护

一、基础知识

（一）PPR 给水管

PPR 给水管是俗名，其学名为三型聚丙烯管，可以作为冷水管，也可作为热水管。通常热水管的管壁上有红色的细线，冷水管的管壁上有蓝色的细线。PPR 给水管具有耐腐蚀、强度高、内壁光滑不结垢等特点，使用寿命可达 50 年，是目前家装市场中使用最多的管材之一，如图 2-20 所示。

图 2-20　PPR 给水管

（二）PPR 直接头

PPR 直接头是指可将两根 PPR 给水管直线连接起来的配件，种类包括直接接头、异径直接头和过桥弯头 3 种。其中，直接接头用于连接两根等径的 PPR 给水管，如两根 4 分（直径为 15mm）管的连接；异径直接头用于连接两根异径的 PPR 给水管，如 4 分管和 6 分（直径为 20mm）管的连接；过桥弯头用于十字交叉处的两根等径 PPR 给水管的连接，如图 2-21 所示。

图 2-21　PPR 直接头

（三）PPR 弯头

PPR 弯头是将两根 PPR 给水管呈 90° 或 45° 的角度连接起来的配件，分为 90° 弯头、45° 弯头、活接内牙弯头、承口外螺纹弯头、承口内螺纹弯头和双联内丝弯头 6 种。其中，90° 弯头和 45° 弯头采用热熔方式将两根 PPR 给水管连接到一起；活接内牙弯头、承口外螺纹弯头、承口内螺纹弯头是采用螺纹连接的方式将两根 PPR 给水管连接到一起；双联内丝弯头主要用于淋浴处冷热水管的连接。图 2-22 所示为各种 PPR 弯头。

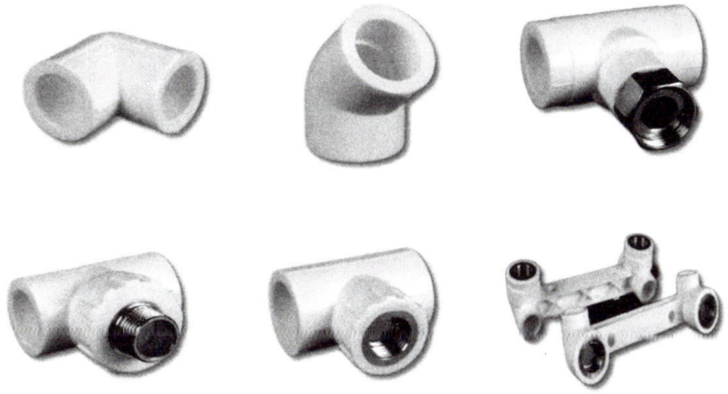

图 2-22　PPR 弯头

（四）PPR 三通

PPR 三通是指将 3 根 PPR 给水管呈直角连接在一起的配件，包括等径三通、异径三通、承口外螺纹三通和承口内螺纹三通 4 种。其中，等径三通和异径三通采用热熔方式将 3 根 PPR 给水管连接到一起，而承口外螺纹三通和承口内螺纹三通是采用螺纹连接的方式将 3 根 PPR 给水管连接到一起，如图 2-23 所示。

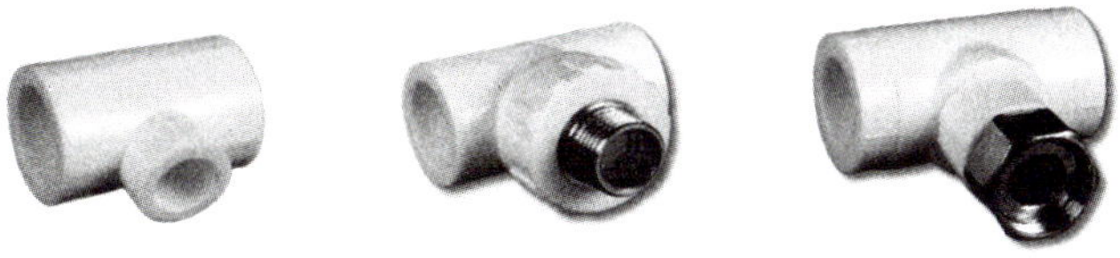

图 2-23　PPR 三通

（五）水路阀门

水路阀门是用来开闭管路、控制流向、调节和控制输送水流的管路附件。阀门是水流输送系统中的控制部件，具有截止、调节、导流、防止逆流、稳压、分流或溢流泄压等功能。家装中常见的水路阀门有冲洗阀、截止阀、三角阀以及球阀 4 种。

1. 冲洗阀

冲洗阀是用于冲洗蹲便器的阀门，分为脚踏式、旋转式、按键式等，如图 2-24 所示。

图 2-24　冲洗阀

2. 截止阀

截止阀是一种利用装在阀杆下的阀盘与阀体凸缘部分（阀座）的配合，达到关闭、开启目的的阀门，如图 2-25 所示。

3. 三角阀

管道在三角阀处呈 90° 的拐角形状，三角阀起到转接内外出口、调节水压的作用，还可作为控水开关，分为 3/8（3 分）阀、1/2（4 分）阀、3/4（6 分）阀等，如图 2-26 所示。

图 2-25　截止阀

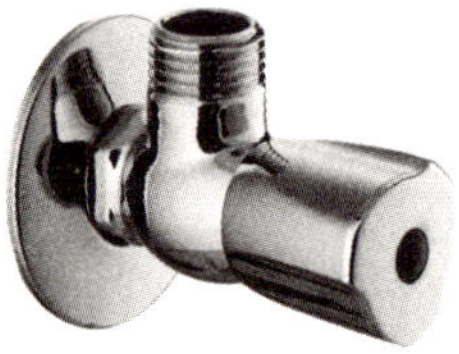

图 2-26　三角阀

4. 球阀

球阀用一个中心开孔的球体作阀芯，旋转球体控制阀的开启与关闭，用来截断或接通管路中的介质，分为直通式、三通式及四通式等，如图 2-27 所示。

图 2-27　球阀

（六）PVC 排水管

PVC 排水管的抗拉强度较高，有良好的抗老化性，使用年限可达 50 年。管道内壁的阻力系数很小、水流顺畅、不易堵塞。施工方面，管道、管件连接可采用粘结方式，施工方法简单，操作方便，安装工效高。PVC 排水管常见规格见表 2-1。

表 2-1　PVC 排水管常见规格

直径 /mm	外径 /mm	内径 /mm	壁厚 /mm	选用
50	50	46	2.0	面盆、水槽、浴缸等排水支管
80	75	71	2.0	面盆、水槽等排水横管
100	110	104	3.0	坐便器连接口、洁具排水横管
150	160	152	4.0	立管
200	200	190.2	4.9	

（七）PVC 弯头

PVC 弯头是将两根 PVC 排水管呈 90° 或 45° 粘结在一起的配件，包括 90° 弯头、45° 弯头、90° 带检查口弯头和 45° 带检查口弯头 4 种。其中，90° 弯头和 45° 弯头用于地面的 PVC 排水管粘结，而 90° 带检查口弯头和 45° 带检查口弯头用于墙面的 PVC 排水管粘结（检查口方便 PVC 排水管的维修），如图 2-28 所示。

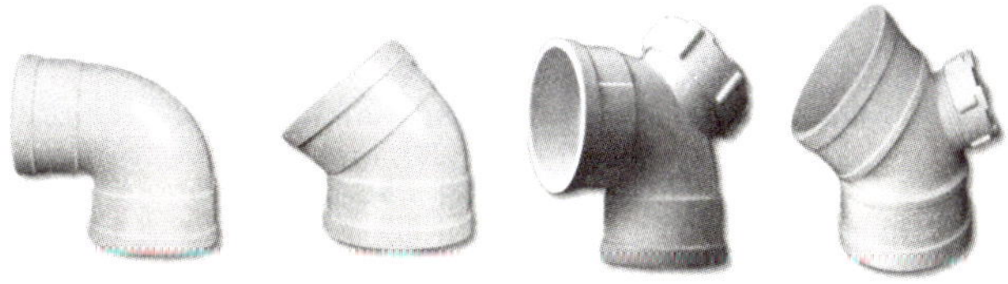

图 2-28　PVC 弯头

（八）PVC 三通

PVC 三通是将三根 PVC 排水管粘结到一起的配件，包括 90° 三通、45° 斜三通和瓶形三通 3 种。其中，90° 三通、45° 斜三通用于等径 PVC 排水管的粘结，而瓶形三通用于异径 PVC 排水管的粘结，如图 2-29 所示。在实际使用过程中，45° 斜三通的实用价值更高，可有效防止排水管发生堵塞等情况。

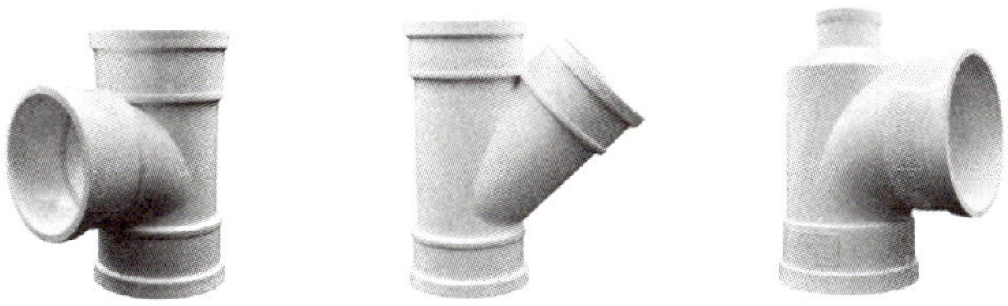

图 2-29　PVC 三通

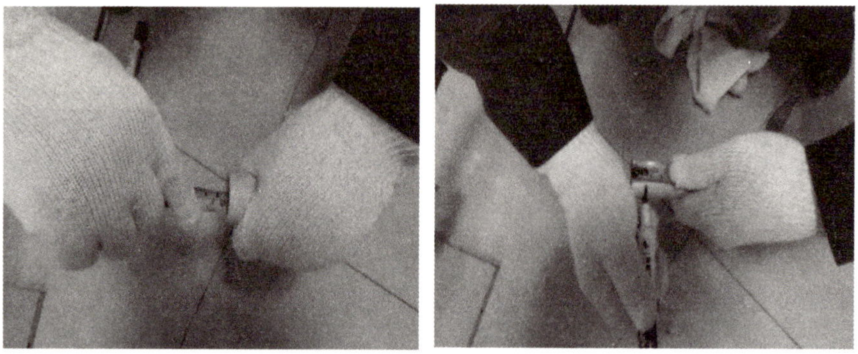

图 2-36　测量管口尺寸

（6）加热时间、加工时间及冷却时间应严格按照标准要求进行。加热时，把管材和管件无旋转地推到加热头套上。达到加热时间后，把管材和管件从加热头套上同时取下然后无旋转沿直线对插入到所标深度，使接头处形成均匀凸缘，如图 2-37 所示。

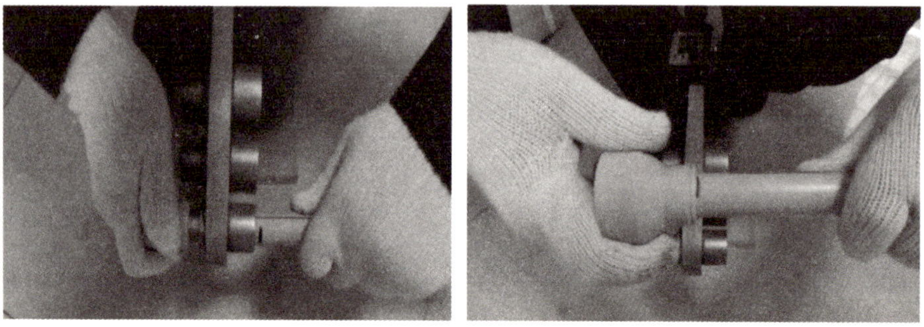

图 2-37　对插管口

（二）PVC 排水管连接

PVC 排水管连接

（1）在粘结前应用板锉等工具对插口进行倒角，倒角度宜为 15° ～ 30°，端口的剩余厚度不应小于管材壁厚的 1/2，如图 2-38（a）所示。

（2）管材和管件在粘结前应用干净的干布将承口内外侧擦拭干净，如图 2-38（b）所示。

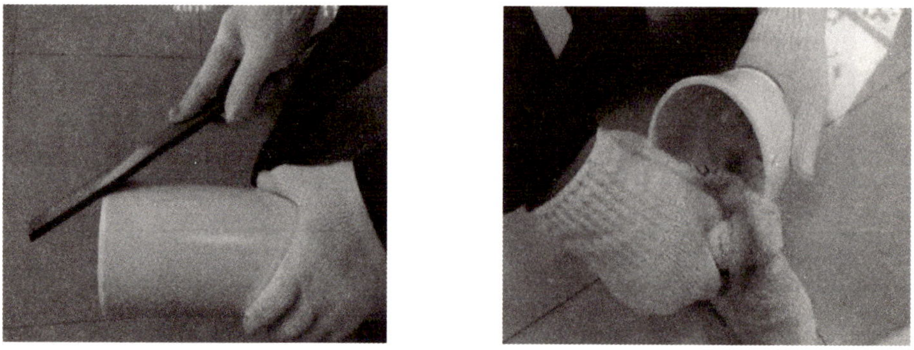

（a）管口倒角　　（b）擦拭管口

图 2-38　管口倒角及擦拭管口

（3）管材应根据管件实测承口深度在管端表面划出插入深度标记，如图 2-39 所示。

（4）在粘结前应对管材和管件进行试插，插入深度应为管件长度的 2/3 或 3/4。若无外力的情况下管件能从管材内自由脱出，说明管材与管件不配套，如图 2-40 所示。

图 2-39　测量承口深度

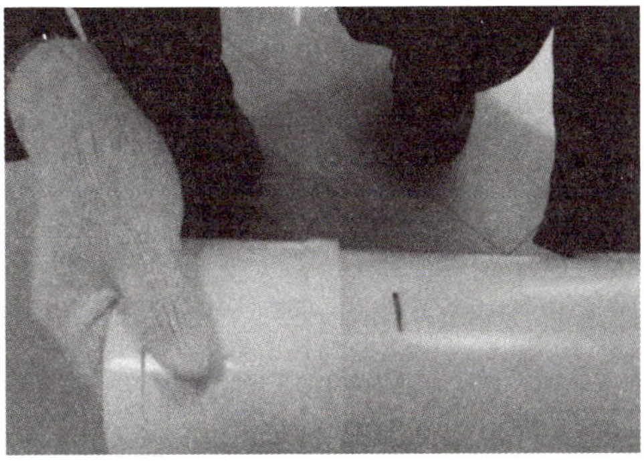

图 2-40　测试管件配套情况

（5）涂刷粘结剂时应先涂刷管件承口内侧，然后再涂管材插口外侧。管材插口涂刷应为管端至插入深度标记范围内。涂刷粘结剂时应迅速、均匀、适量，不得漏涂，如图 2-41 所示。

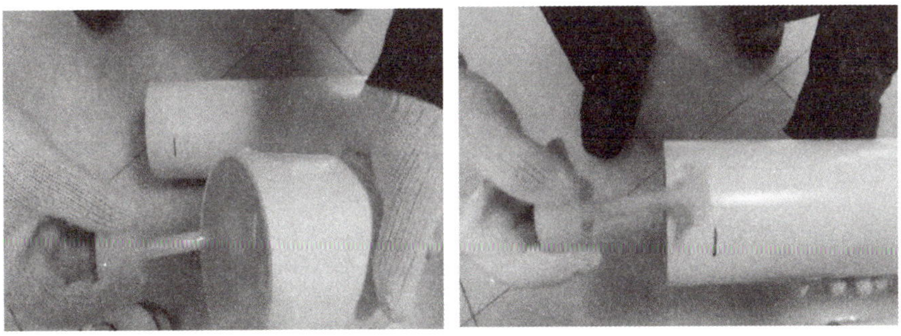

图 2-41　涂刷粘结剂

（6）管材应一次性插入管件，直至标记位置，然后将管件在管材上旋转 90°，使管件和管材上涂刷的粘结剂分布得更均匀，粘结得更加牢固。整个粘结过程宜在 20 ～ 30s 内完成，如图 2-42 所示。

（7）粘结工序结束后，应及时将残留在承口外部的粘结剂擦拭干净，如图 2-43 所示。

（8）粘结部位 1h 内不宜受外力作用；高层建筑中采用粘结的雨水管道，在粘结后的 24h 内不得进行灌水试验。

（三）管道的螺纹连接

管道的螺纹连接

（1）根据管道测量尺寸，按照要求套制出管段。

（2）将带螺纹的管段固定在台虎钳上，螺纹端离台虎钳 100 ～ 150mm，并缠好密封填料（涂铅油缠麻丝、缠聚四氟乙烯生料带均可）。

（3）用手将阀门旋在带螺纹的管段上，以用手能拧紧 2 ～ 3 扣为宜，再用管钳拧紧 3 ～ 4 扣螺纹，拧阀门时按顺时针方向拧入。

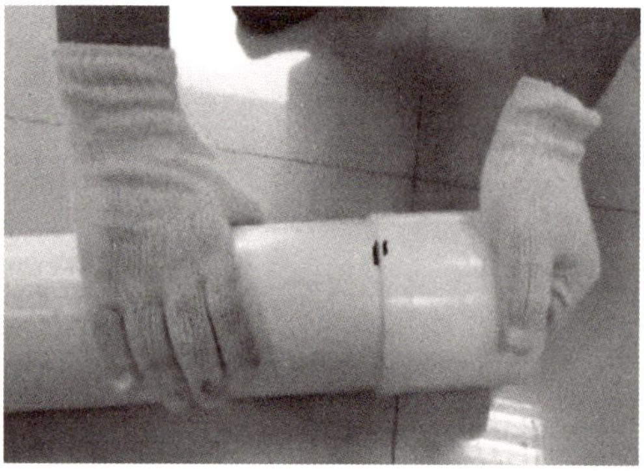

图 2-42　粘结管件

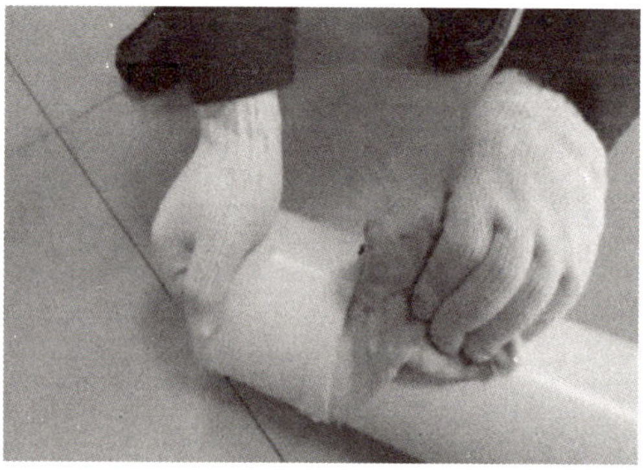

图 2-43　擦拭粘结处

（4）一人首先用管钳夹住已拧紧的阀门一端，另一人用管钳拧紧管段。前者要保持阀门位置不变，因而用力方向为逆时针，后者按顺时针方向慢慢拧紧管段即可。连接的管道如图 2-44 所示。

图 2-44　管道的螺纹连接

存水弯更换方法

第四节　水路修缮

一、存水弯更换方法

（1）如果存水弯的弯曲部分底部安装有放水塞，可用扳手拆下放水塞，并将存水弯内的水排到桶里；如果没有放水塞，那么就拧松滑动螺母并将它们移到其他地方。

（2）如果存水弯是旋转型的，那么存水弯的弯曲部分是可以自由拆卸的，在拆卸时要使存水弯保持直立，并在将该部分拆下来后将里面的水倒掉。如果存水弯是固定的，即不能旋转，则拧下排水管法兰处的尾管滑动螺母和存水弯顶部的滑动螺母，将尾管向下推入存水弯内，然后顺时针拧存水弯，直到将存水弯内的水排出为止，最后拔出尾管，拧开固定存水弯的螺丝，将存水弯从排水道延长段或排水管上拆下，如图 2-45 所示。

（3）根据需要，购买直径合适的排水管存水弯、新尾管、排水延长段或其他配件。

旋转型存水弯使用起来较方便，因为可以很方便地对它进行调整，改变它的角度或使其与排水管部件对齐。

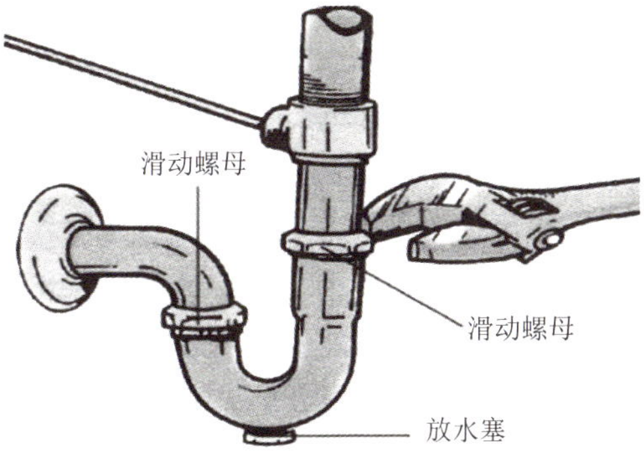

图 2-45　更换存水弯

（4）按正确顺序更换零件，确保将滑动螺母、压力密封带或大垫圈安装在管道上的相应部位。先用滑动螺母将零件松散地连在一起，使管道相互对齐之后，再将螺母拧紧，紧密程度适中即可，不要太紧。通常不需要使用管道胶带或接缝填料。

（5）立即向新存水弯中放水，这既可以检查是否漏水，又可以让这些水形成阻挡下水道气体的重要屏障。

二、排水管堵塞维修方法

排水管堵塞维修方法

（1）关上水龙头，以免堵塞处积水更多。

（2）伸手到排水管或污水管口揭开地漏，清除堵塞物。室外的下水道可能是因为堆积了泥沙，以致淤塞，如图 2-46 所示。

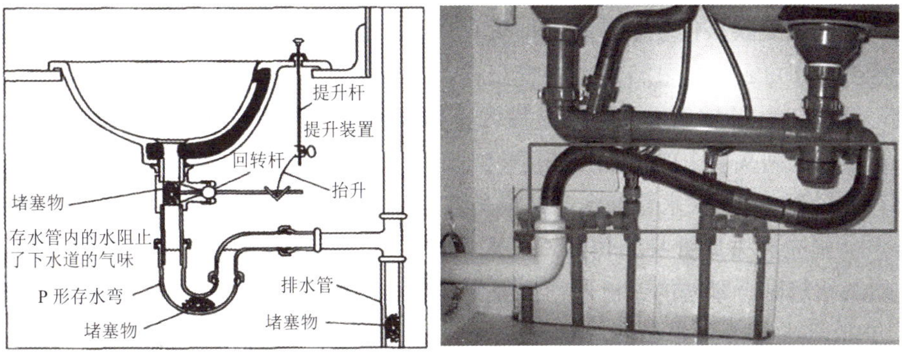

图 2-46　清理排水管污泥

（3）洗脸盆或洗涤槽的排水管若无明显的堵塞物，可用湿布堵住溢流孔，然后用搋子（俗称水拔子）排除堵塞物。

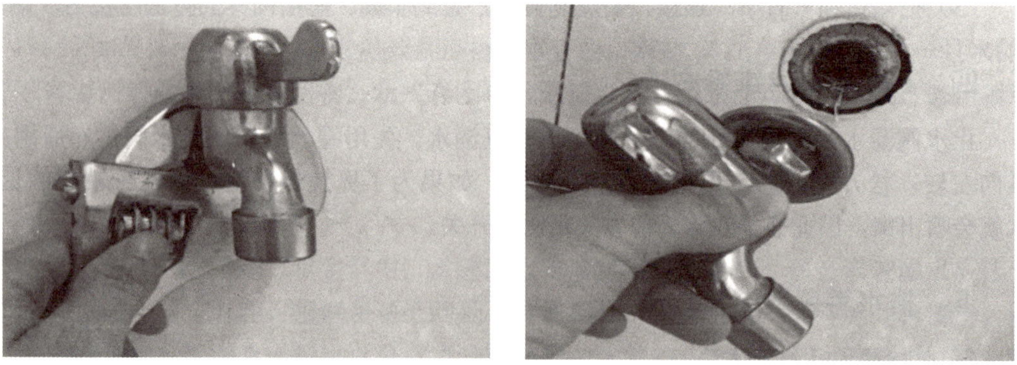

图 2-47　取下水龙头

（5）用水胶布将新水龙头有螺纹部分缠绕起来，约十圈左右，然后把水龙头安装到墙壁接口处，用扳手慢慢拧紧，如图 2-48 所示，打开水源总阀门，打开水龙头检查接口处是否漏水。

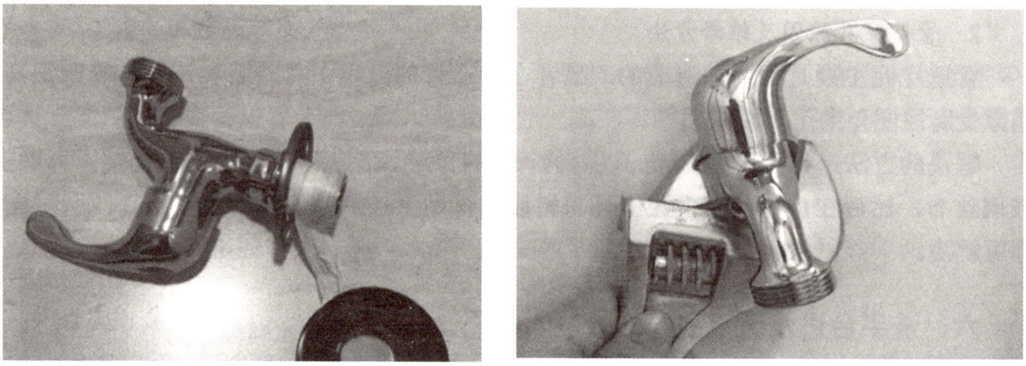

图 2-48　缠绕水胶布并用扳手拧紧水龙头

第五节　门锁更换

一、门锁种类

（1）电子门锁：具有防盗报警功能的电子密码，无论在技术上还是在性能上都有大大提高，如图 2-49 所示。

（2）弹子门锁：分为单保险门锁、双保险门锁、三保险门锁和多保险门锁，如图 2-50 所示。

（3）挂锁：分为铜挂锁、铁挂锁和密码挂锁，其主要规格有 15mm、20mm、25mm、30mm、40mm、50mm、60mm 和 75mm，如图 2-51 所示。

图 2-49 电子门锁

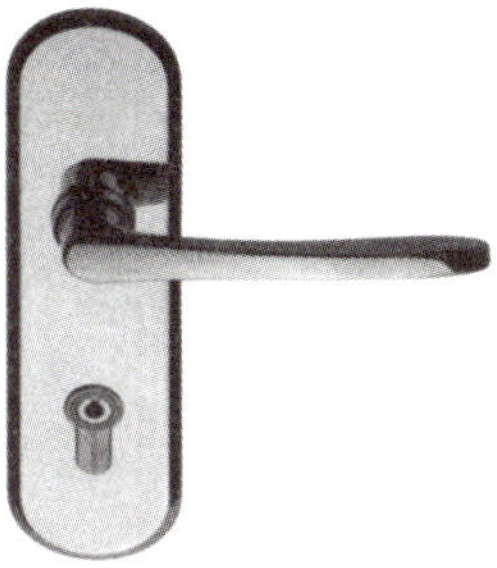

图 2-50 弹子门锁

（4）抽斗锁：分为全铜抽斗锁、套铜抽斗锁、铝芯抽斗锁及左右橱门锁，其主要规格有 φ22.5mm 和 φ16mm，如图 2-52 所示。

图 2-51 挂锁

图 2-52 抽屉锁

（5）插芯门锁：也称防盗门锁，分成钢门插芯门锁和木门插芯门锁，如图 2-53 所示。

（6）球型门锁：分为铜式球型门锁、三管式球型门锁和包房锁，如图 2-54 所示。

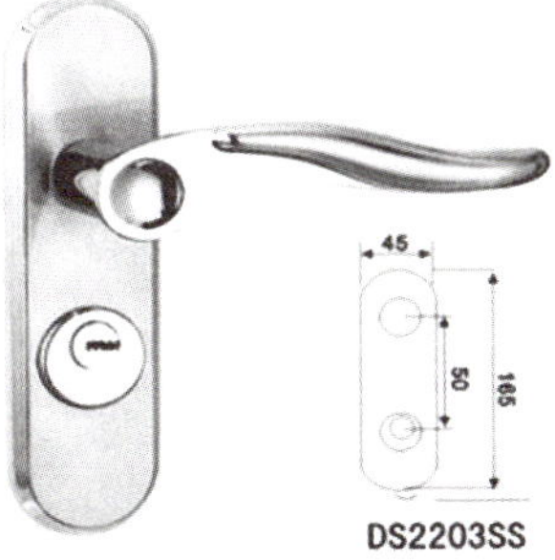

图 2-53 插芯门锁

图 2-54 球型门锁

（7）电控锁：分为指纹锁、磁卡锁、IC 卡锁、密码锁，如图 2-55 所示。

（8）执手锁：图 2-56 所示为执手锁的样例。

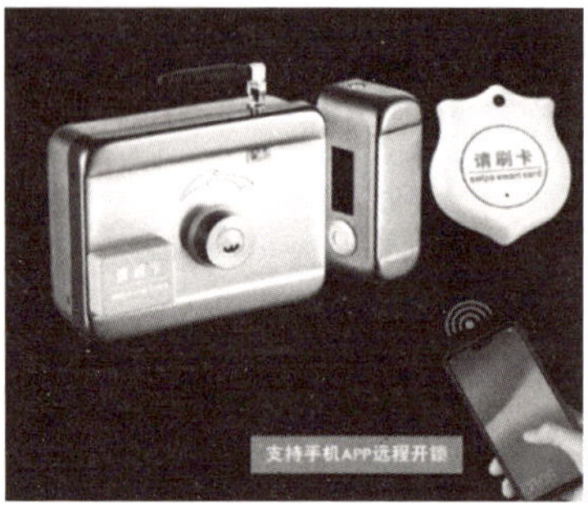

图 2-55　电控锁

图 2-56　执手锁

二、门锁更换技巧

（一）常用家用门锁拆卸步骤

常用门锁拆卸步骤

（1）拆下锁芯固定螺栓，取出锁芯，如图 2-57 所示。

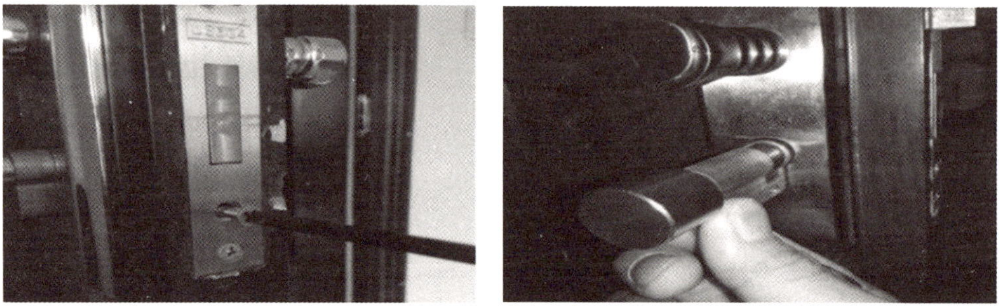

图 2-57　拆下螺栓及取出锁芯

（2）拆下内、外把手，如图 2-58 所示。

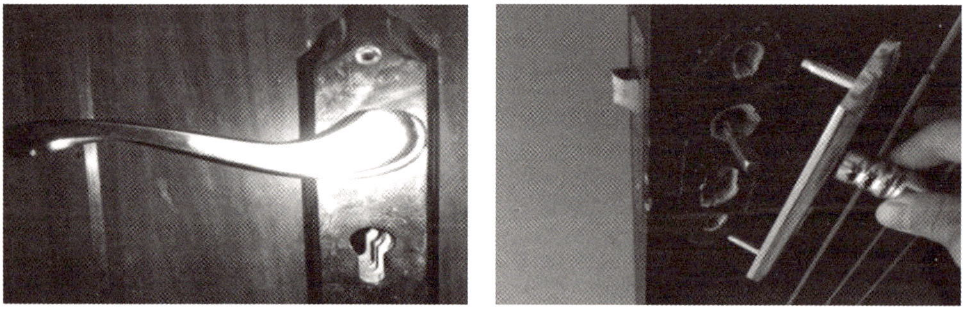

图 2-58　拆下把手

常用门锁安装步骤

（3）取下把手连接杆，拆下锁簧部分，如图 2-59 所示。

（二）常用家用门锁安装步骤

（1）取一套球形门锁，包括锁体、锁舌、锁扣板，找到球形门锁内执手颈部的小槽孔，如图 2-60 所示。

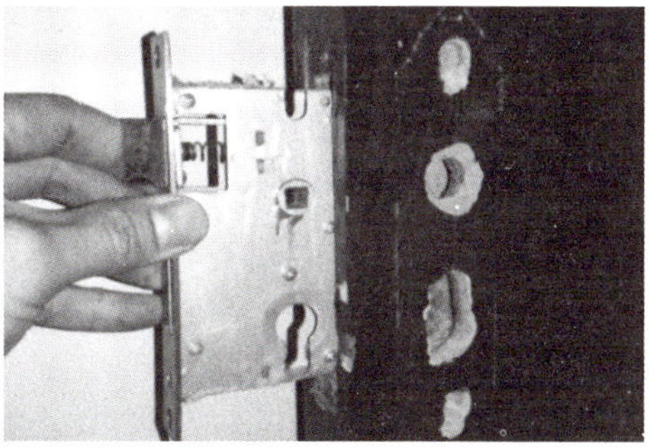

图 2-59　拆下门锁内部装置

（2）用尖头钳的尖端顶一下小槽孔处定位片，然后将锁体的内、外执手拉开，如图 2-61 所示。

图 2-60　准备球型锁

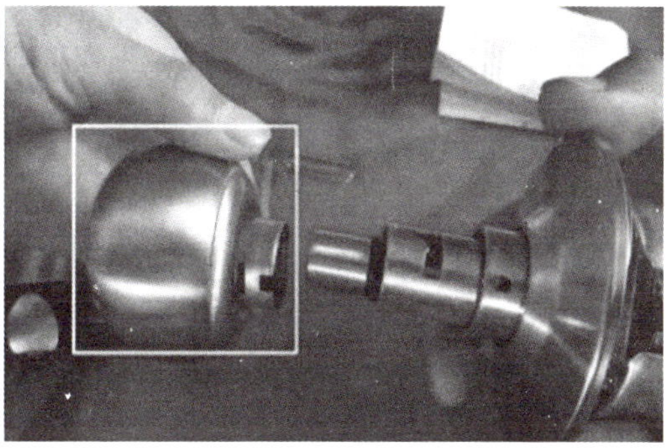

图 2-61　分解锁体

（3）用旋转的方式取下内执手的固定圈，将锁舌安装在锁舌洞里并用螺丝将锁舌扣板固定住，如图 2-62 所示。

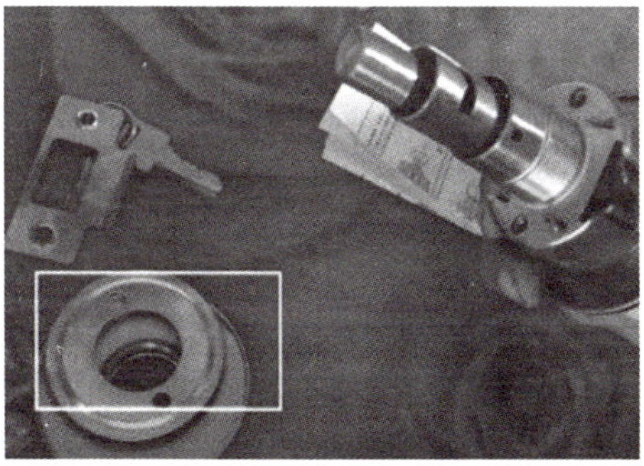
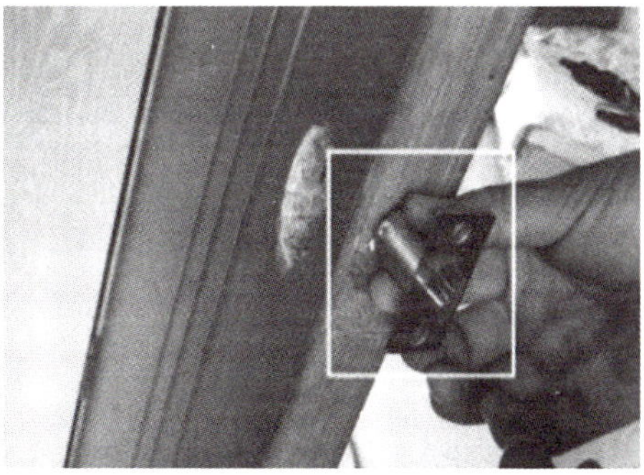

图 2-62　安装锁舌

（4）将锁体插在锁体洞里，注意用外执手调整锁体位置，使锁体中心在门厚度的中心线上，如图 2-63 所示。

（5）套上固定圈，并用两颗螺丝固定锁体，如图 2-64 所示。

（6）将内执手套在执手管上，要使用钳子的尖头顶一下内执手颈部的小槽孔处定位片才可以推入内执手，如图 2-65 所示。

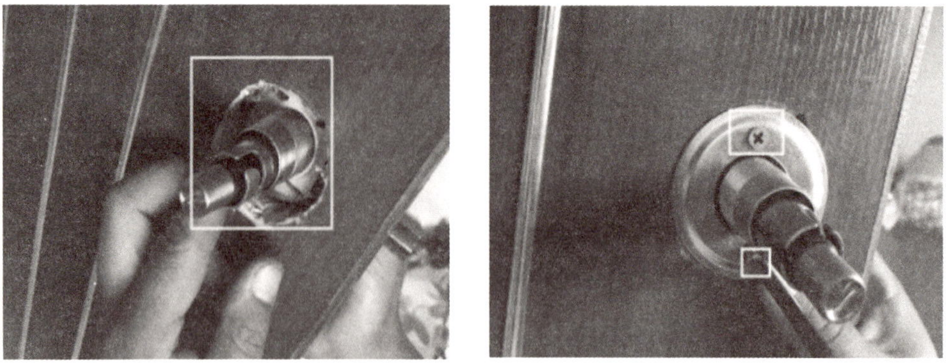

图 2-63　安装锁体

图 2-64　固定锁体

（7）安装锁扣盒，在选位置时要使锁舌能够完全进入锁扣盒，如图 2-66 所示。

（8）锁上门，插入钥匙试试。只要钥匙和内外执手能够开启灵活就说明球形门锁安装正确。

图 2-65　安装内执手

图 2-66　安装锁扣盒

第三章

家用电器设备的安装及维修

家用电器设备的安装及维修是“五小工”志愿服务的一项重要内容，是操作较为复杂、技术要求较高的一个工种，要求队员具有扎实的电工操作技能、电子理论基础和熟练的电器维修实践操作技能。

第一节　电路基础知识

把电子元器件用导线相连即可组成电路。电路是电力系统、控制系统、通信系统、计算机硬件等的主要组成部分，起着电能和电信号的产生、传输、转换、控制、处理和储存等作用。

一、电路参数及特性

（一）电压与电流

1. 电压

电荷之所以能够流动，是因为电路中存在电压。在电路中，电压常用 U 表示。测量时，将电压表并联在电路中，选择电压表指针接近满偏转的量程。如果电路上的电压高低估算不出来，要先用大的量程粗略测量后再选用合适的量程，这样可以防止由于电压过高而损坏电压表。

2. 电流

电荷的定向移动叫作电流。在电路中，电流常用 I 表示。电流分为直流电流和交流电流两种：电流的大小和方向不随时间变化的叫作直流电流；电流的大小和方向随时间变化的叫作交流电流。测量时，把电流表串联在电路中，要选择电流表指针接近满偏转的量程。如果电路中的电流大小估算不出来，要先用大的量程粗略测量后再选用合适的量程，这样可以防止因电流过大而损坏电流表。

3. 电动势

电动势是反映电源把其他形式的能量转换成电能的本领的物理量。电动势使电源两端产生电压。在电路中，电动势常用 E 来表示，单位是伏（V）。

电压和电动势都是标量，但在分析电路时，和电流一样，我们也说它们具有方向。电压的方向规定为由高电位（+极性）端指向低电位（−极性）端，即为电位降低的方向。电源电动势的方向规定为在电源内部由低电位（−极性）端指向高电位（+极性）端，即为电位升高的方向。

（二）电阻与电阻率

1. 电阻的分类及测量

电路中对电流通过有阻碍作用并且造成能量消耗的元件叫电阻。电阻常用 R 表示，单位是欧（Ω）。导体的电阻由导体的材料、横截面积和长度决定。常用电阻元件如图 3-1 所示。

电阻可以用万用表欧姆档测量。测量时，要选择电表指针偏转量程一半的欧姆档。如果被测电阻焊接在电路中，则应将其断开一端后进行测量，人体不能与电阻引线直接接触。电阻的测量方法如图 3-2 所示。

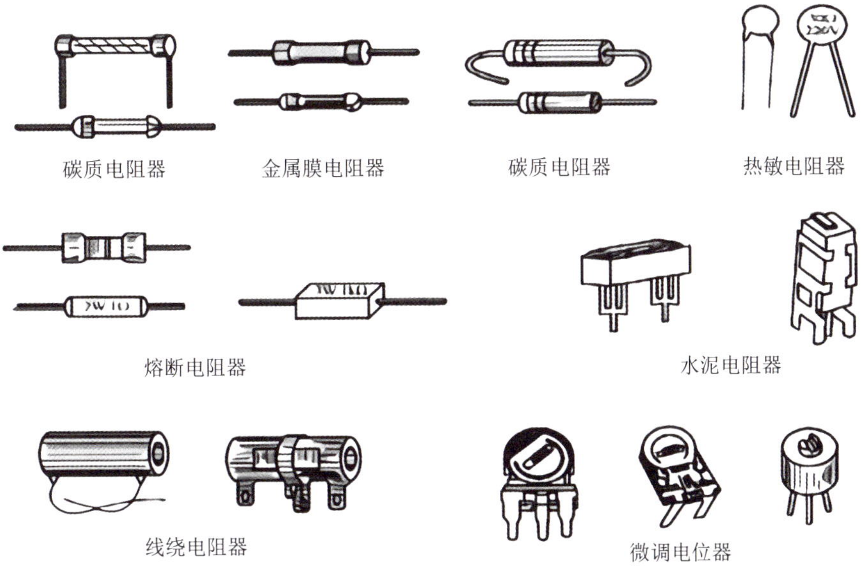

图 3-1 常用电阻元件

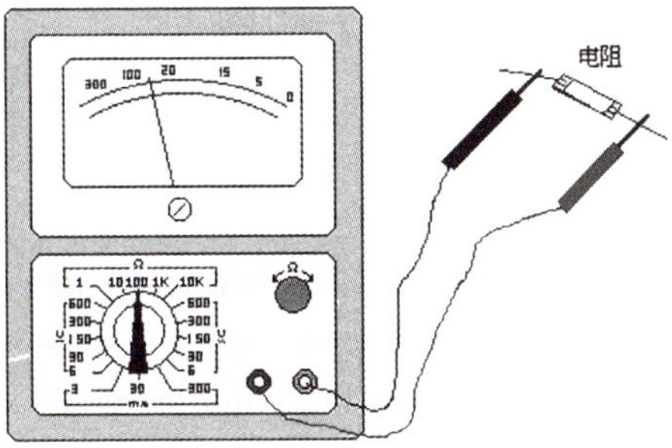

图 3-2 电阻的测量

2. 电阻率

电阻率是电工计算中的一个重要物理量，不同材料物体的电阻率各不相同。它的数值相当于用这种材料制成长 1m、横截面积为 1mm² 的导线，在 20℃时的电阻值。电阻率直接反映了各种材料导电性能的好坏。材料的电阻率越大，表明它的导电能力越差；电阻率越小，则表明它的导电性能越好。

（三）电容及其测量

电容是衡量导体储存电荷能力的物理量。在两个相互绝缘的导体上加上一定的电压，其中一个导体储存着正电荷，另一个导体储存着大小相等的负电荷，加上的电压越高，储存的电荷量就越多，储存的电荷量和加上的电压是成正比的，它们的比值叫作电容。电容的结构示意如图 3-3 所示。

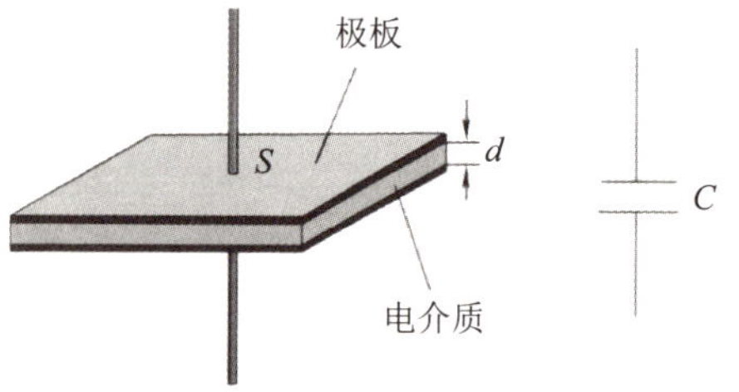

图 3-3　电容的结构示意图

电容具有隔直流通交流的作用。

- 当电容两端接通直流电源时，电路中有充电电流，但充电时间极短，常在约 0.001s 的瞬间完成充电，充电结束后就不再有电流通过。这就是电容隔直流现象。
- 当电容接上交流电源时，因交流电的大小与方向不断交替变化，使得电容不断地进行充电与放电，电路中始终有电流流通，所以说电容可通交流。

电容可以用电容测试仪测量，也可以用万用表的欧姆档粗略估测，如图 3-4 所示。

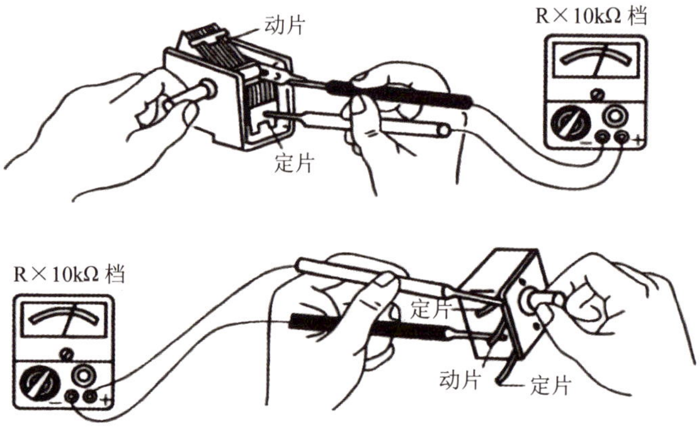

图 3-4　电容的测量

（四）电感及其测量

电感是衡量线圈产生电磁感应能力的物理量。给一个线圈通入电流，线圈周围就会产生磁场，线圈就有磁通量通过。通入线圈的电流越大，磁场就越强，通过线圈的磁通量就越大。常用的电感元件如图 3-5 所示。

由于振荡线圈有底座，在底座下方有引脚，在对振荡线圈进行测量时，首先要弄清各引脚与哪个线圈相连，然后用万用表的 R×1 档测一次绕组或二次绕组的电阻值。如有阻值且比较小，一般认为是正常的；如果电阻值为 0，则是短路；如果阻值为∞，则是断路。

图 3-5　常用的电感元件

(五)二极管的结构及其特性

1. N 型半导体与 P 型半导体

在半导体中掺入微量的杂质能提高导电能力。根据这一特性，在半导体中加入锑、磷、砷等元素，会产生许多电子，这种多出电子的半导体叫作 N 型半导体。

当在半导体中加入铟、铝、硼等元素后，半导体中就产生许多缺少电子的空穴，也就是空位。这种缺少电子、带空穴的半导体叫作 P 型半导体。

在一块单晶半导体中，一部分掺有受主杂质的 P 型半导体，另一部分掺有施主杂质的 N 型半导体，P 型半导体和 N 型半导体的交界面附近的过渡区称为 PN 结，如图 3-6 所示。

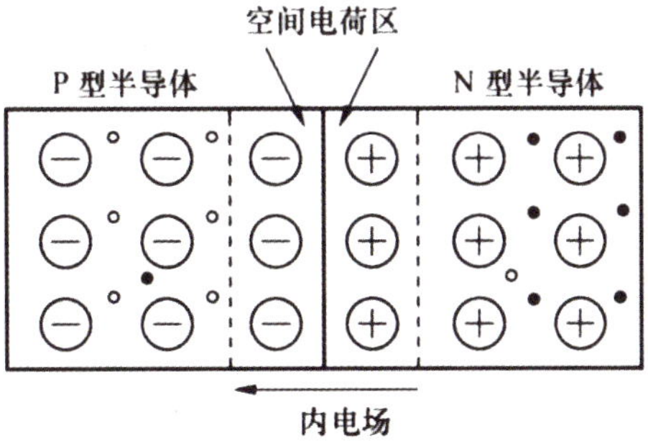

图 3-6　PN 结

2. 二极管

二极管的结构及其电路符号如图 3-7 所示。它由 PN 结、外壳、电极引线（管脚）等组成，如图 3-7（a）所示。图 3-7（b）中所示的二极管电路符号的左端叫作阳极（或叫作正极），右端叫作阴极（或叫作负极）。在使用时，阳极接电源正极，阴极接电源负极。

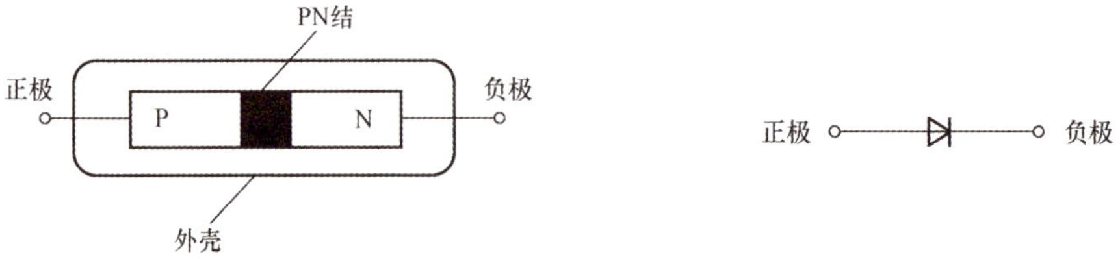

（a）二极管结构示意图　　（b）二极管的电路符号

图 3-7　二极管的结构及其电路符号

3. 二极管的极性

二极管的极性通常可根据二极管外壳上的标志符号来判别。如标志不清或无标志，可根据二极管正向电阻小、反向电阻大的特点，利用万用表欧姆档来判别极性，如图 3-8 所示。

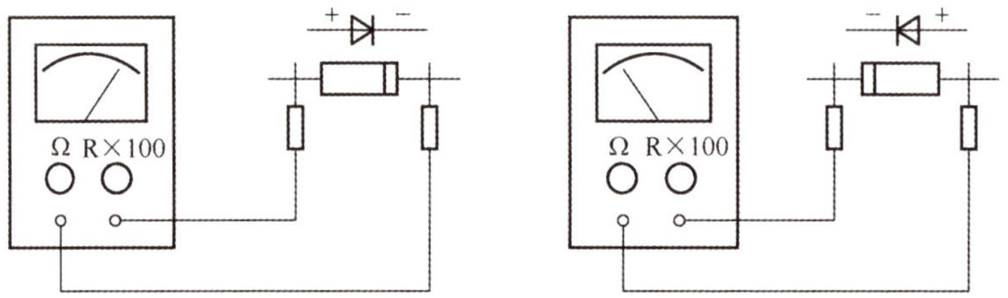

（a）正向电阻　　（b）反向电阻

图 3-8　测量二极管的极性

具体测量方法如下所述。

（1）将万用表的选择开关旋到 R×100 档或 R×1k 档。

（2）用表笔分别正向、反向测量出两个电阻值，一个约几百欧，一个则为几百千欧。

（3）凡量出几百欧小电阻值的，则与黑表笔相连的一端为正极，另一端为负极；凡量出几百千欧大电阻值的，则与红表笔相连的一端为正极，另一端为负极。

二极管是单向导通的器件，因此测量出来的正向电阻值与反向电阻值相差越大越好，如果相差不大，说明二极管性能不好或已损坏。

如果测量时表针不动，说明二极管内部已断线；如果测出的电阻为零，说明电极之间已短路。

4. 二极管的主要参数

（1）最大整流电流 I_{px}：指二极管在长期使用时，二极管能通过的最大正向平均电流值。通过二极管的电流不能超过最大整流电流值，否则会烧坏二极管。锗二极管的最大整流电流一般在几十毫安以下，硅二极管的最大整流电流可达数百安。

（2）最大反向电流 I_{p}：指二极管的两端加上最高反向电压时的反向电流值。反向电流大，则二极管的单向导电性能差，这样的二极管容易烧坏，整流效果也差。硅二极管的反向电流约在 1μA（微安）以下，大的有几十微安，也有高达几十毫安（mA）的。锗二极管的反向电流比硅二极管大得多，一般可达几百微安。

（六）三极管的结构及特性

三极管由两个 PN 结组成，有 3 个电极，即发射极 E、集电极 C、基极 B，所以三极管是具有 3 个极、两个 PN 结的半导体器件，可分为 NPN 型和 PNP 型。三极管的结构如图 3-9 所示。

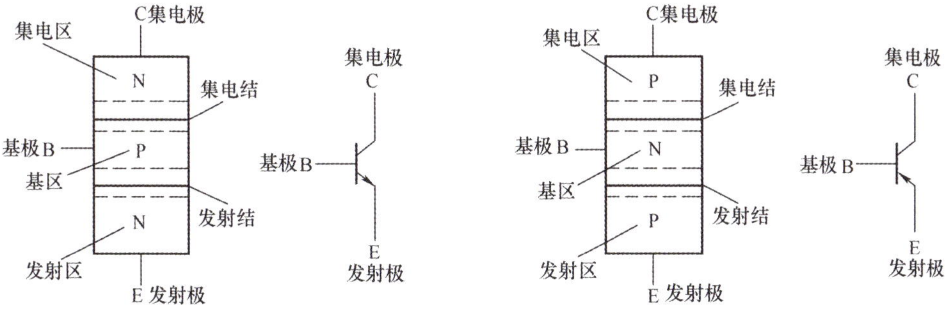

（a）NPN 型　　（b）PNP 型

图 3-9　三极管结构示意图

1. 三极管的管型与电极

根据 PN 结的单向导电性，把万用表置于 R×10 档或 R×100 档，分别测量两个 PN 结的正反向电阻，即可判别管子的类型和基极。具体方法如下所述。

（1）黑表笔接触被测管子的任一电极不动，红表笔分别接触另外两个电极，若被测电阻为几百欧，则被测管子为 NPN 型，黑表笔接触的电极是基极 B。

（2）在 C、B 间跨接一个 100kΩ 的电阻，两次测量（表笔对调一次）B、C 间电阻，对应于阻值小的那一次，黑表笔接的是 C 极，另一表笔接的是 E 极。

（3）反之，红表笔与黑表笔交换，则被测管子是 PNP 型，红表笔接触的电极是 B 极。测量示意如图 3-10 所示。

2. 三极管的主要参数

（1）电流放大倍数 β。它是衡量三极管放大能力的一个主要参数，由集电极电流变化量与基极电流变化量的比值来表示。β 值约为 20 ～ 100。β 值太高会使三极管性能不稳定，β 值太低会导致三极管放大作用不好。

（2）反向饱和电流 *I*cno。它是当发射极开路时，集电极与基极间的反向电流。这个数值越小越好。

（3）穿透电流 *I*cpo。它是当基极开路，集电极接反向电压，发射极接正向电压时，流过集电极的电流。这个数值越小越好。

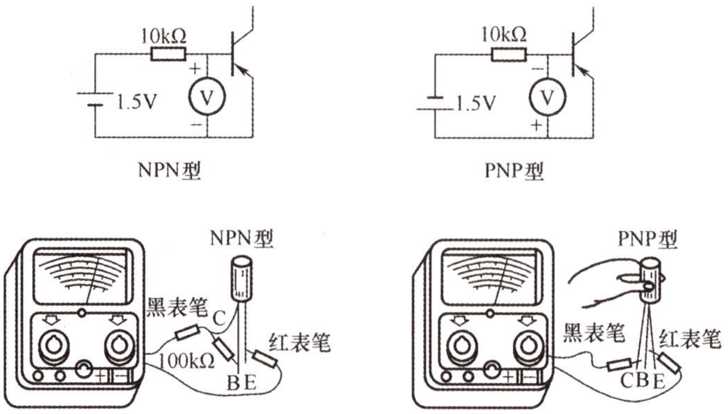

图 3-10　三极管的管型测量

二、常用基本电路

(一) 电路及其工作状态

1. 电路

电路就是电流所流过的路径，是由电路元件按一定方式组合而成的。图 3-11 所示的电路是一个很简单的电路。它由电源（干电池）、负载（灯泡）和中间环节（包括连接导线和开关）3 个部分组成。随着电流的流动，电路中进行着不同形式能量之间的转换。

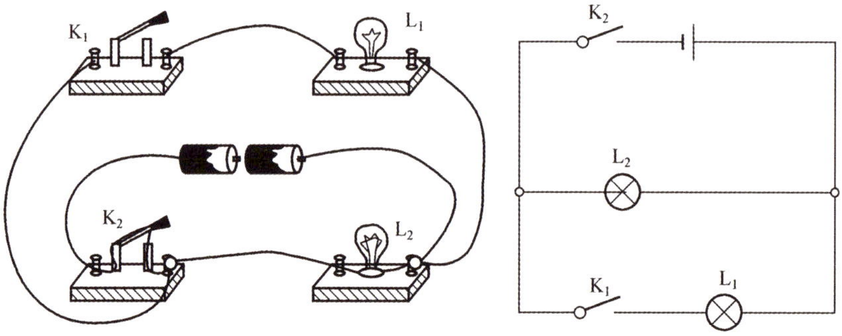

图 3-11　简单电路

2. 电路的工作状态

（1）开路状态。当电路的开关断开时，称为开路。其特征是电流为零，电源端电压值就是电源两端的电动势。检修电路应在开路状态下进行。这种状态下，电路不工作也不产生热量。

（2）短路状态。当电路中有电压的两点被电阻为零的导体连接时，称为短路。其特征是电流很大，易产生大量热量，烧坏设备。

（3）额定工作状态。用电设备一般都规定有额定电流，额定电流是指电气设备长时间工作所允许通过的最大电流。设备工作时，通过此设备的电流不得超过此额定电流，否则易造成设备损坏。

（二）谐振电路

在外加交流电源的作用下，电感和电容组成的回路会引起振荡。每一个振荡回路都有自己的固有频率。当外加交流电源的频率等于回路的固有频率时，振荡的幅度（电压或者电流）达到最大值，这个情况叫作谐振。

收音机的输入回路就是谐振回路，改变回路的电感或者电容，使回路的固有频率等于要接收的电台频率，产生谐振，就能选出这个电台的信号来。收音机的中频变压器也是谐振回路，它调谐在 465kHz 的频率上，使中频放大器对 465kHz 的中频信号有最大的放大能力，而其他频率的信号都受到抑制。

1. 串联谐振

在电阻、电感、电容和外加交流电源相串联的振荡回路中，当外加电源的频率等于回路的固有频率时，回路就会发生谐振，这种谐振叫作串联谐振。图 3-12 所示为串联谐振电路。

串联谐振有以下特点：

- 回路总阻抗是纯电阻，而且变到最小值，等于回路的电阻；回路中的电流达到最大值；电感上的电压等于电容上的电压，并且等于交流电源电压的 Q 倍。因此，串联谐振也叫作电压谐振。
- 如果外加电源的频率小于或者大于回路的固有频率，回路的总阻抗就会增大，回路电流就会减小。回路 Q 值越大，曲线越陡，谐振现象越明显。

2. 并联谐振

在电感、电容和外加交流电源相并联的振荡回路中，当外加电源的频率等于回路的固有频率时，回路就会发生谐振，这种谐振叫作并联谐振。图 3-13 所示为并联谐振电路。

图 3-12　串联谐振电路

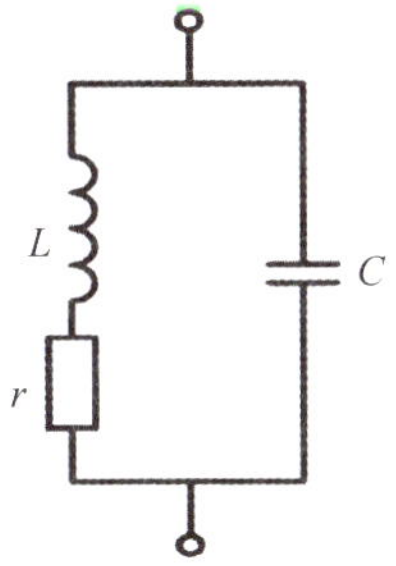

图 3-13　并联谐振电路

并联谐振有以下特点：

- 总阻抗是纯电阻，而且达到最大值；回路电压达到最大值；如果电源内电阻大，使电路中的总电流可以看作恒定，则两支路的电流是总电流的 Q 倍。也就是说，两支路电流的方向相反，大小相差不多，它们的差值就是总电流。因此，并联谐振又叫作电流谐振。
- 如果外加电源频率小于或者大于回路的固有频率，回路的总阻抗就会减小，回路的电压也会减小。回路 Q 值越大，曲线越陡，说明谐振现象越明显。

（三）整流电路

整流就是将交流电转变为直流电的过程。二极管整流电路是利用二极管单向导电特性组成的整流电路，分为单相整流和三相整流两种。单相整流又分为半波整流、全波整流、桥式整流和倍压整流等。

1. 单相半波整流电路

根据二极管具有单向导电的特性，当二极管正极接电源正端，负极接电源负端，电源正半周时电路有电流流过，为导通状态；电源负半周时电路无电流通过，为不导通状态。因此在电阻上得到单方向的脉动电压，把交流电变成了直流电。单相半波整流电路如图3-14（a）所示。

2. 单相全波整流电路

单相全波整流电路是由两个单相半波电路组成的，如图3-14（b）所示。变压器的二次绕组的中心抽头把电压分成两个大小相等、方向相反的电压。在正弦交流电源的正半周，VD_1 处于正向导通，VD_2 处于反向截止，电流经 VD_1、负载电阻 R_1 回到变压器中心抽头，构成回路，负载得到半波整流电压和电流。然后在正弦交流电源的负半周重复上述类似过程，由此可见全波整流电路的两只二极管 VD_1、VD_2 是轮流工作的，在负载上得到的电压和电流波形如图3-15所示。

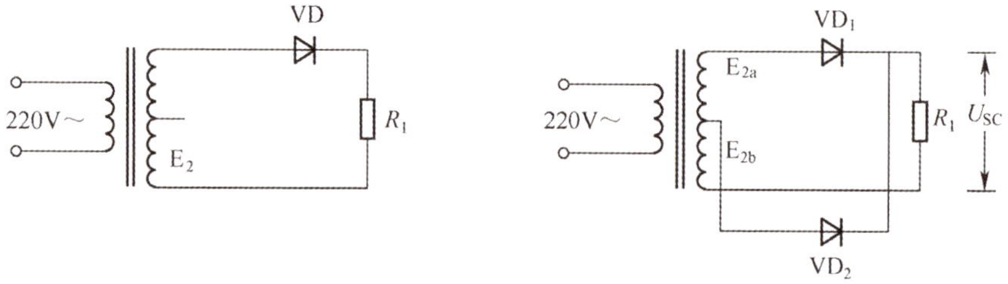

（a）单相半波整流电路　　（b）单相全波整流电路

图3-14　谐振电路单相全波整流电路

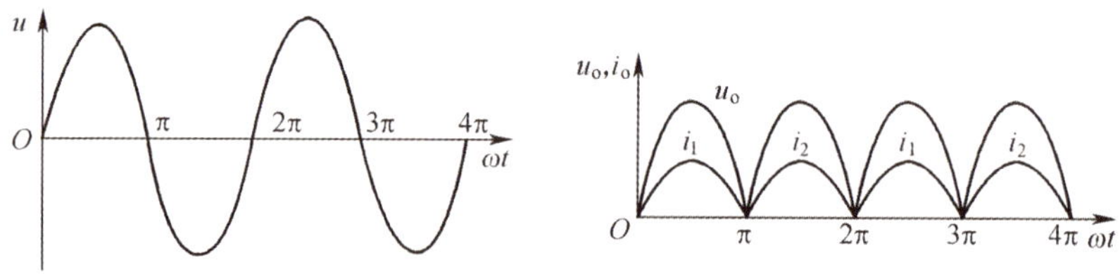

（a）交流电源输入信号　　（b）输出波型

图3-15　单相全波整流电路的电压和电流波形图

（四）滤波电路

整流电路可以使交流电转换成脉动直流电。这种脉动直流电中不仅包含直流分量，而且还有交流分量。而我们需要的直流分量，需要通过滤波电路进行过滤。常用的滤波电路如图 3-16 所示。

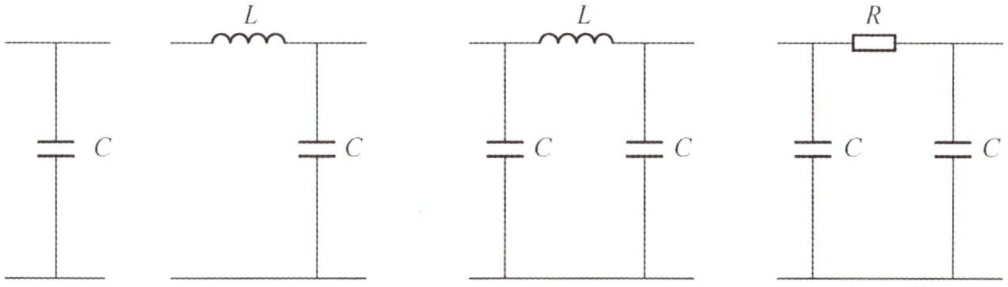

（a）电容滤波 （b）电感滤波 （c）LC 滤波 （d）RC 滤波

图 3-16 常用的滤波电路

（五）基本放大电路

1. 共发射极放大电路

共发射极放大电路具有输入电阻较小、输出电阻较大的特点，有较大的电压、电流和功率放大倍数。在使用中如果对输入电阻、输出电阻和频率响应没有特殊的要求，均可采用此放大电路。因此，共发射极放大电路被广泛地用作低频电压放大的输入级、中间级和输出级。共发射极放大电路如图 3-17 所示。

2. 共集电极放大电路

共集电极放大电路如图 3-18 所示。与共发射极放大电路不同，它的输出端是从发射极引出的，故称为射极输出器。

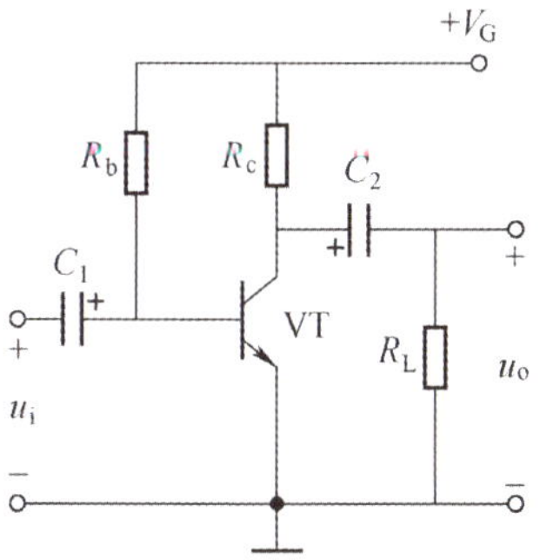

图 3-17 共发射极放大电路

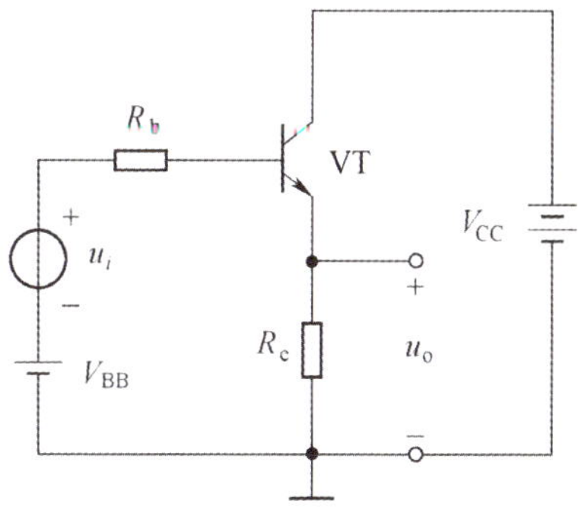

图 3-18 共集电极放大电路

由于直流电源对于交流信号来说是短路的，所以对于交流信号而言，晶体管的集电极直接接地。由发射极输出的电路图可见，该电路的交流信号是从基极和集电极两端输入，而输出信号是从发射极和集电极间输出，也就是说，输入回路和输出回路是以晶体管的集电极为公共端的。

共集电极放大电路的特点是输入电阻高、输出电阻低、电压放大倍数接近于 1 而小于 1。由于这些特点，共集电极放大电路常被用作多级放大电路的输入级、输出级或作为隔离用的中间级。共集电极放大电路的输出电阻小，约为几欧到几十欧，比共发射极放大电路的输出电阻要小得多。输出电阻越小，当负载变化时，输出电压变化也就越小，这就是共集电极放大电路带负载能力强的原因。

3. 共基极放大电路

共基极放大电路如图 3-19 所示。其输入、输出共用基极，故称为共基极放大电路。共基极放大电路的突出特点在于它具有很低的输入电阻，使晶体管结电容的影响不显著，因而频率响应得到很大改善，所以这种接法常用于宽频带放大器中。另外，由于输出电阻高，共基极放大电路可以作为恒流源。

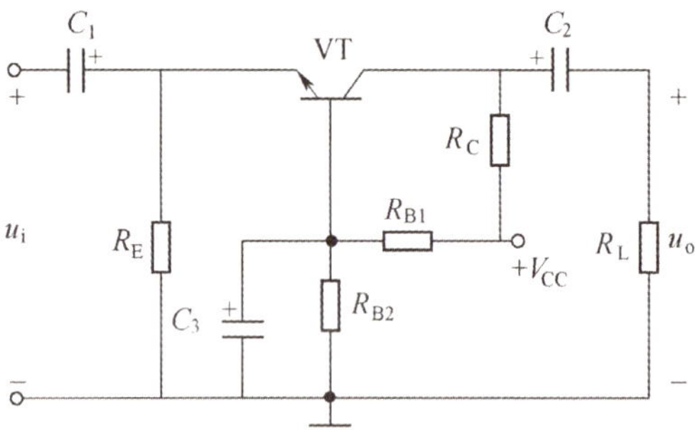

图 3-19　共基极放大电路

（六）集成运算电路

集成运算放大器内部通常由高阻输入级、中间放大级、低阻输出级和偏置电路等组成，具有高输入阻抗和高放大倍数。因此，其在各类放大器中应用较多。

集成运算放大器至少有 5 个引出端：一个同相输入端（+）和一个反相输入端（−），一个电源正端（U_{DD}）和一个电源负端（U_{ss}），还有一个输出端。

集成运算放大器输入电路的两个输入端采用差分的方法输入。标以+号的输入端称为同相输入端，其输出信号 U_o 与输入信号 U_i 同相；标以 − 号的输入端称为反相输入端，其输出信号 U_o 与输入信号 U_i 反相。

在实际应用中，运算放大器的输入阻抗为几百千欧至几兆欧，放大倍数为几万至几十万，其参数接近理想的运算放大器。与分立元件的放大器相比，它具有稳定性好、可靠性高、便于调整等优点。

1. 反相运算放大器

反相运算放大电路如图 3-20 所示。输入信号通过电阻 R_1，加到反相输入端（−），同相输入端（+）通过电阻 R_2 接地，输出电压通过反馈电阻 R_F 接回到输入端（−），引入一个深度的电压并联负反馈。R_1 是输入电阻。R_2 是输入平衡电阻，R_2 的阻值应等于 R_1 和 R_F 并联之和。它的作用是使两输入电阻相等，电路处于平衡状态。即保证运算放大器的两个输入端处于平衡工作状态，避免输入电流产生的附加差动输入电压，使反相输入端与同相输入端对地电阻相等。

2. 同相运算放大器

如果将输入信号通过 R_2 从运算放大器的同相输入端（+）输入，就构成了同相放大器，这时需将反相输入端（-）通过 R_1 接地。输出电压通过反馈电阻 R_F 反馈到反相输入端（-），同时 R_2 的阻值等于 R_1 和 R_F 并联之和。同相运算放大电路如图 3-21 所示。

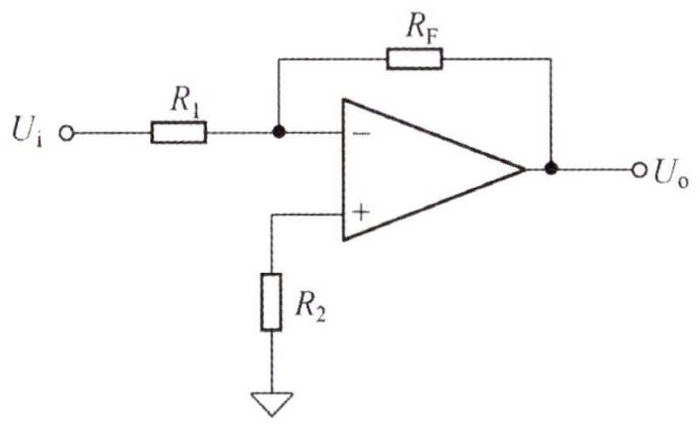

图 3-20 反相运算放大电路

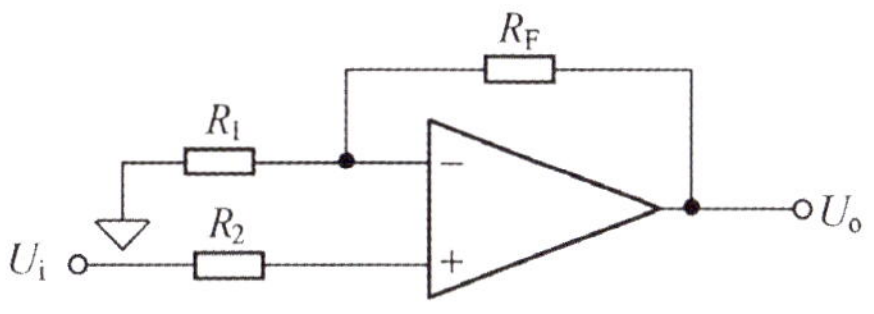

图 3-21 同相运算放大电路

同相运算放大器的放大倍数比反相运算放大器的放大倍数大 1，且与输入信号同相位，只要运算放大器的开环电压放大倍数足够大，闭环电压放大倍数就只取决于 R_1 和 R_F，而与运算放大器的其他参数无关。

三、常用电路识图

在社会生产中，广泛采用继电器—接触器控制系统。这种控制系统主要由交流接触器、按钮、热继电器、熔断器等电器组成。因此，在掌握常用电路符号的基础上，学会识图的基本方法，才能在实际工作中迅速、正确地进行安装、接线和调试。

（一）供电电路识图

图 3-22 所示是某厂二次低压配电屏的接线原理图，其包括三部分：电压测量回路、二次继电保护回路和电能计量回路。

1. 电压测量回路

利用电压转换开关 SA 和电压表 PV 随时监测三相电源运行状态是否正常，以满足负载所需电压的要求。

2. 二次继电保护回路

该回路由常开触头、合闸指示信号红灯 HLR、分闸指示信号绿灯 HLG、限流电阻 R 等构成。通过合闸、分闸信号装置，线路可正确、清晰地表示电路工作状态。电气设备与线路在运行过程中，出现过负载或失电压时，通过失电压脱扣器线圈 FV 与负载开关 QF 构成的失电压脱扣器及时切断线路，确保线路、设备和人身安全。

3. 电能计量回路

电能计量回路包括一块三相有功电能表 PJ、3 只电流互感器 TA1 ～ TA3 及 3 个电流表 PA。利用电能表计量系统用电量情况，利用电流互感器和电流表构成电流测量线路，用以监测线路电流正常与否。

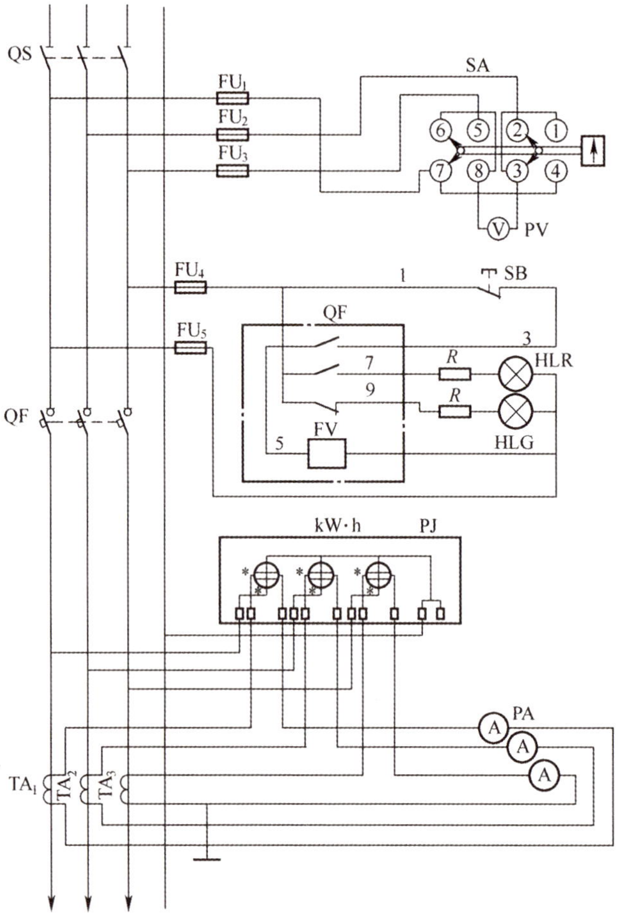

图 3-22 供电电路

（二）电气控制电路识图

1. 识图要点

电器控制是借助于各种电磁元件的结构、特性对机械设备进行自动或远距离控制的一种方法。电器元件是一种根据外界的信号和要求，采用手动或自动断开电路，断续或连续改变电参数，以实现电路或非电对象的切换、控制、保护、检测和调节。需要我们在学习中重点掌握各类元器件的结构。例如，接触器、继电器、中间继电器的线圈通电后，带动衔铁的吸合，使它们的主、辅触头做相反的变化（原来断开的接通，原来接通的断开），进而接通或断开主电路及其他电路以实现控制。又如时间继电器，线圈通电后，其常开、常闭触头不是马上接通或断开，而是延时一段时间才接通或断开，延时时间的长短是可以调整改变的。只要我们掌握这些元器件的特点，其控制电路的原理就很容易理解了。

电气控制电路分主控电路（一次电路）和辅助电路（二次电路、控制电路）。主控电路一般用粗实线画在图样的上方或左方，与三相电源相连，连接负载，允许通过大电流，受辅助电路的直接控制；辅助电路是通过较弱电流的控制，用细实线画在图纸的下方或右方，可控制主电路动作。

2. 看图步骤

（1）阅读产品使用说明书。首先了解设备的机械结构、电气传动方式、对电气控制的要求、电动机和电器元件的大体布置情况以及设备的使用操作方法，各种按钮、开关、指示器等的作用。

（2）看图样说明书。识图时，首先要看清楚图样说明书中的各项内容，搞清设计内容和施工要求，这样就可以了解图样的大体情况和抓住识图重点。

（3）看标题栏。图样中标题栏也是重要的组成部分，其包含电气图的名称及图号等有关内容，由此可对电气图的类型、性质、作用等有明确认识，同时可大致了解电气图的内容。

（4）看框图。读图样说明后，就要看框图，从而了解整个系统的组成概况、相互关系及其主要特征，为进一步理解系统的工作原理打下基础。

（5）看主电路图。按照先读主电路，再读控制电路的顺序进行识读。看主电路时，通常从下往上看，即从用电设备开始，经控制元器件、保护元器件依次看到电源。

（6）看控制电路图。应自上而下、从左向右看，即先看电源，再依次看各条回路，分析各条回路元器件的工作情况及其对主电路的控制关系。看控制电路时，要搞清电路的构成、各元器件间的联系（如顺序、互锁等）及控制关系。图 3-23 所示为电动机启动控制原理图。

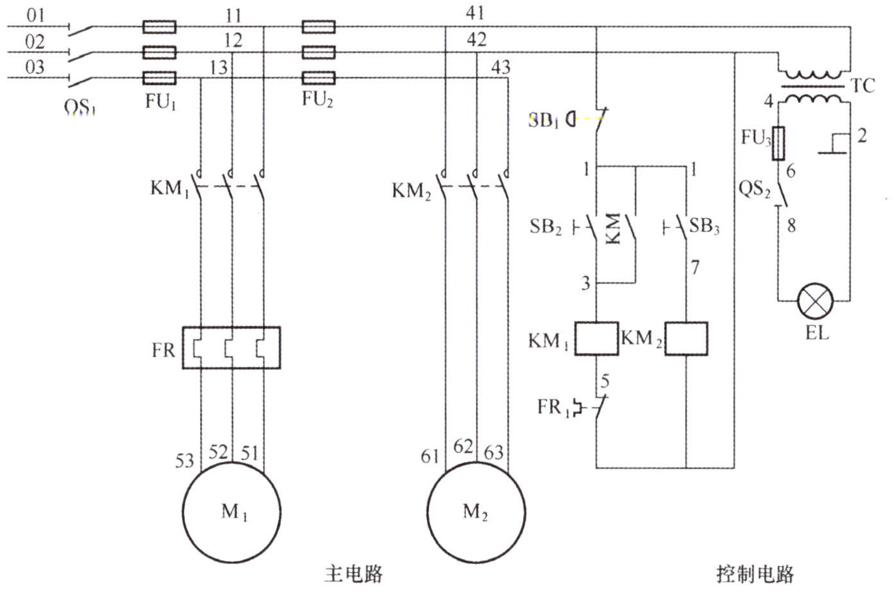

图 3-23　电动机起动控制原理图

（7）看接线图。先看主电路，再看控制电路。看接线图要根据端子标志、回路标号，从电源端顺次查下去，搞清楚线路的走向和电路的连接方法，即搞清楚每个元器件是如何通过连线构成闭合回路的。

（三）电子电路的识图

1. 识图要点

（1）电路组成。电子电路图都是由各种元器件图形符号和文字符号组成的，如电阻、电容、电感、晶体管、集成电路等元器件。要看懂一个电气设备的电子电路图，首先要了解图中使用了哪些电子元器件，这些元器件的结构、功能、特性是什么。电路图中用得最多的是晶体管和集成电路，因此要了解晶体管的输入、输出特性以及工作在放大区、截止区和饱和区的条件，集成电路芯片的引脚及功能等。还应了解一些敏感器件（如热敏器件、湿敏器件、气敏器件、光敏二极管）的功能、特性。图 3-24 所示为晶体管多级放大电路。

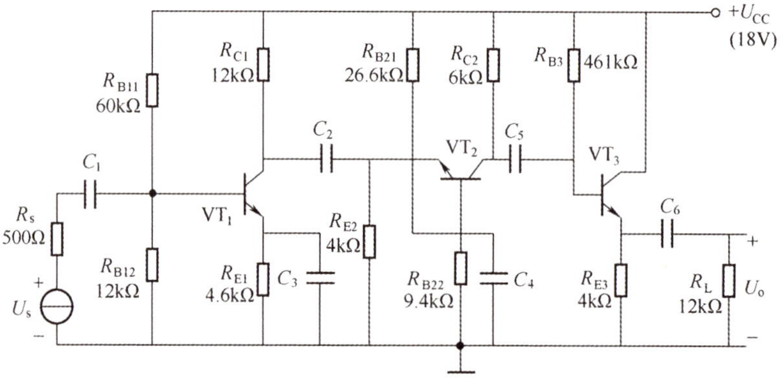

图 3-24　晶体管多极放大电路

（2）坚持"先易后难，先局部后整体，逐步深入"的原则。读图应先从较简单的局部电路分析开始，然后再进行整体电路分析。在读图过程中要注意综合知识的运用，逐步深入。对基本电路理解得越深，掌握得越牢，就会化难为易，读懂复杂的电路图。通过反复的训练和实践，取得一定经验，读图能力一定会逐步提高。

2. 电子电路识图方法

（1）图物对照看图。在看电子电路图之前，先阅读电气设备说明书，了解该设备的用途、安全注意事项，了解设备中的各开关、旋钮、指示灯、仪表的作用，然后结合实物在电路图中找到其相应的图形符号及位置，从而了解它们属于哪一部分电路、功能是什么、有哪些控制作用，这样可大致了解电路的整体情况，为进一步详细、深入看图做好准备。有的说明书给出框图，通过阅读框图可大致了解整个电路由哪些部分组成、各部分之间的相互关系等，这样就可粗略地知道电路的构成、功能和用途了。

（2）化整为零，逐级分析。电子电路不论有多么复杂，都可以分解成若干单元电路。在模拟电路中，一般可分为输入电路、中间电路、输出电路、电源电路、附属电路等几部分。每一部分又可分解为几个基本的单元电路，而单元电路又是由各种元器件构成的。还可用画框图的方法对整机电路进行分解，将电路按功能分成若干单元电路，找出它们之间的联系，搞清每一单元内元器件的作用及每一单元电路的功能，进而了解单元电路之间具有何种关系，从而对整个电路有完整的了解。

（3）从静态到动态。模拟电路中各种晶体管、集成电路是电路的核心，而它们在工作中需要建立静态工作点，才能实现对交流信号的放大作用。为了进一步理解电路的工作原理，在看图分析时可以采用直流等效电路法、交流等效电路法，对电路进行静态、动态分析。

直流等效电路法就是在输入信号为零时，各级放大电路在直流电源作用下的工作状态，实际上就是找出直流通路，确定各级电路在静态时的偏置电流和电压。交流等效电路法就是在输入信号不为零时，确定电路的交流信号通路及工作状态。

（4）综合分析，全面理解。最后要把每个单元电路按其功能、根据信号流程连接起来，进行综合分析。从电路图的输入端开始逐步与输出端贯穿起来，理清信号的传递过程及发生的变化，分析电路前级与后级的输出、输入之间的关系，以便对整个电路的原理、功能有一个完整、全面、正确的认识。

第二节　常用电工工具使用

一、验电工具

验电器又称为电笔，是检测电气设备、电路是否带电的一种常用工具。普通低压验电器的电压测量范围为 60 ～ 500V，高于 500V 的电压则不能用普通低压验电器来测量。使用低压验电器时要注意以下几个方面。

（1）使用低压验电器之前，首先要检查其内部有无安全电阻、是否有损坏、有无进水或受潮，并在带电体上检查其是否可以正常发光，检查合格后方可使用。图 3-25 所示为电笔样例。

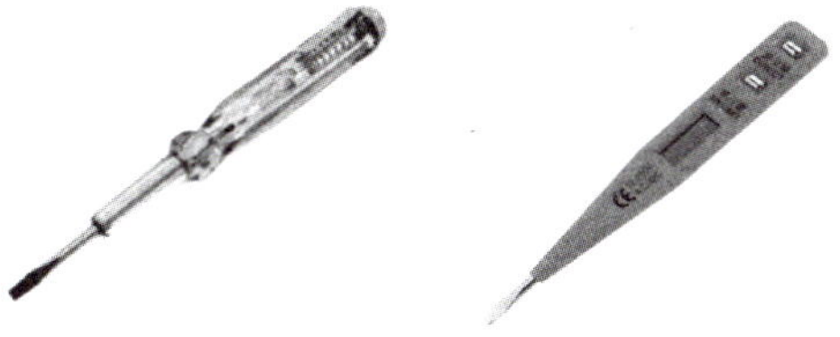

图 3-25　电笔

（2）测量时手指握住低压验电器笔身，食指触及笔身尾部金属体，低压验电器的小窗口应该朝向自己的眼睛，以便于观察，如图 3-26 所示。

（3）在较强的光线或在阳光下测试带电体时，应采取适当避光措施，以防观察不到氖管是否发亮，造成误判。

（4）低压验电器可用来区分相线和零线，接触时氖管发亮的是相线（火线），不亮的是零线。它也可用来判断电压的高低，氖管越暗，则表明电压越低；氖管越亮，则表明电压越高。

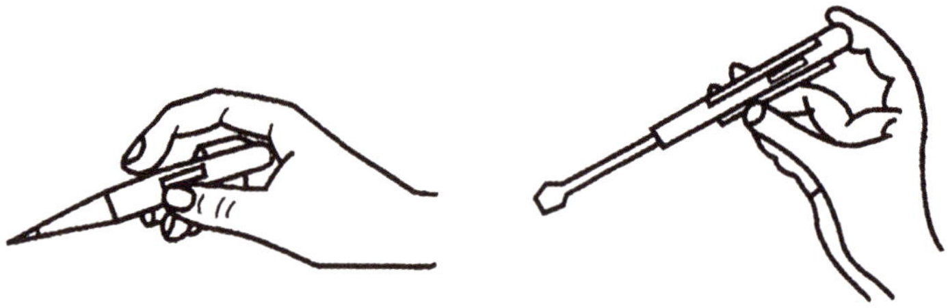

图 3-26　验电器的手持方法

（5）当用低压验电器触及电机、变压器等电气设备外壳时，如果氖管发亮，则说明该设备相线有漏电现象。

（6）用低压验电器测量三相三线制电路时，如果其中两根很亮而另一根不亮，说明不亮的这一相有接地现象。在三相四线制电路中，当发生单相接地现象时，用低压验电器测量中性线时，氖管也会发亮。

（7）用低压验电器测量直流电路时，把低压验电器连接在直流电的正、负极之间，氖管里两个电极只有一个发亮，氖管发亮的一端为直流电的负极。

（8）低压验电器笔尖与螺钉旋具形状相似，但其承受的扭矩很小，因此，应尽量避免用其安装或拆卸电气设备，以防受损。

二、螺钉旋具

螺钉旋具又被称为起子或螺丝刀，主要用来紧固或拆卸螺钉。按头部形状的不同，常用螺钉旋具有一字形和十字形两种，如图 3-27 所示。一字形螺钉旋具用来紧固或拆卸带一字槽的螺钉，其规格用柄部以外的长度来表示，常用的规格有 50mm、100mm、150mm 和 200mm 等，其中电工必备的是 50mm 和 150mm 两种。十字形螺钉旋具专供紧固或拆卸带十字槽的螺钉，常用的规格有 4 个：Ⅰ号适用于螺钉直径为 2 ～ 2.5mm 的，Ⅱ号适用于螺钉直径为 3 ～ 5mm 的，Ⅲ号适用于螺钉直径为 6 ～ 9mm 的，Ⅳ号适用于螺钉直径为 10 ～ 12mm 的。

图 3-27　螺钉旋具

使用螺钉旋具时应该注意以下几个方面。

（1）螺钉旋具的手柄应该保持干燥、清洁，无破损且绝缘完好。

（2）电工不可使用金属杆直通柄顶的螺钉旋具。在实际使用过程中，不应让螺钉旋具的金属杆部分触及带电体。可在其金属杆上套上绝缘塑料管，以免造成触电或短路事故。

（3）不能用锤子或其他工具敲击螺钉旋具的手柄，或将其当作錾子使用。螺钉旋具的使用方法如图 3-28 所示。

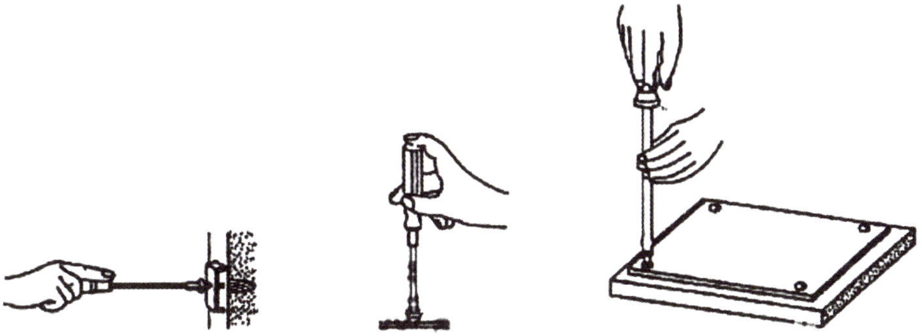

（a）大螺丝刀的使用　　（b）小螺丝刀的使用　　（c）长螺丝刀的使用

图 3-28　螺钉旋具的使用方法

三、剖削工具的使用

电工常用的剖削工具主要有钢丝钳、尖嘴钳、电工刀和剥线钳等，常用来剖削导线的绝缘层或辅助导线连接。

1. 常用剖削工具

（1）钢丝钳。钢丝钳是电工常用工具，因刀口锋利，俗称老虎钳，主要用于剪切、绞弯、夹持金属导线，也可用作紧固螺母、切断钢丝。钢丝钳由钳头和钳柄两部分组成，如图 3-29 所示。钳头由钳口、齿口、刀口和铡口 4 部分组成。

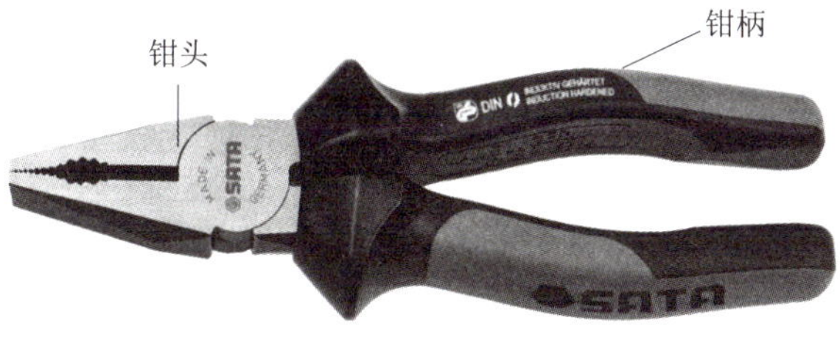

图 3-29　钢丝钳

使用钢丝钳时应该注意以下几个方面。

1）在使用电工钢丝钳前，首先应该检查绝缘手柄的绝缘层是否完好，如果绝缘层破损，进行带电作业时会发生触电事故。

2）用钢丝钳剪切带电导线时，既不能用刀口同时切断相线和零线，也不能同时切断两根相线，而且两根导线的断点应保持一定距离，以免发生短路事故。

3）不得把钢丝钳当作锤子使用，也不能在剪切导线或金属丝时，用锤子或其他工具敲击钳头部分。

（2）尖嘴钳。尖嘴钳的头部尖细，适用于在狭小的工作空间进行操作。其主要用于夹持较小物件，也可用于弯绞导线，或剪切较细导线和其他金属丝。电工要使用带绝缘手柄的尖嘴钳，绝缘手柄的绝缘性能为耐 500V 电压。尖嘴钳按其全长分为 130mm、160mm、180mm、200mm 四种。尖嘴钳的外形如图 3-30 所示。

图 3-30　尖嘴钳

使用尖嘴钳时应注意以下事项。

1）手离金属部分的距离不小于 2cm。

2）注意防潮，勿磕碰损坏尖嘴钳的柄套，以防触电。

3）钳头部分尖细且经过热处理，因此钳夹的物体不可过大，用力时切勿太猛，以防损伤钳头。

4）使用后要擦净，钳头部分要经常加油，以防生锈。

（3）电工刀。电工刀是电工常用的一种切削工具，由刀片、刀刃、刀把、刀鞘组成。电工刀主要用于剖削导线的绝缘外层，切割木台缺口和削制木器等。其按尺寸可分为大、小两号。其结构与普通小刀相似，比普通刀刚性强、耐用，但造价较高。电工刀外形如图 3-31 所示。

图 3-31　电工刀

在使用电工刀进行剖削作业时，要注意以下事项。

1）应将刀口朝外。剖削导线绝缘时，应使刀面与导线成较小的锐角，以防损伤导线。

2）使用时切忌用力过猛，避免伤手。

3）使用完毕后，应立即将刀身折进刀柄。

4）电工刀刀柄是无绝缘保护的，严禁在带电导线或电气设备上使用，以免触电。

（4）剥线钳。剥线钳是用于剥除较小直径导线、电缆的绝缘层的专用工具。它的手柄是绝缘的，绝缘性能为耐 500V 电压。剥线钳的使用方法十分简便，确定要剥削的绝缘长度后，即可把导线放入相应的切口中（直径为 0.5 ～ 3mm），用手将钳柄握紧，导线的绝缘层即被拉断后自动弹出。剥线钳外形如图 3-32 所示。

图 3-32　剥线钳

2. 导线绝缘层的剖削

（1）对于截面积不大于 4mm^2 的塑料硬线绝缘层的剖削，一般用钢丝钳或尖嘴钳进行。剖削的方法和步骤如下所述。

1）根据所需线头长度用钢丝钳刀口切割绝缘层，注意用力适度，不可损伤芯线。

2）接着用左手抓牢电线，右手握住钢丝钳头，将钳头用力向外拉动，即可剖下塑料绝缘层，如图 3-33 所示。

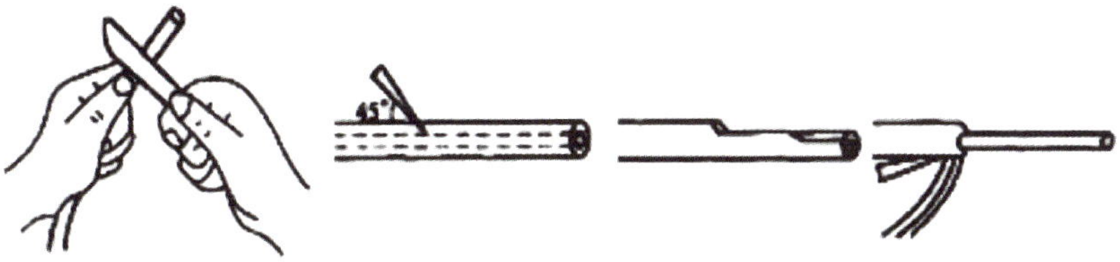

（a）　（b）　（c）　（d）

图 3-33　电工刀剖削塑料硬线绝缘层

3）剖削完成后，应检查线芯是否完整无损，如损伤较大，应重新剖削。

4）塑料软线绝缘层的剖削只能用剥线钳或钢丝钳进行，不可用电工刀。其操作方法与上述相同。

（2）对于芯线截面大于 4mm^2 的塑料硬线，可用电工刀来剖削绝缘层。其操作方法和步骤如下所述。

1）根据所需线头长度用电工刀以约 45° 角倾斜切入塑料绝缘层，注意用力适度，避免损伤芯线。

2）然后使刀面与芯线保持 25° 角左右，用力向线端推削，在此过程中应避免电工刀切入芯线，只削去上面一层塑料绝缘即可。

3）最后将塑料绝缘层向后翻起，用电工刀齐根切去。操作过程如图 3-34 所示所述。

（3）塑料护套线绝缘层的剖削必须用电工刀来完成，剖削方法和步骤如下所述。

1）按所需长度用电工刀刀尖沿芯线中间缝隙划开护套层。

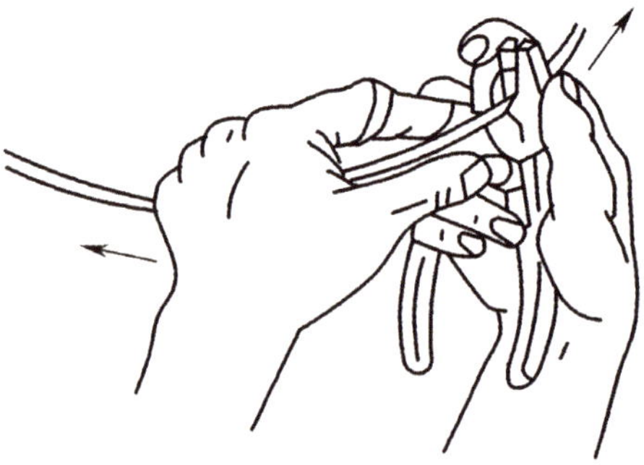

图 3-34　电工刀剖削塑料硬线绝缘层

2）向后翻起护套层，用电工刀齐根切去，如图 3-35 和图 3-36 所示。

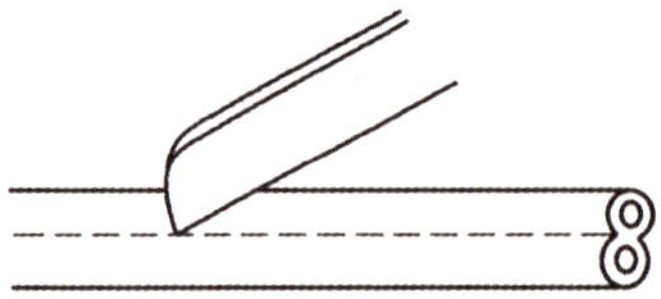

图 3-35　划开护套层

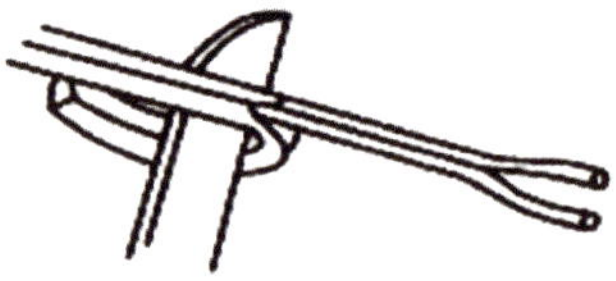

图 3-36　向后翻起护套层

3）在距离护套层 5 ～ 10mm 处，用电工刀以 45° 角倾斜切入绝缘层，后续的剖削方法与塑料硬线绝缘层的剖削方法相同。

（4）橡皮线绝缘层的剖削方法和步骤如下所述。

1）把橡皮线编织保护层用电工刀划开，其方法与剖削塑料护套线绝缘层的护套层方法类似。

2）用与剖削塑料硬线绝缘层相同的方法剖去橡皮层。

3）剥离棉纱层至根部，并用电工刀切去。操作过程如图 3-37 所示。

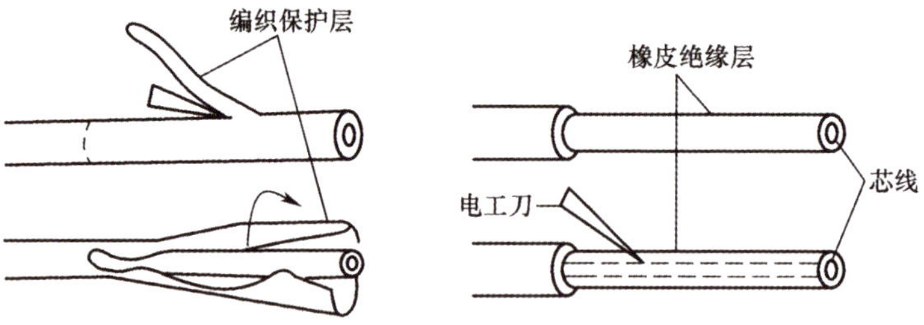

（a）　　（b）

图 3-37　橡皮线绝缘层的剖削方法

（5）花线绝缘层的剖削方法和步骤如下所述。

1）根据所需剖削长度，用电工刀在导线外表织物保护层割切一圈，并将其剥离。

2）距织物保护层 10mm 处，用钢丝钳刀口切割橡皮绝缘层。注意不能损伤芯线，拉下橡皮绝缘层。

3）最后将露出的棉纱层松散开，用电工刀割断，如图 3-38 所示。

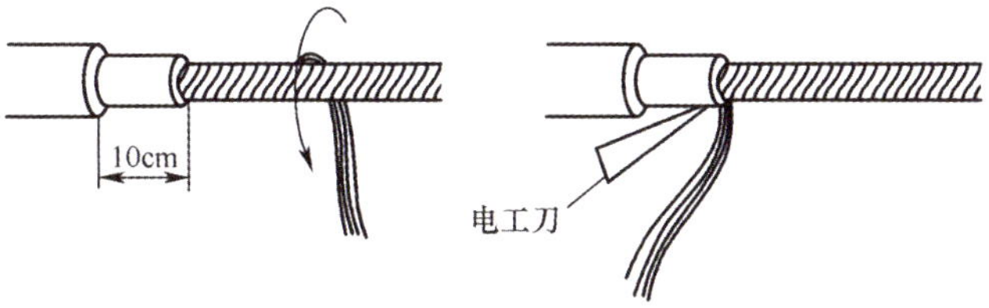

图 3-38 花线绝缘层的剖削方法

（6）铅包线绝缘层的剖削方法和步骤如下所述。

1）用电工刀围绕铅包层切割一圈。

2）用双手来回扳动切口处，将铅层沿切口处折断，把铅包层拉出来。

3）铅包线内部绝缘层的剖削方法与塑料硬线绝缘层的剖削方法相同，如图 3-39 所示。

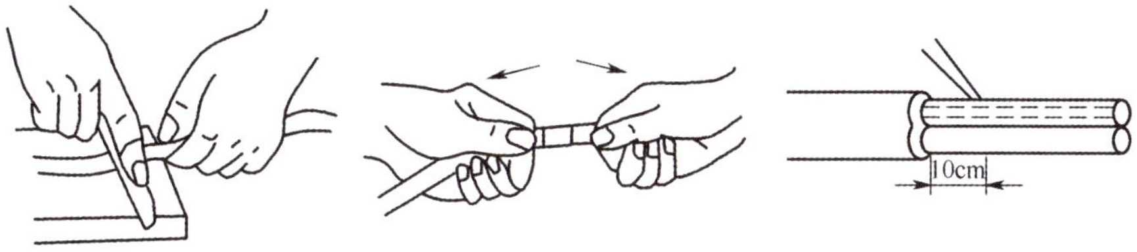

（a）（b）（c）

图 3-39 铅包线绝缘层的剖削方法

四、电烙铁的使用

电烙铁是电子制作和电器维修的必备工具，主要用于焊接元件及导线。按机械结构可分为外热式电烙铁和内热式电烙铁；按功能可分为无吸锡电烙铁和吸锡式电烙铁；按用途不同又分为大功率电烙铁和小功率电烙铁。

1. 外热式电烙铁

由于发热的烙铁芯安装在烙铁头的外部，故称为外热式电烙铁。它由烙铁头、烙铁芯、外壳、手柄、电源引线及插头等部分组成。常用的外热式电烙铁的规格有 25W、45W、75W 和 100W 等，如图 3-40 所示。

2. 内热式电烙铁

内热式电烙铁如图 3-40 所示，因烙铁芯安装在烙铁头内而得名。它的组成部分与外热式电烙铁的基本相同，常用规格有 15W、20W、25W、50W、100W 等。这种电烙铁具有发热快、重量轻、体积小、耗电省且热效率高等优点，烙铁头温度一般可达 350℃左右。

3. 恒温电烙铁

恒温电烙铁是通过软磁材料与磁钢的吸合与分离，实现自动控温的，如图 3-41 所示。当焊头温度在恒温度值以下时，连接在焊头端的磁性温度传感器吸住永久磁铁，使磁钢连杆上的触头接通电源，发热元件进行工作，使焊头温度逐步上升。当温度高于电烙铁的恒温温度时，加热元件失去磁性，电源切断，停止进行升温工作。

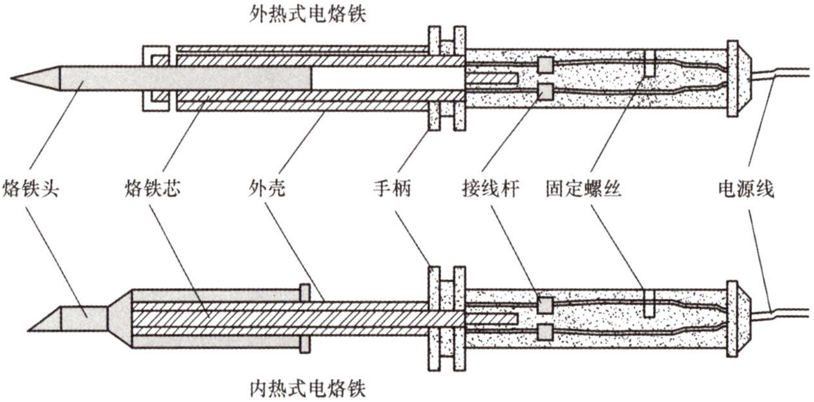

图 3-40　内热式与外热式电烙铁

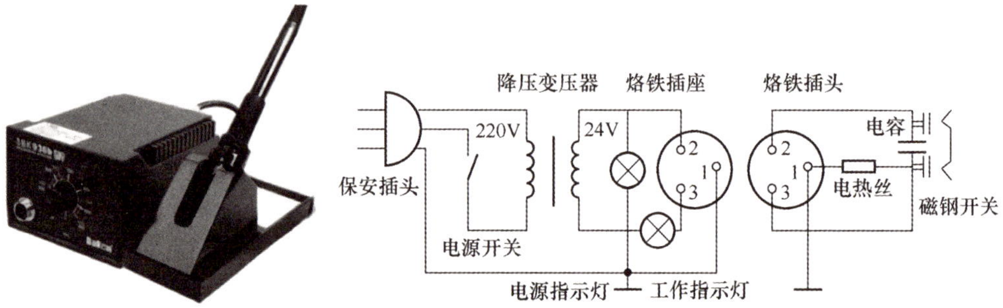

（a）样式　　（b）工作原理图

图 3-41　恒温电烙铁

4. 电烙铁的选用

一般说来，应根据焊接对象合理选用电烙铁的功率和种类，被焊件较大，使用的电烙铁的功率也应大些。若电烙铁的功率较小，则焊接温度过低，焊料熔化较慢，焊剂不易挥发，焊点不光滑、不牢固，这样势必造成焊接的外观质量与焊接强度不合格，甚至焊料不能熔化，导致焊接无法进行。但电烙铁功率也不能过大，过大则会使过多的热能传递到被焊工件上，使元器件焊点过热，可能造成元器件损坏，使印制电路板的铜箔脱落，焊料在焊接面上流动过快并无法控制等。选用电烙铁的原则如下所述。

（1）焊接集成电路、晶体管及受热易损的元器件时，考虑选用 20W 内热式电烙铁或 25W 外热式电烙铁。

（2）焊接较粗导线或同轴电缆时，考虑选用 50W 内热式电烙铁或 45 ～ 75W 外热式电烙铁。

（3）焊接较大元器件时，如金属底盘接地焊片，应选用 100W 以上的电烙铁。

（4）烙铁头的形状要适应被焊件物面要求和产品装配密度。

5. 电烙铁焊接技巧

焊接技术作为一项基本功，在电工电维修中有着举足轻重的地位。用电烙铁进行手工锡焊时需要掌握一定的技巧，可总结为焊接 10 字要领——一刮、二镀、三测、四焊、五查。焊接的基本动作如图 3-42 所示。

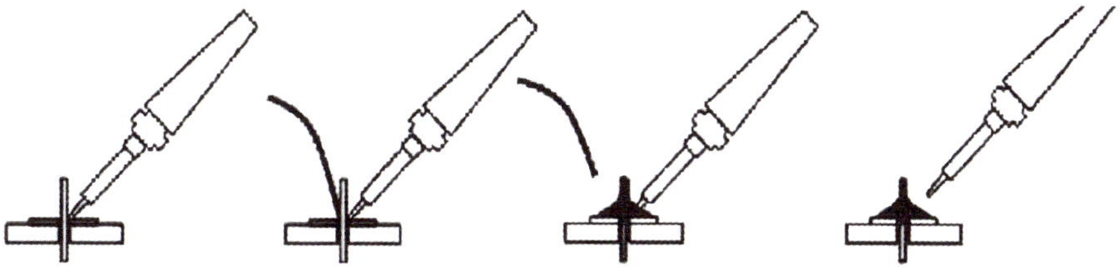

（a）加强　（b）送上锡丝　（c）脱开锡丝　（d）脱开烙铁

图 3-42　焊接的基本动作

（1）刮。“刮”就是在焊接前做好被焊金属物表面的清洁工作，可用小刀、废钢锯条等刮去（或用细砂纸打磨掉、用粗橡皮擦除）焊接面上的氧化层、油污或绝缘漆，直到露出新的金属表面。“刮”是保证焊接质量的关键步骤，却常常被初学者所忽视。刮不到位，就镀不好锡，也不好焊接。需要说明的是，有些元器件引线已经镀银、镀金或经过搪锡，只要没有氧化或剥落，就不必再去刮它。无论采取何种形式的“刮”，都要注意不断旋转元器件引脚，要将引脚的四周一圈全部清洁干净。

（2）镀。“镀”就是对被要焊接的部位进行搪锡。“刮”完的元器件的引脚、导线头等焊接部位应立即涂上适量的焊剂，并用电烙铁镀上一层很薄的锡层，以防表面再度氧化，提高元器件的可焊性。“镀”的焊锡层要求又薄又均匀，因此烙铁头上每次的带锡量不要太多。怕烫的二极管、三极管等元器件，事先一定要用镊子或尖嘴钳夹住引线脚根部帮助散热，再进行镀锡处理。

（3）测。“测”就是对搪过锡的元器件进行检查，看元器件在电烙铁高温下外观有无烫损、变形、搭焊（短路）等。对于电容器、晶体管、集成电路等元器件，还要用万用表检测其质量是否可靠，发现质量不可靠或者已损坏的元器件则不能再用。

（4）焊。“焊”就是把“测”合格的元器件按要求焊接到印制电路板或指定的位置上去。焊接时一定要掌握好电烙铁的温度与焊接时间，温度过低，时间过短，焊出来的锡面就会带有毛刺状尾巴，表面不光滑。同时，可能因焊剂没有全部蒸发，在焊锡与金属之间留有一定的焊剂，冷却后靠焊剂（松香）把焊锡与金属面粘住，稍一用力就能拉开，即所谓的假焊。

（5）查。“查”就是对焊好的电路进行一次焊接质量的检查，焊点不应有假焊、虚焊及断路、短路，特别要检查电解电容器、晶体管等有极性元器件的管脚是否焊接正确。焊接质量的好坏可通过焊点的颜色与光泽度、扩散程度、焊锡量 3 个方面加以判别。良好的焊接，焊点具有独特的亮白光泽，凭经验一眼就能看出；如果焊锡的颜色和光泽出现污点或表面凹凸不平，就表明焊接不良。

五、电工仪表的使用

电工仪表是用于测量电压、电流、电能、电功率等电量和电阻、电感、电容等电路参数的仪表，在对电气设备安全、经济、合理运行的监测与故障检修中起着十分重要的作用。

1. 电工仪表常识

常用电工仪表分为直读指示仪表、比较仪表、图示仪表和数字仪表 4 大类。按其结构特点及工作原理分类，有磁电式、电磁式、电动式、感应式、整流式、静电式和数字式等。

（1）仪表的误差。仪表的误差是指仪表的指示值与被测量的真实值之间的差异，有以下三种表示形式：

1）绝对误差。

2）相对误差。

3）引用误差。

（2）仪表准确度等级。通常 0.1 级和 0.2 级仪表为标准表；0.5 级和 1.0 级仪表用于实验室；1.5 级至 5.0 级仪表用于电气工程测量，具体见表 3-1。测量结果的精确度不仅与仪表的准确度等级有关，而且与仪表的量程有关。因此，选择仪表量程时应尽可能使读数占满刻度 2/3 以上。

表 3-1 7 个仪表准确度等级

准确度等级	0.1	0.2	0.5	1.0	1.5	2.5	5.0
基本误差 /%	±0.1	±0.2	±0.5	±1.0	±1.5	±2.5	±5.0

2. 指针式万用表的操作使用

（1）表头。指针式万用表作为一种高灵敏度的磁电式直流电流表，其主要性能指标基本上取决于表头的性能。表头的灵敏度是指表头指针满刻度偏转时流过表头的直流电流值，这个值越小，表头的灵敏度就越高。测电压时的内阻越大，其性能就越好。常用的指针式万用表的表头上有 4 条刻度线，它们的功能如下所述。

第一条（从上到下）标有 R 或 Ω，指示的是电阻值，转换开关在欧姆档时，即读此条刻度线。

第二条标有∽和 VA，指示的是交、直流电压和直流电流值，当转换开关在交、直流电压或直流电流档，量程在除交流 10V 以外的其他位置时，即读此条刻度线。

第三条标有 10V，指示的是 10V 的交流电压值，当转换开关在交、直流电压档，量程在交流 10V 时，即读此条刻度线。

第四条标有 dB，指示的是音频电平。

（2）测量电路。测量电路是用来把各种被测量转换到适合表头测量的微小直流电流的电路。它由电阻、半导体元件及电池组成。它能将各种不同的被测量（如电流、电压、电阻等）、不同的量程，经过一系列的处理（如整流、分流、分压等）统一变成一定量限的微小直流电流送入表头进行测量。

（3）转换开关。其作用是选择各种不同的测量电路，以满足不同种类和不同量程的测量要求。转换开关一般有两个，分别标有不同档位和量程。图 3-43 所示为指针式万用表样例。

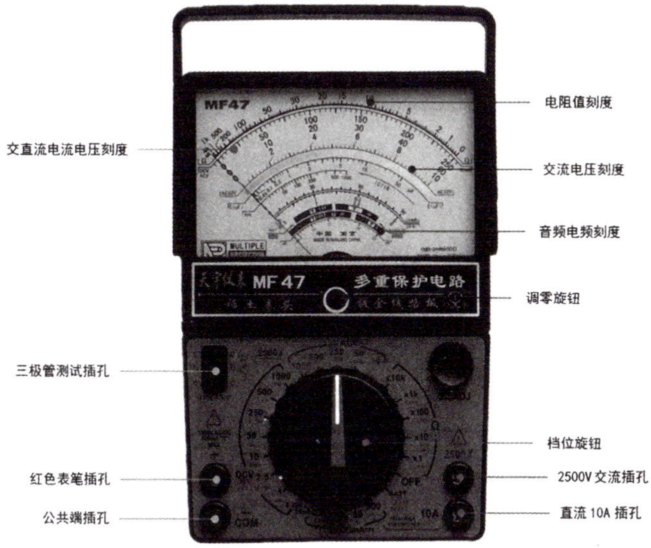

图 3-43　指针式万用表

（4）万用表盘上符号的含义。

1）∽表示交直流。

2）V-2.5KV4000Ω/V 表示对于交流电压及 2.5KV 的直流电压档，其灵敏度为 4000Ω/V。

3）A-V-Ω 表示可测量电流、电压及电阻。

4）45-65-1000Hz 表示使用频率范围为 1000Hz 以下，标准工作频率范围为 45～65Hz。

5）DC2000Ω/V 表示直流档的灵敏度为 2000Ω/V。

（5）万用表的使用方法。

1）准备工作。由于万用表种类很多，在使用前要做好测量的准备工作：

- 熟悉转换开关、旋钮、插孔等的作用，检查表盘符号。∏表示水平放置，⊥表示垂直放置。
- 了解刻度盘上每条刻度线所对应的被测量。
- 检查红色和黑色两根表笔所接的位置是否正确，红表笔插入＋插孔，黑表笔插入－插孔。有些万用表另有交、直流 2500V 高压测量端，在测量高压时黑表笔不动，将红表笔插入高压插口。
- 机械调零。旋动万用表面板上的机械零位调整螺钉（调零旋钮），使指针对准刻度盘左端的 0 位置。

2）测量直流电压。

- 把转换开关拨到直流电压档，并选择合适的量程。当被测电压数值范围不清楚时，可先选用较高的测量范围档，再逐步选用低档，测量的读数最好选在满刻度的 2/3 处附近。

- 把万用表并联接到被测电路上，红表笔接被测电压的正极，黑表笔接被测电压的负极，不能接反。
- 根据指针稳定时的位置及所选量程，正确读数。

3）测量交流电压。

- 把转换开关拨到交流电压档，选择合适的量程。
- 将万用表两根表笔并接在被测电路的两端，不分正负极。
- 根据指针稳定时的位置及所选量程，正确读数。其读数为交流电压的有效值。

4）测量直流电流。

- 把转换开关拨到直流电流档，选择合适的量程。
- 将被测电路断开，万用表串接于被测电路中，注意正、负极性，电流从红表笔流入，从黑表笔流出，不可接反。
- 根据指针稳定时的位置及所选量程，正确读数。

用万用表测量电压或电流时的注意事项如下所述。

- 测量时，不能用手触摸表笔的金属部分，以保证安全及测量的准确性。
- 测直流量时要注意被测量的极性，避免指针反打（反转）而损坏表头。
- 测量较高电压或大电流时，不能带电转动转换开关，避免因转动产生电弧而损坏转换开关的触头。
- 测量完毕后，将转换开关置于交流电压最高档或空档。

5）测量电阻。

- 把转换开关拨到欧姆档，合理选择量程。
- 将两表笔短接，进行电调零，即转动零欧姆调节旋钮，使指针指到电阻刻度右边的 0 处。
- 将被测电阻脱离电源，用两表笔接触电阻两端，从表头指针显示的读数乘所选量程的倍率数即为所测电阻的阻值。如选用“R×100”档进行测量，指针指示 40，则被测电阻的阻值为 40×100=4000Ω=4kΩ。

用万用表测量电阻时要注意以下事项。

- 不允许带电测量电阻，以免损坏万用表。
- 万用表内干电池的正极与面板上的－插孔相连，干电池的负极与面板上的＋插孔相连。在测量电解电容和晶体管等器件的电阻时要注意极性。
- 每换一次倍率档，要重新进行电调零。
- 不允许用万用表电阻档直接测量高灵敏度表头内阻，以免烧坏表头。
- 不准用两只手捏住表笔的金属部分测电阻，否则会将人体电阻并接于被测电阻而引起测量误差。
- 测量完毕，将转换开关置于交流电压最高档或空档。

3. 数字万用表的操作使用

数字万用表可用来测量交直流电压、交直流电流、电阻、电容、电感、频率、温度、音频、二极管、晶体管参数及测试电池，并具有数据保持、符号显示及背光照明等功能，结构精巧，操作容易，携带方便。图 3-44 所示为数字万用表样例。

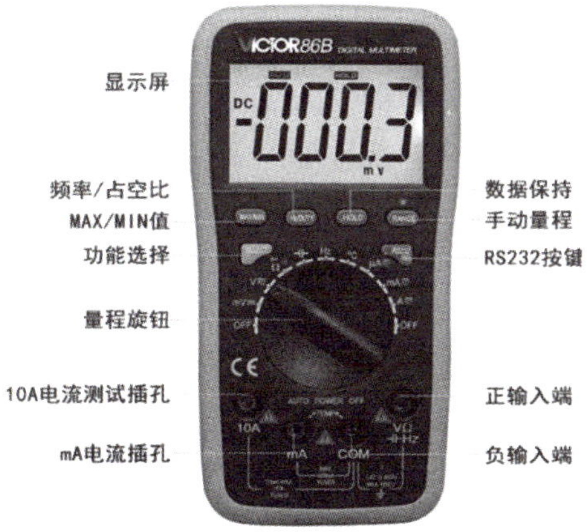

图 3-44 数字万用表

数字万用表的使用方法如下所述。

（1）直流电压的测量（DCV）。将黑色表笔插入 COM 孔，红色表笔插入 VO 孔，将功能开关置于 DCV 量程范围，并将表笔并联接在被测负载或信号源上，在显示电压读数时，同时会指示红表笔的极性。

（2）交流电压的测量（ACV）。将黑色表笔插入 COM 孔，红色表笔插入 VO 孔，将功能开关置于 ACV 量程范围，并将表笔并联接在被测负载或信号源上。

（3）直流电流的测量（DCA）。直流电流测量的最大输入电流为 20AV，为避免触电或损坏仪表，被测直流电流不要超过数字万用表允许的最大输入电流值。将黑色表笔插入 COM 孔，当被测电流在 200mA 以下时，红表笔插入 mA 插孔；如果被测电流在 200mA ～ 20A 之间，则将红表笔移至 AΩ 插孔；如果被测电流在 2 ～ 2A 之间，则红表笔移至 20A 插孔。

将功能开关置于直流电流（DCA）量程范围，测试表笔串联在被测电路中。如果被测电流范围未知，应将功能开关置于高档逐步调低。如果只显示 1，说明已超过量程，必须调换高量程档位。

（4）交流电流的测量（ACA）。交流电流的测量方法和注意事项与直流电流的测量类似。

（5）电阻的测量（Ω）。将黑表笔插入 COM 插孔，红表笔插入 VQHz 插孔（注意，红表笔为正），将功能开关置于所需 Ω 量程上，将测试笔跨接在被测电阻上。在线测量时，要关断电源。当输入开路时，会显示超量程状态 1 或 OL。如果被测电阻在 1MΩ 以上，数字万用表需数秒后方能稳定读数。

（6）电容的测量（C）。将功能量程旋钮开关置于所需的电容量程范围；将被测电容连接到电容测试插座 CX（或 CX-LX）上。对于有极性的电容，请注意按所标识极性正确连接。

（7）电感的测量（Lx）。将功能量程旋钮开关置于所需的电感量程范围，将被测电感连接到测试插座 Lx 上。如果被测电感值超过所选的量程值，仪表显示超量程状态 1 或

OL，这时需要将功能量程旋钮开关置于高量程档位进行测量。

（8）热电偶传感器的温度测量。测量温度时，将热电偶传感器的冷端（自由端）插入温度测试孔中，热电偶的工作端（测量端）置于待测物上面或内部，可直接从显示器上读取温度位，读数为摄氏度。

注意：当热电偶传感器插入输入表笔插座后，数字万用表自动显示被测温度；当热电偶传感器闭路时，显示常温。

（9）逻辑电平的测试。将黑表笔插入 COM 插孔，红色表笔插入 VΩHz 插孔，将功能开关置于 LOGIC 量程范围，并将黑表笔接入测量电路地端，红表笔接入测试端。在本档位测量时，高位始终显示 1，无超量程含义，只说明内电路已接通。

4. 手摇式兆欧表的操作使用

兆欧表是用来测量被测设备的绝缘电阻和高值电阻的仪表。手摇式兆欧表由一个手摇发电机、表头和 3 个接线柱［即 L（电路端）、E（接地端）和 G（屏蔽端）］组成，如图 3-45 所示。

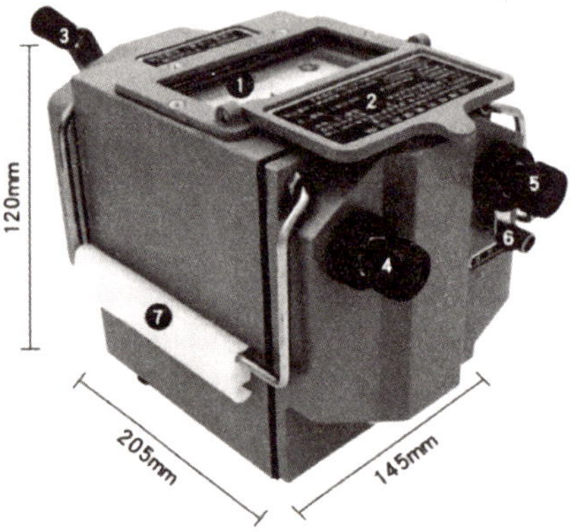

1. 刻度盘	5. E 端接地接线柱
2. 表头盖	6. 屏蔽端
3. 发电手柄	7. 手柄
4. L 端接线柱	

图 3-45　手摇式兆欧表

常用的手摇式兆欧表主要由磁电式流比计和手摇直流发电机组成，输出电压有 500V、1000V、2500V、5000V 几种。随着电子技术的发展，现在也出现用干电池及晶体管直流变换器把电池低压直流转换为高压直流，来代替手摇发电机的兆欧表。

（1）绝缘电阻表的选用原则。

1）额定电压等级的选择。一般情况下，额定电压在 500V 以下的设备，应选用 500V 或 1000V 的兆欧表；额定电压在 500V 以上的设备，选用 1000V ～ 2500V 的兆欧表。

2）电阻量程范围的选择。兆欧表的表盘刻度线上有两个小黑点，两个小黑点之间的区域为准确测量区域。在选兆欧表时应使被测设备的绝缘电阻值在准确测量区域内。

（2）兆欧表的使用方法。

1）校表。测量前应将手摇式兆欧表进行一次开路和短路试验，检查手摇式兆欧表是否良好。将两连接线开路，摇动手柄，指针应指在∞处，再把两连接线短接，指针应指在 0 处，符合上述条件者即良好，否则不能使用。

2）保证被测设备或线路断电。被测设备与电路断开，对于大电容设备还要进行放电。

3）选用电压等级符合要求的手摇式兆欧表。

4）测量绝缘电阻时，一般只用 L 和 E 端，但在测量电缆对地的绝缘电阻或被测设备的漏电流较严重时，就要使用 G 端，并将 G 端接屏蔽层或外壳。电路接好后，可按顺时针方向转动摇把，摇动的速度应由慢而快，当转速达到 120r/min 左右时（ZC-50 型），保持匀速转动 lmin 后读数，并且要边摇边读数，不能停下来读数。

5）拆线放电。读数完毕，一边慢摇，一边拆线，然后将被测设备放电。放电方法是将测量时使用的地线从绝缘电阻表上取下来与被测设备短接一下，注意不是对表放电。

第三节 家用电线管路及其敷设

一、电线电缆

目前，市场上电线电缆产品种类成千上万，应用于各个领域，但从其用途上来分主要有传输电流和传输信号两大类。这里主要讲解传输电流的电线电缆的基本知识。

（一）电线电缆的结构

电线电缆最基本的结构有导体、绝缘层及外护层，根据需要可增加一些防护结构，如屏蔽层、内护层或铠装层等，如图 3-46 所示。

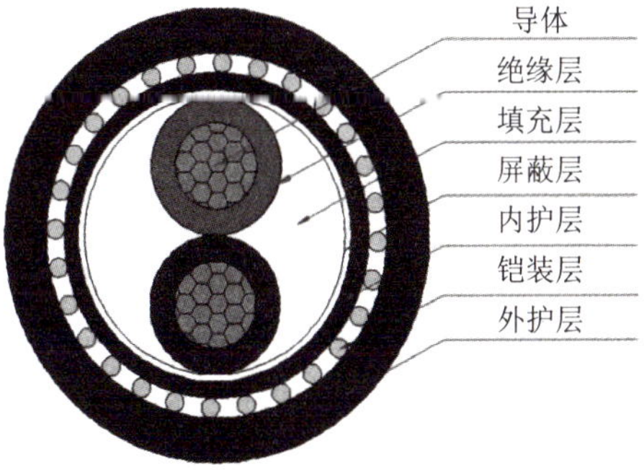

图 3-46 电线电缆的结构

1. 导体

导体（也称导电线芯）的作用是传导电流，有实芯和绞合之分，材料有铜、铝、银、铜包钢、铝包钢等，其中铜与铝较为常用，铜的导电性能比铝要好得多。国家标准中铜导体的电阻率要求不小于 0.017241Ω•mm²/m（20℃时），铝导体的电阻率要求不小于 0.028264Ω•mm²/m（20℃时）。

2. 耐火层

只有耐火型电缆有此结构，其作用是在火灾中避免电缆起火。电线电缆耐火层的材料主要是云母带。如发生火灾，云母带中的云母片既耐高温，且有绝缘作用，在火灾中能对电线电缆起到保护的作用。

3. 绝缘层

绝缘层包覆在导体外，其作用是隔绝导体并承受相应的电压，防止电流泄漏。绝缘材料多种多样，有聚氯乙烯（PVC）、聚乙烯（PE）、交联聚乙烯（XLPE）和橡皮等。其最重要的就是绝缘性能要好。

4. 屏蔽层

屏蔽层在绝缘层外、外护层内，作用是限制电场和电磁干扰。对于不同类型的电线电缆，屏蔽材料也不一样，主要有铜丝编织、铜丝缠绕、铝丝（铝合金丝）编织、铜带、铝箔、铝（钢）塑带、钢带等。

5. 填充层

填充层的作用主要是让电缆圆整、结构稳定，有些电线电缆的填充物还起到阻水、耐火等作用。其主要材料有聚丙烯绳、玻璃纤维绳、石棉绳、橡皮等，种类很多，但对其性能有一个要求，就是应为非吸湿性材料，且不能导电。

6. 内护层

内护层的作用是保护绝缘线芯不被铠装层或屏蔽层损伤。内护层有挤包、绕包和纵包等几种形式。对要求高的采用挤包形式，对要求低的采用绕包或纵包形式。现在绕包用的材料多种多样，有采用 PVC 带绕包的，也有采用聚丙烯带绕包的。

7. 铠装层

铠装层的作用是保护电线电缆不被外力损伤。最常见的铠装层是钢带铠装与钢丝铠装，还有铝带铠装、不锈钢带铠装等。钢带铠装主要用于抗压，钢丝铠装主要用于抗拉。根据电线电缆的粗细，铠装用的钢带厚度是不一样的，这在各电缆标准中都有规定。

8. 外护层

外护层是在电线电缆最外层起保护作用的部件。目前市场上电线电缆外护层主要有塑料类、橡皮类及金属类三大类。其中塑料类最常用的是聚氯乙烯塑料、聚乙烯塑料。

（二）常用电线电缆类型

1. 电线电缆型号中字母与数字的意义

电线电缆型号中字母与数字的意义见表 3-2。

表 3-2　电线电缆型号中字母与数字的意义

特性	用途种类	绝缘种类	内护层	特征	外护层	
					十位	个位
ZR：阻燃 GZR：隔氧阻燃 NH：耐火 DL：低卤 WL：无卤	K：控制缆 P：信号缆 无标识为电力电缆	Z：纸 X：纸皮 V：聚氯乙烯 Y：聚乙烯 YJ：交联聚乙烯	V：聚氯乙烯 Y：聚乙烯 H：普通橡套 F：氟丁橡套 Q：铅包 L：铝包	D：不滴流 F：分相护套 P：屏蔽 Z：直流 CY：充油	1：无铠 2：双层钢 3：细钢丝 4：粗钢丝	0：无外护层 1：纤维 2：聚氯乙烯 3：聚乙烯

2. 电线电缆型号

电线电缆型号说明见表 3-3。

表 3-3 电线电缆型号

型号	名称	备注
BV	铜芯聚氯乙烯绝缘电线	适用于各种交流电器装置、直流电器装置、电工仪表、仪器、家用电器、小型电动工具、动力及照明线路的连接和固定敷设使用
BVR	铜芯聚氯乙烯绝缘软电线	
BVV	铜芯聚氯乙烯绝缘聚氯乙烯护套电线	
RVP	铜芯聚氯乙烯绝缘屏蔽软电线	
RVV	铜芯聚氯乙烯绝缘聚氯乙烯护套电线	
RVVP	铜芯聚氯乙烯绝缘聚氯乙烯护套屏蔽软电线	

（1）BV：铜芯聚氯乙烯绝缘电线。此类电线电缆工作温度为 -15 ～ 65℃，可固定敷设于室内、室外，可明敷也可暗敷，适用于交流电压 450/750V 及以下的动力装置、家用电器、仪表及电信设备用的电线电缆，如图 3-47 所示。

（2）BVR：铜芯聚氯乙烯绝缘软电线。此类电线比较柔软，常用于电力电拖中的电机连接，以及电线常有轻微移动的场合，如图 3-48 所示。

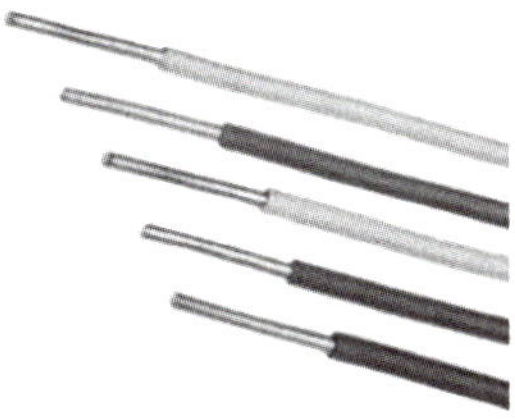

图 3-47 BV 电线电缆

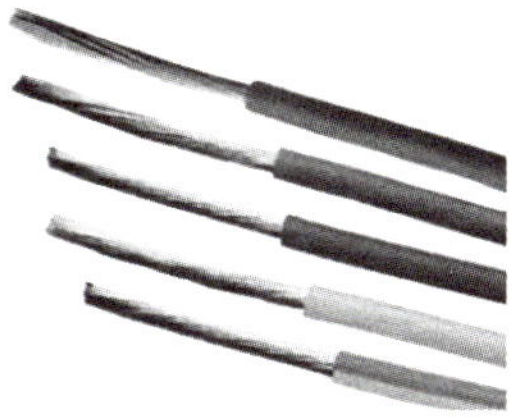

图 3-48 BVR 电线电缆

（3）BVV：铜芯聚氯乙烯绝缘聚氯乙烯护套电线。此类电线电缆简称为护套线，是在 BV 线的基础上另加一个护套，单芯是圆的，双芯是扁的，常用于明装电线，如图 3-49 所示。

（4）RVP：铜芯聚氯乙烯绝缘屏蔽软电线。RVP 电线电缆在工业配电领域有着广泛的应用，尤其适合要求较为严格的柔性安装场所，如电控柜、配电箱及各种低压电气设备，可用于电力、电气控制信号及开关信号的传输。RVP 电线电缆采用软结构的设计，导体弯曲半径较小，适用于潮湿多油的安装场所，如图 3-50 所示。

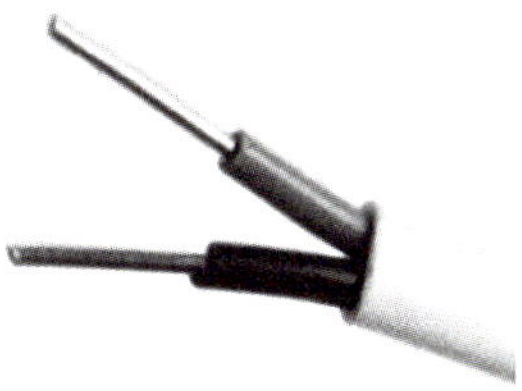

图 3-49 BVV 电线电缆

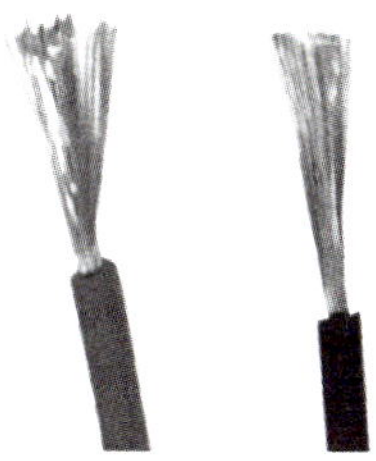

图 3-50 RVP 电线电缆

（5）RVV：铜芯聚氯乙烯绝缘聚氯乙烯护套电线。RVV 电线电缆就是两条或两条以上的 RV 线外加一层护套。RVV 电线电缆是弱电系统最常用的线缆，其芯线根数不定，两根或以上，外有 PVC 护套，对于芯线之间的排列没有特别要求。其适用于控制信号传输线、电气设备、仪表、自动化设备、安防防盗报警系统、高层楼宇对讲系统、家用照明连接线等，如图 3-51 所示。

（6）RVVP：铜芯聚氯乙烯绝缘聚氯乙烯护套屏蔽软电线。RVVP 电线电缆是一种软导体 PVC 绝缘线外加屏蔽层和 PVC 护套的电缆。由于采用了铜丝编织屏蔽，其具有更佳的电磁兼容特性，故特别适用于电磁环境较恶劣、安装距离较小的安装场所，如图 3-52 所示。

图 3-51　RVV 电线电缆

图 3-52　RVVP 电线电缆

二、电线管路及其敷设

（一）电线管路的类型

电线管路按材质可分为玻璃钢电缆保护管、PVC 电缆保护管、MPP 电缆保护管、PE 电缆保护管和镀锌电缆保护管 5 类。

1. 玻璃钢电缆保护管

玻璃钢电缆保护管是一种新型的复合材料管。它以树脂为基体、玻璃纤维为增强材料复合而成，抗压能力强、重量轻、内壁光滑、摩擦系数小，在穿用电缆时轻松，不易损伤；型号规格、颜色多，可根据要求定制，长度一般为 6m，也可以做成 4m 的。玻璃钢电缆保护管的安装较为简单，承插口就是大、小头，小头那边放上胶圈，然后放到大头里面就可以了，如图 3-53 所示。

2. PVC 电缆保护管

PVC 电缆保护管以 PVC 树脂为母料，具有高强度、柔韧性好、耐高温、耐腐蚀、阻燃、绝缘性能良好、无污染、不易老化、质轻、施工方便等优点。其性能远优于传统的石棉电缆排管及普通 PVC 管材，是传统电力电缆护套管的理想替代品。管材长度一般为 6m，也可根据需方要求协商确定。PVC 电缆护套管采用承插或接口连接，表面标有插入长度的标示，管材插入承口后，需确认标示是否准确到位，防止漏水，如图 3-54 所示。

图 3-53 玻璃钢电缆保护管

3. MPP 电缆保护管

MPP 电缆保护管采用改性聚丙烯为主要原材料，具有抗高温、耐外压的特点，广泛应用于市政、电信、电力、煤气、自来水、热力等管线工程，如图 3-55 所示。MPP 电缆保护管的连接需用焊接机热熔焊进行对接，熔接点在 200℃左右，不能超过 220℃，当温度达到熔接点后，两头对接即可。

图 3-54 PVC 电缆保护管

图 3-55 MPP 电缆保护管

4. PE 电缆保护管

PE 电缆保护管的材料为聚乙烯，具有载流量高、热阻系数低、与电缆间的摩擦系数低等优点，如图 3-56 所示。该类电缆在进行穿过时更方便，加长了井距，减低了工井数量，有效降低了工程成本。

5. 镀锌电缆保护管

镀锌电缆保护管的表面有热浸镀或电镀锌层的焊接钢管，可增加钢管的抗腐蚀能力，延长使用寿命，如图 3-57 所示。镀锌电缆保护管在连接时，要保持合理间距，穿线管走向应方便合理并便于打卡子固定，一般 2m 之内就需要有卡子；接线箱中心距地 1.2 ～ 1.5m，尽量沿柱梁墙安装，并背上支架，即方便焊接又留出将来柱梁需要涂防火涂料的间距。

图 3-56　PE 电缆保护管

图 3-57　镀锌电缆保护管

（二）电线管路的敷设

因管路材料的不同，电线管路的敷设方式也各异，要求也各不相同。这里我们以常用的 PVC 管为例讲解电线预埋管路的敷设要求。

1. 电线预埋管路规范

（1）敷设在多尘或潮湿场所的电线管，其管口及其连接处均应密封良好。

（2）电线管不宜穿过设备、建筑物及构筑物的基础，如必须穿过时，应有保护措施。

（3）敷设暗配电线管时宜沿最近的线路进行敷设，并应尽量减少弯曲。

（4）埋入建筑物、构筑物内的电线管，与其表面的距离不应小于 15mm；进入落地式柜、箱的电线管，应排列整齐，管口一般宜高出柜箱基础面 50 ～ 80mm。

（5）电线管的弯曲处不应有折皱、凹陷和裂缝。其弯扁程度不应大于管外径的 10%。

2. 电线管预埋施工程序

（1）PVC 管暗管敷设的施工程序：施工准备→预制加工管弯制→测定盒箱位置→固定盒箱→管路连接→变形缝处理。

（2）PVC 管明管敷设的施工程序：施工准备→确定盒、箱及固定点位置→支架、吊架制作安装→管线敷设与连接→盒箱固定→变形缝处理。

3. PVC 管预埋施工工艺

（1）PVC 管件的选用。根据形状不同，PVC 管可分为圆管、槽管和波形管；根据管壁的薄厚可分为轻型管（主要用于挂顶）、中型管（用于明装或暗装）、重型管（主要用于埋藏混凝土中），常规尺寸有直径 16mm、直径 20mm 和直径 25mm；根据布线的要求，可分为各种类型，如图 3-58 所示。

（2）PVC 管的加工。

1）切断。管径 32mm 及以下 PVC 管可采用专用截管器（或专用剪刀）进行切断，截断后要用截管器的刀背切口倒角。采用钢锯切断 PVC 管时，应将管口修理平齐、光滑；用专用剪刀剪切时，先应打开 PVC 管剪刀手柄，把 PVC 管放入刀口内，握紧手柄，边转动管子边进行裁剪，直至管子被剪断。

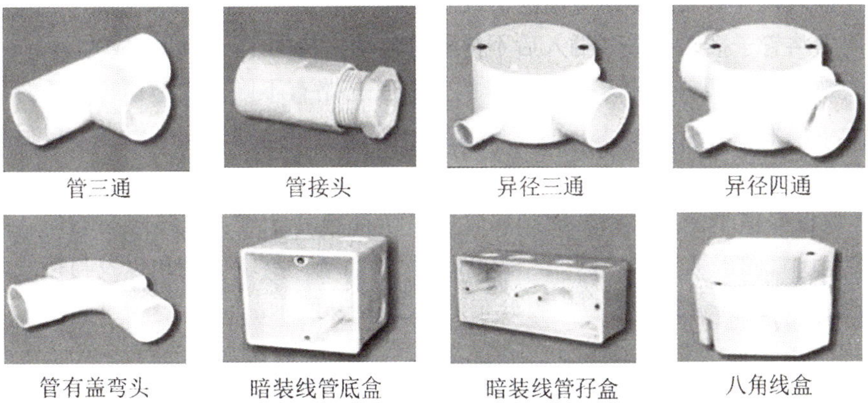

图 3-58 PVC 管件

2）弯管。具体操作见表 3-4。

表 3-4 弯管的操作方式及其说明

方式	适宜情况	说明	
冷弯	管径 32mm 以下	弹簧弯管	先将弹簧插入管内，两手用力慢慢弯曲管子，考虑到管子的回弹，弯曲角度要稍大一些。当弹簧不易取出时，可逆时针转动弯管，使弹簧外径收缩，同时往外拉弹簧即可取出
		弯管器弯管	将已插好弯管弹簧的管子插入配套的弯管器中，手扳一次即可弯出所需管子
热弯	管径 32mm 以上	热弯时，有直接加热和灌砂加热两种方法。热源可用热风、热水浴、油浴等，温度应控制在 80 ～ 100℃之间，同时应使加热部分均匀受热，为加速弯头恢复硬化，可用冷水布抹拭冷却	

3）PVC 管相互连接。具体操作见表 3-5。

表 3-5 PVC 管的连接方式及说明

连接方式	说明
管接头连接	将管接头或套管（可用比连接管管径大一级的同类管料做套管）及管子清理干净，在管子接头表面均匀刷一层 PVC 胶水后，立即将刷好胶水的管头插入接头内，不要扭转，保持约 15s 不动，即可贴牢
插入法连接	将两根管子的管口，一根内倒角，一根外倒角，加热内倒角塑料管至 145℃左右，将外倒角管涂一层 PVC 胶水后，迅速插入内倒角管，并立即用湿布冷却，使管子恢复硬度

4）PVC 管与电气盒的连接。室内装修布线时，电线管与电气盒连接完成后，要用高标号的水泥砂浆固定电气盒。工程中常用的塑料电气盒包括开关盒、开关箱、插座盒等，其与 PVC 管连接步骤如下所述。

- 将入盒接头和入盒锁扣紧固定在盒（箱）壁上。
- 将入盒接头及管子插入段擦干净。

第四节 家用照明电路的安装及维修

一、导线的连接与绝缘层恢复

(一)导线的连接

在进行电气线路、设备的安装过程中，当导线不够长或要分接支路时，就需要进行导线与导线间的连接。常用导线的线芯有单股、7 股（7 芯）和 9 股（9 芯）等几种，连接方法随芯线的金属材料、股数不同而异。

1. 单股铜线的直线连接

（1）把两线头的芯线做 X 形相交，互相紧密缠绕 2 ～ 3 圈。

（2）把两线头扳直。

（3）将每个线头围绕芯线紧密缠绕 6 圈，并用钢丝钳把余下的芯线切去，最后钳平芯线的末端，如图 3-60 所示。

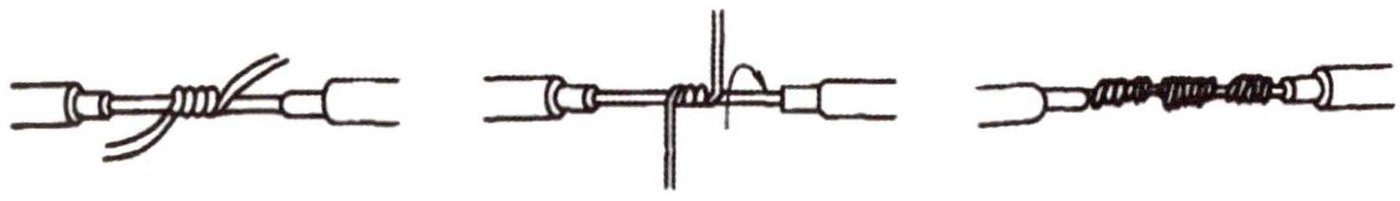

（a）　（b）　（c）

图 3-60　单股铜线的直线连接

2. 单股铜线的 T 字形连接

（1）如果导线直径较小，可按图 3-61（a）所示方法绕制成结状，然后再把支路芯线线头拉紧扳直，紧密地缠绕 6 ～ 8 圈后，剪去多余芯线，并钳平毛刺。

（2）如果导线直径较大，先将支路芯线的线头与干线芯线进行十字相交，使支路芯线根部留出 3 ～ 5mm 长度，然后缠绕支路芯线，缠绕 6 ～ 8 圈后，用钢丝钳切去余下的芯线，并钳平芯线末端，如图 3-61（b）所示。

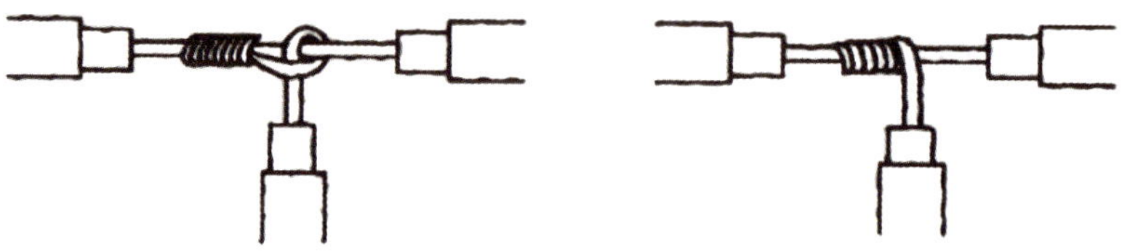

（a）　（b）

图 3-61　单股铜线的 T 字形连接

3. 7 芯铜线的直线连接

（1）先将剖去绝缘层的芯线头散开并拉直，然后把靠近绝缘层约 1/3 线段的芯线绞紧，接着把余下的2/3芯线分散成伞状，并将每根芯线拉直，如图3-62（a）所示。

（2）把两个伞状芯线隔根对叉，并将两端芯线拉平，如图3-62（b）所示。

（3）把其中一端的七股芯线按两根、两根、3根分成3组，把第一组的两根芯线扳起，垂直于芯线紧密缠绕，如图3-62（c）所示。

（4）缠绕两圈后，把余下的芯线向右拉直，再把第二组的两根芯线扳直，与第一组芯线的方向一致，压着前两根扳直的芯线紧密缠绕，如图3-62（d）所示。

（5）缠绕两圈后，也将余下的芯线向右扳直，把第三组的3根芯线扳直，与前两组芯线的方向一致，压着前4根扳直的芯线紧密缠绕，如图3-62（e）所示。

（6）缠绕3圈后，切去每组多余的芯线，钳平线端，如图3-62（f）所示。

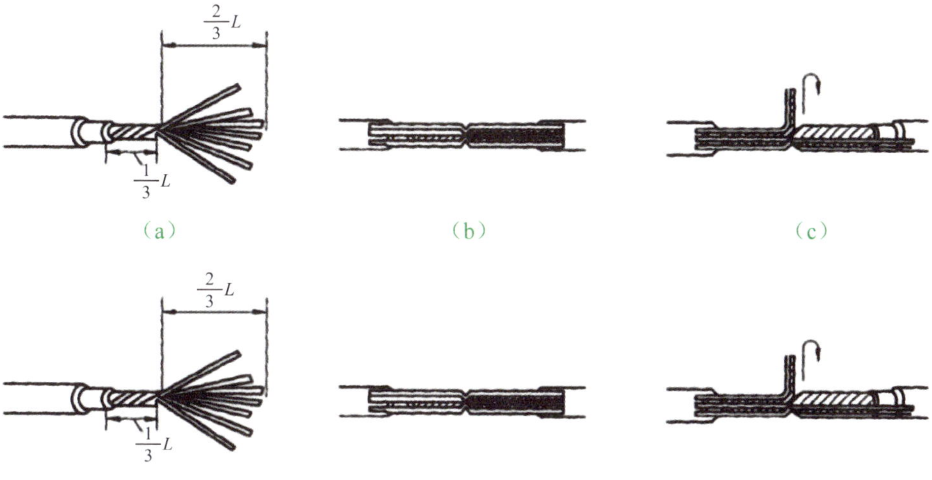

图3-62　7芯铜线的直线连接

4. 7芯铜线的T字形连接

（1）把分支芯线散开钳平，将距离绝缘层1/8长度处的芯线绞紧；再把支路线头7/8长度处的芯线分成4根和3根两组，并排齐；然后用螺钉旋具把干线的芯线撬开分为两组，把支线中4根芯线的一组插入干线两组芯线之间，把支线中另外3根芯线放在干线芯线的前面，如图3-63（a）所示。

（2）把3根芯线的一组在干线右边紧密缠绕3～4圈，钳平线端；再把4根芯线的一组按相反方向在干线左边紧密缠绕，如图3-63（b）所示；缠绕4～5圈后，钳平线端，如图3-63（c）所示。

（二）导线绝缘层的恢复

导线绝缘层破损或完成导线连接后，要及时恢复导线的绝缘，且恢复后的绝缘强度不应低于原有绝缘层。恢复绝缘层通常所用材料是黄蜡带和黑胶带，一般选用宽度为20mm的黄蜡带和黑胶带。

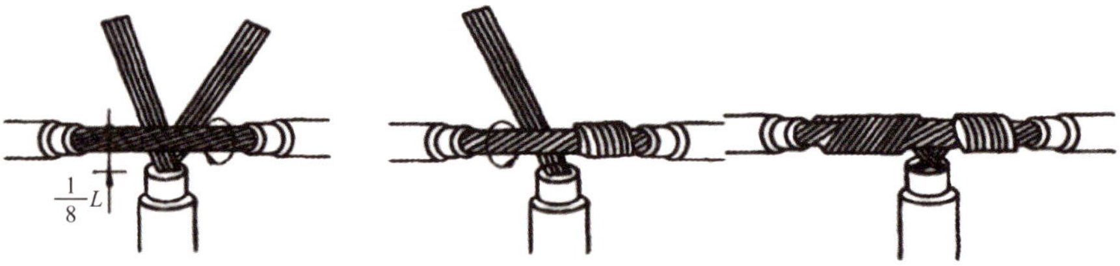

（a）　　（b）　　（c）

图 3-63　7 芯铜线的 T 字形连接

1. 直线连接接头的绝缘恢复

（1）将黄蜡带从导线左侧完整的绝缘层上开始包缠，包缠两根带宽后再进入无绝缘层的接头部分，如图 3-64（a）所示。

（2）包缠时，应将黄蜡带与导线保持约 55° 的倾斜角，每圈叠压带宽的 1/2 左右，如图 3-64（b）所示。

（3）包缠一层黄蜡带后，把黑胶布接在黄蜡带的尾端，按另一斜叠方向再包缠一层黑胶布，每圈仍要压叠带宽的 1/2，如图 3-64（c）、图 3-64（d）所示。

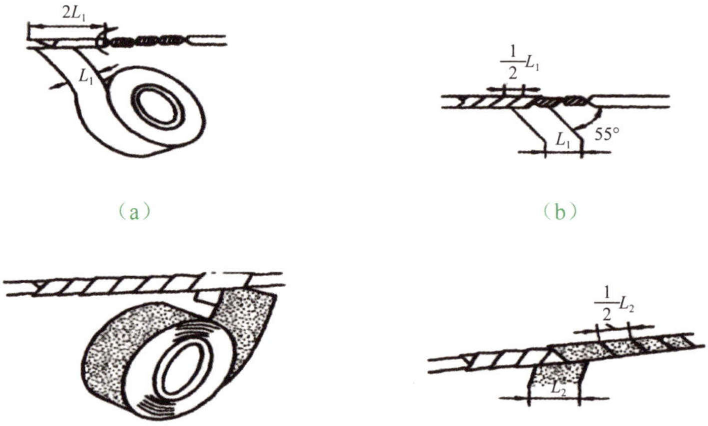

（a）　　（b）

（c）　　（d）

图 3-64　直线连接接头的绝缘恢复

2. T 字形连接接头的绝缘恢复

（1）将黄蜡带从接头左端开始包缠，每圈叠压带宽的 1/2 左右，如图 3-65（a）所示。

（2）缠绕至支线时，用左手拇指顶住左侧直角处的带面，使它紧贴于转角处芯线，而且要使处于接头顶部的带面尽量向右侧斜压，如图 3-65（b）所示。

（3）当围绕到右侧转角处时，用手指顶住右侧直角处带面，将带面在干线顶部向左侧斜压，使其与被压在下边的带面呈 X 状交叉，然后把黄蜡带再回绕到左侧转角处，如图 3-65（c）所示。

（4）使黄蜡带从接头交叉处开始在支线上向下包缠，并使黄蜡带向右侧倾斜，如图 3-65（d）所示。

（5）在支线上绕至绝缘层上约两个带宽时，黄蜡带折回向上包缠，并使黄蜡带向左侧倾斜，绕至接头交叉处，使黄蜡带围绕过干线顶部，然后开始在干线右侧芯线上进行包缠，如图 3-65（e）所示。

（6）包缠至干线右端的完好绝缘层后，再接上黑胶带，按上述方法反向包缠一层即可，如图 3-65（f）所示。

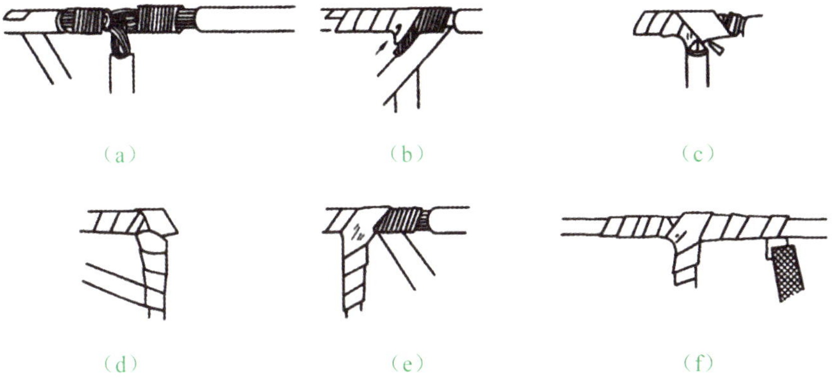

（a）　（b）　（c）

（d）　（e）　（f）

图 3-65　T 字形连接接头的绝缘恢复

3. 注意事项

（1）在为工作电压为 380V 的导线恢复绝缘时，必须先包缠 1 ～ 2 层黄蜡带，然后再包缠一层黑胶带。

（2）在为工作电压为 220V 的导线恢复绝缘时，应先包缠一层黄蜡带，然后再包缠一层黑胶带，也可只包缠两层黑胶带。

（3）包缠绝缘带时，不能过疏，更不能露出芯线，以免造成触电或短路事故。

（4）绝缘带平时不可放在温度很高的地方，也不可浸染油类。

二、家用电工元器件及其安装

（一）开关与插座的分类及安装

1. 按使用习惯分

家用开关与插座按使用习惯可分为暗装 86 型、暗装 118 型、暗装 120 型和明装型 4 个类型。

（1）暗装 86 型。暗装 86 型是面板尺寸为长 86mm× 宽 86mm 的正方形面板，适用于照明线路和开关插座在墙里暗设的情况，需要先预埋底盒，如图 3-66 所示。

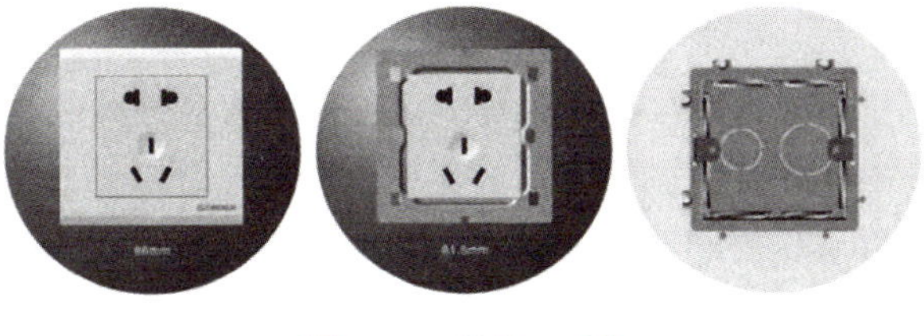

图 3-66　暗装 86 型

（2）暗装118型。常见的模块以1/2为基础标准，即在一个横装的标准118mm×74mm面板上，能安装下两个1/2标准模块。模块按大小分为1/2位、1位两种，适用于照明线路和开关插座在墙里暗设的情况，需要先预埋底盒，如图3-67所示。

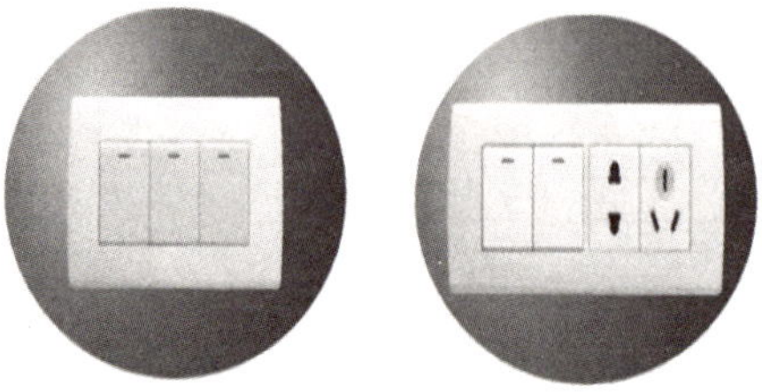

图3-67　暗装118型

（3）暗装120型。暗装120型指面板高度为120mm的开关类型。暗装120型的外形尺寸有两种：一种为单连（70mm×120mm），一种为双连（120mm×120mm）。模块按大小分为1/3位、2/3位、1位3种，如图3-68所示。

图3-68　暗装120型

（4）明装型。明装型开关与插座自带底盒，可直接安装在墙面上，如图3-69所示。

图3-69　明装型

2. 按功能分

家用开关与插座按功能可分为开关类、插座类、开关带插座类和电子信息插座类。

（1）开关类。家用开关类分为单极开关、双控开关和多控开关。

单极开关：控制火线的接通与断开。

双控开关：需要两个开关配合使用，可同时控制一个负载。例如，在卧室的门口和床边分别装上一个这样的开关，躺在床上时就不必下床走到门口去关灯。

多控开关：3 个开关同时控制一路负载通断。

（2）插座类。插座类按功能可分为二极插座、二二极插座、三极插座、二三极插座、二二三极插座、三相四线插座，如图 3-70 所示。

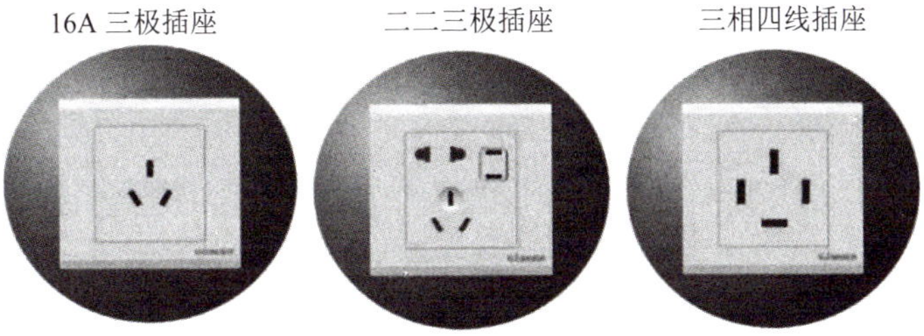

图 3-70 插座类

（3）开关带插座类。开关带插座类的样例如图 3-71 所示。

图 3-71 开关带插座类

（4）电子信息插座类。电子信息插座类的样例如图 3-72 所示。

图 3-72 电子信息插座类

（二）白炽灯的工作原理及安装

白炽灯的工作原理：电流通过一小圈钨丝，使钨丝受热而发亮。白炽灯是照明领域最成功的产品，在家用照明应用中占主导地位。其优点是结构简单、价格低廉、使用方便、显色性好；缺点是发热量大、使用寿命较短，只能将约 1/20 的电能转化为光能，发光效率较低。

1. 白炽灯的组成

白炽灯可分成普通插口式和螺口式。普通白炽灯的基本结构由玻璃泡、灯丝、绝缘体和触头等组成，如图 3-73 所示。

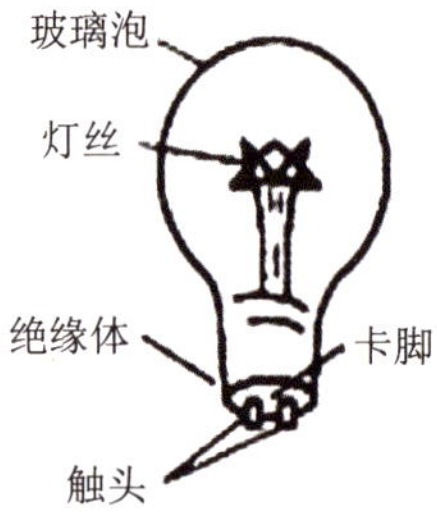

（a）插口式

（b）螺口式

图 3-73 白炽灯

（1）玻璃泡：由密封的玻璃壳制成，分透明、白色半透明、彩色 3 种。

（2）灯丝：灯丝是灯泡的发光体，由耐高热的钨丝制成。钨丝的熔点可高达 3410℃，而且在高温时有较高的机械强度，也比较容易加工制成细丝。但钨和其他许多金属一样，在高温时会很快发生强烈的氧化作用而烧断，所以灯丝必须工作在高度真空并充有与钨不起氧化作用的惰性气体（氩、氮或氩氮混合气体）中。为了提高钨丝坚韧性，防止高温工作时变形，通常还在钨中加入微量氧化物，如氧化硅、氧化铝等。

2. 白炽灯的参数

（1）电压特性：白炽灯在电源电压发生变化时，灯丝温度、电阻、电流、电功率、光通量、效率以及寿命等也会相应地发生变化。

（2）白炽灯的发光效率：白炽灯的大部分功率都变成红外线，转化为热量散发出去，加上其他热量损耗，发光效率很低，最多只有 10% 左右。

（3）白炽灯的寿命：灯丝用至断裂为止所点燃的时间，或者是光通量下降到规定的光效时总共点燃的时间，称为白炽灯的有效寿命。目前我国规定白炽灯的寿命为 1000h。

3. 白炽灯的安装

白炽灯结构简单、使用可靠、价格低廉，其安装电路相对简单，因而得到广泛应用。

（1）常用灯座。白炽灯的常用灯座有卡口吊灯座、卡口式平灯座、螺口吊灯座和螺口式平灯座等，如图 3-74 所示。

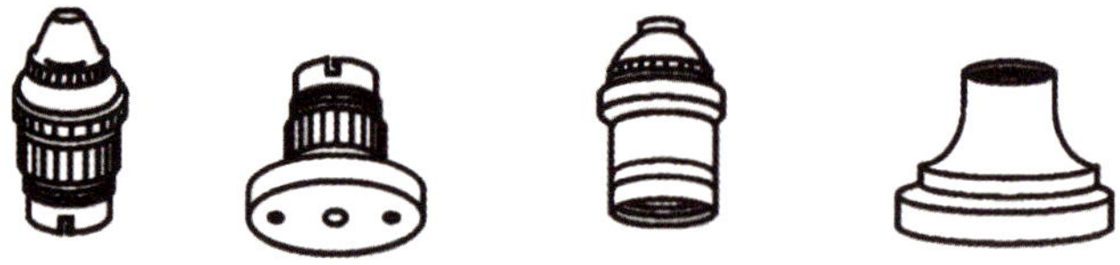

图 3-74 常用灯座示意图

（2）常用开关。开关的品种很多，常用的开关有接线开关、顶装拉线开关、防水接线开关、平开关、暗装开关等，如图 3-75 所示。

（3）白炽灯的控制方式。白炽灯的控制方式有单联开关控制和双联开关控制两种方式，如图 3-76 所示。

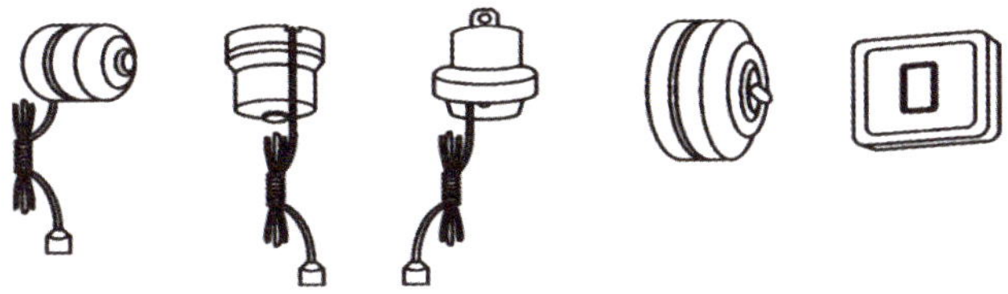

图 3-75　常用开关示意图

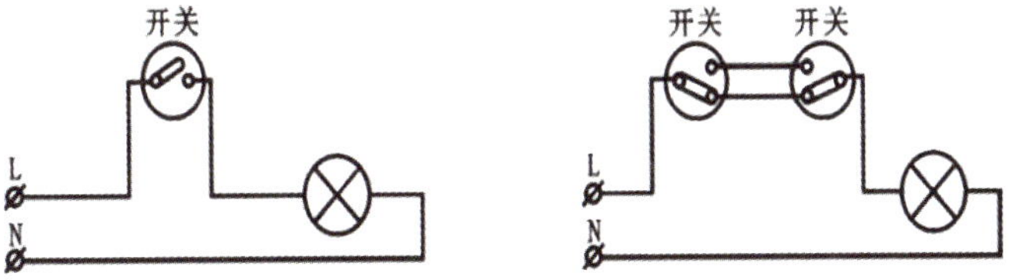

图 3-76　白炽灯的控制方式

（4）白炽灯的安装。安装照明电路必须遵循以下总的原则：一是火线必须接入开关；二是开关与灯具要串联；三是各照明电路间要并联。白灯灯的安装说明见表 3-6。

表 3-6　白炽灯的安装

用　途	接线图	备　注
一个单联开关控制一个灯	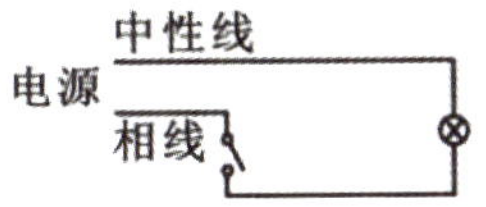	开关装在相线上，接入灯头中心簧片上，零线接入灯头螺纹口接线柱
一个单联开关控制两个灯	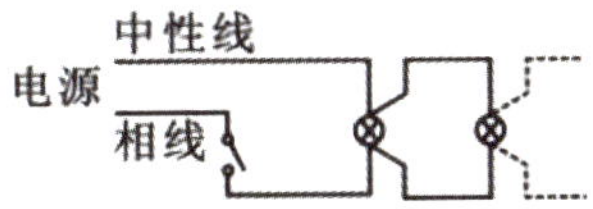	超过两个灯按虚线延伸，但要注意开关允许容量
两个单联开关分别控制两盏灯	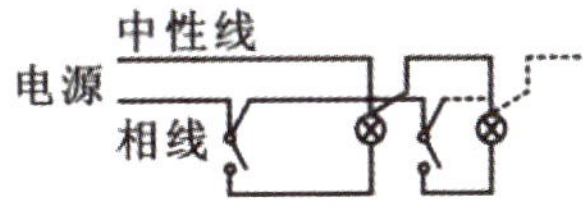	用于多个开关及多个灯，可延伸接线
两个双联开关在两地，控制一个灯	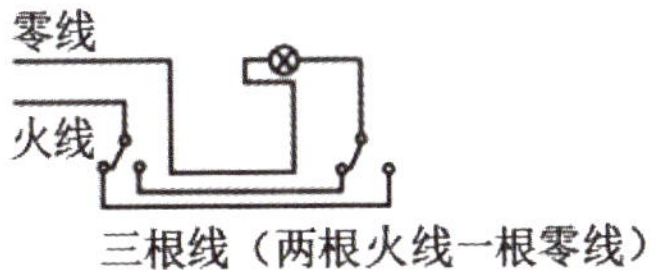	用于楼梯或走廊，两端都能开、关的场合。接线口诀：开关之间三条线，零线经过不许断，电源与灯各一边

1）圆木的安装。先在准备安装吊线盒的地方打孔，预埋木枕或膨胀螺钉，如图 3-77（a）所示。在圆木底面用电工刀刻两条槽，圆木中间钻 3 个小孔，如图 3-77（b）所示。将两根电源线端头分别嵌入圆木两边小孔并穿出，通过中间小孔用木螺钉将圆木紧固在木枕上，如图 3-77（c）所示。

（a）　（b）　（c）

图 3-77　圆木的安装

2）安装吊线盒。将圆木上的电线从吊线盒底座孔中穿出，用木螺钉把吊线盒紧固在圆木上，如图 3-78（a）所示。将电线的两个线头剥去 2cm 左右长的绝缘皮，然后将线头分别旋紧在吊线盒的接线柱上，如图 3-78（b）所示。根据灯的安装高度（离地面 2.5m），取一股软电线作为吊线盒的灯头连接线，上端接吊线盒的接线柱，下端接灯头。在离电线上端约 5cm 处打一个结，如图 3-78（c）所示。

（a）　（b）　（c）

图 3-78　安装吊线盒

3）安装灯头。旋下灯头盖子，将软线下端穿入灯头盖孔中，在离线头 3cm 处按照上述方法打一个结，把两个线头分别接在灯头的接线柱上，然后旋上灯头盖子，如果是口灯头，相线应接在中心铜片相连的接柱上，否则容易发生触电事故，如图 3-79 所示。

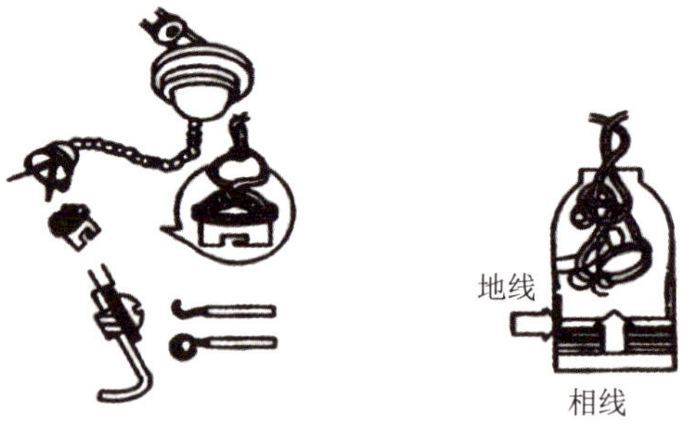

（a）　（b）

图 3-79　安装灯头

4）安装拉线开关。控制白炽灯的开关应串接在通往灯头的相线上，也就是相线要通过开关进灯头。一般拉线开关的安装高度距地面 2.5m，扳把开关距地面 1.4m。安装扳把开关时，开关的扳把方向要与灯的开、关一致，一般向上扳为“合”（开灯），向下扳为“断”（即关灯）。

安装拉线开关（或扳把开关）的步骤与做法跟安装吊线盒的步骤与做法大致相同。首先在准备安装开关的地方打孔，预埋木枕或膨胀螺钉；再安装圆木（将圆木刻两道槽，钻 3 个小孔，把两根电线嵌入槽，经两旁小孔穿出，用木螺钉固紧在木枕上）；在圆木上安装开关底座，然后将相线接头、灯头与开关连接的那头分别接在开关底座的两个接线柱上；最后旋上开头盖即可。

经过以上 4 个步骤，白炽灯的开关安装就基本完成了。安装完成的效果如图 3-80 所示。

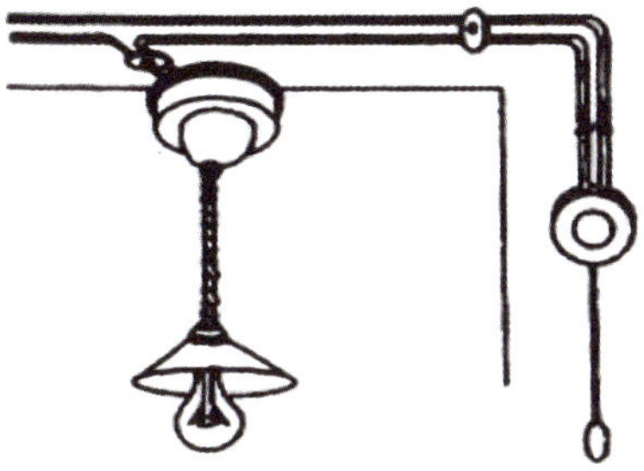

图 3-80　安装拉线开关

（三）荧光灯的工作原理及安装

荧光灯的工作原理：利用汞蒸气在外加电压作用下产生弧光放电，发出少许可见光和大量紫外线，紫外线又激励灯管内壁涂覆的荧光粉，使之发出大量的可见光。

荧光灯由灯管、镇流器、启辉器以及为了提高功率因素而配套使用的电容器组成，包括直管型、高环通环型和紧凑型 3 种。

直管型荧光灯也就是普通的日光灯，按其管径可分为 38mm（T12）、32mm（T10）、26mm 荧光灯（T8）、16mm（T5）和 11mm（T3）5 种。荧光灯管径越细，光效越高，节电效果越好。日光灯样例如图 3-81 所示。

紧凑型荧光灯俗称节能灯，因为它体积小、光效高（是白炽灯的 5 倍）、节能省电，被广泛应用于各种灯具之中。节能灯管使用 9 ～ 16mm 的细玻璃管弯曲或熔接制成(U 形、H 形、螺旋形等)，有很高的单位表面负荷，比普通荧光灯管表面要热，也提高了灯的最低冷端温度。节能灯样例如图 3-82 所示。

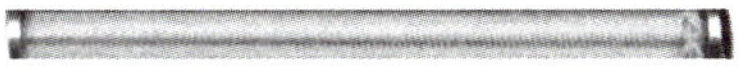

图 3-81　日光灯

图 3-82　节能灯

荧光灯按光色可分为三基色荧光灯管、冷白日光色荧光灯管、暖白日光色荧光灯管，相对比较节能的是三基色荧光灯管。

1. 启辉器

启辉器在电路中起开关作用。它的里面有一个充有氖气及两个电极构成的充气管，其中一个电极为双金属片。开关闭合后，氖气放电，使双金属片受热变形，直至两极接通，为灯丝电流提供通路。

2. 镇流器

镇流器在启辉器接通时，限制日光灯的灯丝电源（灯丝发热，加热灯管内的汞蒸气，以降低其放电电压）；在启辉器恢复断开状态时，灯管内汞蒸汽气体放电，因其气体放电电阻很小，要靠镇流器限制其放电电流。此外，在启辉器恢复断开状态瞬间，在镇流器的铁芯内可能有残存的磁场能，它会转化为电场能，在镇流器两端产生一个反电动势。它与电源电压叠加，有利于灯管内气体放电。

3. 荧光灯的工作原理

当荧光灯接入电路以后，启辉器的两个电极间开始辉光放电，使双金属片受热膨胀而与静触极接触，于是电源、镇流器、灯丝和启辉器构成一个闭合回路，电流使灯丝预热，当受热 1 ～ 3s 后，启辉器的两个电极间放电熄灭，随着双金属片冷却而与静触极断开。两个电极断开的瞬间，电路中的电流突然消失，于是镇流器产生一个高压脉冲，它与电源叠加后，加到灯管两端，使灯管内的惰性气体电离而引起弧光放电。在正常发光过程中，镇流器的自感还起着稳定电路中电流的作用。

4. 荧光灯的安装

荧光灯的安装方法与白炽灯的安装方法相似，具体安装方法与步骤可参见白炽灯的安装。

5. 荧光灯的故障分析与检测

在接线基本正确的情况下，日光灯电路不能正常工作的典型故障有以下三种。

（1）电源"无电"。判断电源是否有电，最简便的方法是用测电笔判断相线和零线。但当交流电压低于 180V 时，日光灯较难启动。

若身边无任何测电工具，可将灯具移至背光处，接通电源，快速切换灯具的电源开关数次，在电路断开的瞬间，镇流器产生的高压会使灯管瞬间击穿，灯管两端闪光，因时间很短，要留心观察。

（2）导体接触不良。导体与导体的连接有"点"接触、"线"接触和"面"接触 3 种方式。"点"接触是最不可靠的一种方式。灯脚与灯座之间多为"点"接触，这是造成接触不良最主要的原因。其次，灯座接线柱处的导线连接不佳，容易松动，造成灯管不亮，这种原因引起的故障现象一般在短时间内不易发现。另外，启辉器座内铜脚失去弹性，也是引起接触不良的重要原因之一，其直接后果是启辉器丧失功能。

判断接触是否良好，首先用肉眼观察，然后用手试拉导线连接处，不提倡首先使用万用表。

（3）零部件质量问题。

1）镇流器故障。镇流器内电感线圈若有局部短路，电感量将大为减少，如此时强行启动灯管，由于电流过大会将灯丝烧断，故此时应立即将此镇流器取下。

2）灯管的故障。灯管灯丝通断的判断，除了用万用表直接检测外，还可用测电笔间接检测的方法。具体方法是，安装上灯管，拿走启辉器，检查电路无误后接通电源，用测电笔检测启辉器座内近相线端的铜皮，氖泡亮则灯丝通，氖泡不亮则灯丝断。然后调换一下灯管两端，检测另一端灯管的灯丝。

（四）LED 灯的工作原理及安装

LED 灯是一种利用二极管发光特性，能够将电能转化为可见光的固态半导体器件。它可以直接把电能转化为光能。LED 灯的心脏是一个半导体的晶片。晶片的一端附在一个支架上，一端是负极，另一端连接电源的正极，整个晶片被环氧树脂封装起来。

1. LED 灯的工作原理

LED 的核心部分是由 P 型半导体和 N 型半导体组成的晶片。在 P 型半导体和 N 型半导体之间有一个过渡层，称为 PN 结。在某些半导体材料的 PN 结中，注入的少数载流子与多数载流子复合时会把多余的能量以光的形式释放出来，从而把电能直接转换为光能。PN 结加反向电压，少数载流子难以注入，故不发光。

这种利用注入式电致发光原理制作的二极管叫发光二极管，通称 LED。当它处于正向工作状态时（即两端加上正向电压），电流从 LED 阳极流向阴极，半导体晶体会发出从紫外到红外不同颜色的光线，光的强弱与电流有关。

2. 家庭常用 LED 灯

（1）LED 球泡灯。LED 球泡灯指发出的光线为发散性的 LED 灯泡。其接口方式采用了通用的螺口、E26、E27、E14、B22 等。为了防止眩光问题，外壳通常会使用磨砂玻璃或亚克力来制作，如图 3-83 所示。

LED 球泡灯的灯泡采用高性能环保材料，由优质铝材车加工，表面经过特殊氧化处理。其结构新颖，安装方便，无汞环保，无电磁辐射，节约能源，是取代传统白炽灯和金卤灯的理想选择，主要应用在品牌专卖店、商场、酒店、写字楼、家居等照明场所。

（2）LED 筒灯。LED 筒灯（即嵌灯）是一种嵌入到天花板内光线下射式的局部照明灯具，主体采用环保铝质高导散热灯壳，表面经过抛光、打磨、喷吵阳极氧化处理，使之更具装饰性。其结构同普通球泡灯一样，广泛应用于大型办公室、会议室、百货商场、专卖店及一些民用家居，如图 3-84 所示。

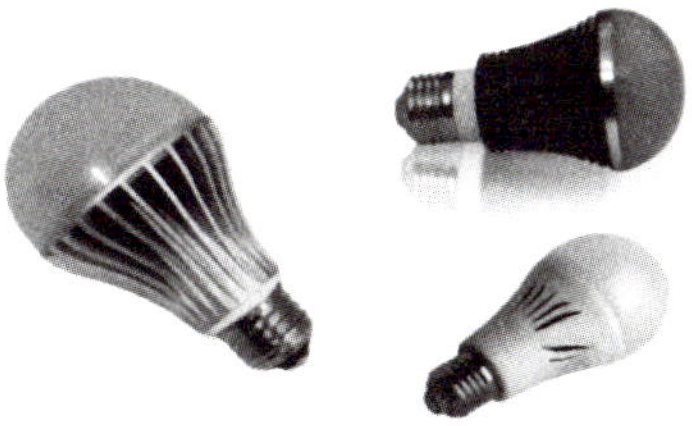

图 3-83　LED 球泡灯

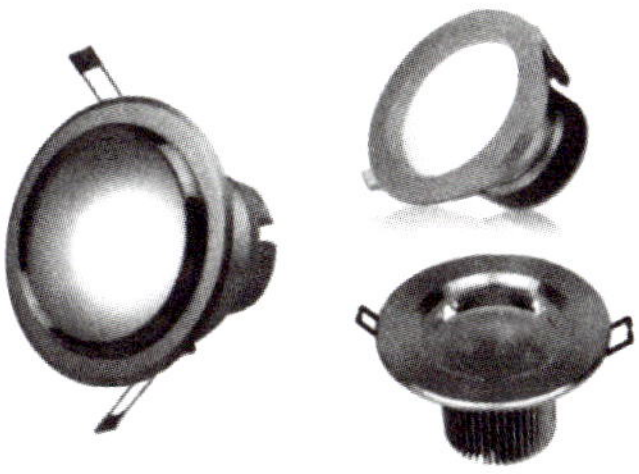

图 3-84　LED 筒灯

（3）LED 射灯。LED 射灯指利用发光二极管作为光源的射灯。传统射灯多采用卤素灯，发光效率较低也比较耗电，另外会使被照射环境温度上升且使用寿命短。LED 射灯在发光原理、节能、环保的层面上都远远优于传统照明产品，而且 LED 发光的单向性形成了对射灯配光的完美支持。LED 射灯主要用于装饰、商业空间照明以及建筑装饰照明等，如图 3-85 所示。

LED 射灯的分类大部分以 MR16 为主。按灯脚区分，还包括 E27，GU10 等。

（4）LED 日光灯。LED 日光灯是采用 CREE 与 AOD 超高亮 LED 白光作为发光光源，外壳为亚克力或铝合金，采用上百颗 LED 串并而成；外罩可用 PC 管制作，耐高温达 135℃，功率在 1 ～ 20W，远低于传统日光灯，如图 3-86 所示。

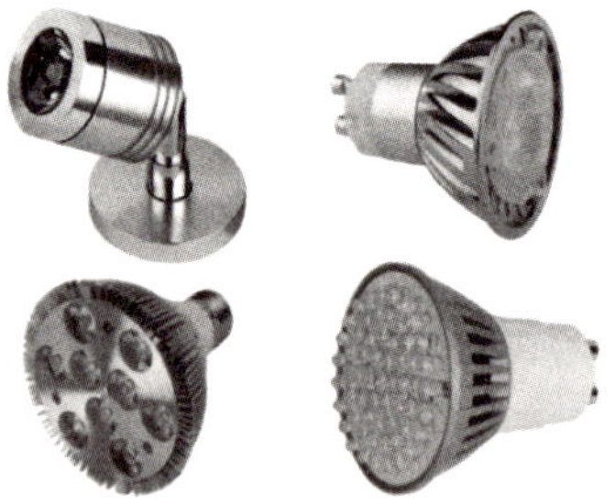

图 3-85　LED 射灯

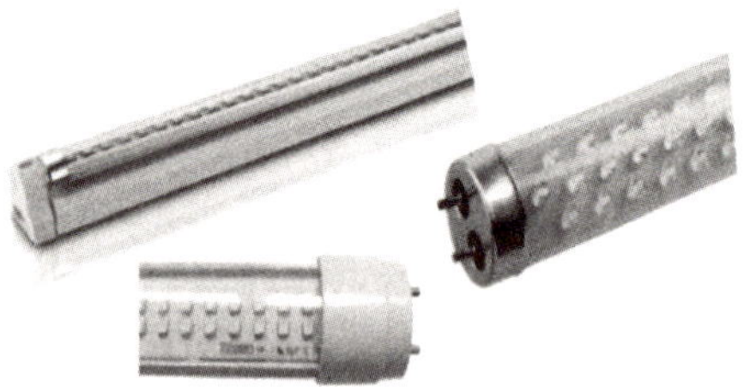

图 3-86　LED 日光灯

LED 日光灯主要由 PC 罩、光源、铝基板、散热器、驱动电源、连接件、螺口（及堵头）组成，分为驱动电源内置和外置两种。

（5）LED 平板灯。LED 平板灯也叫 LED 面板灯，是一款高档室内照明灯具。它的外框选用铝合金 / 亚克力制作，配置智能遥控系统，可以任意变化色温，如图 3-87 所示。

LED 平板灯的型号主要有平放式、嵌入式、吸顶式和圆形式。

LED 平板灯经过高透光率的导光板，形成照度均匀、光线柔和的光效，整个灯具设计美观简洁、大气豪华，既有良好的照明效果，又能给人带来美的感受，各方面均优于格栅灯。LED 面板灯的寿命是日光灯的 10 倍。它主要适用于酒店、高级写字楼、办公场所、室内公共场所等。

（6）LED 吸顶灯。LED 吸顶灯是选择 LED 为光源的一种吸顶灯。它安装在房间内部，由于灯具上部较平，紧靠屋顶安装，像是吸附在屋顶上，所以称为 LED 吸顶灯。它在室内和室外都适用，还具有装饰功能，如图 3-88 所示。

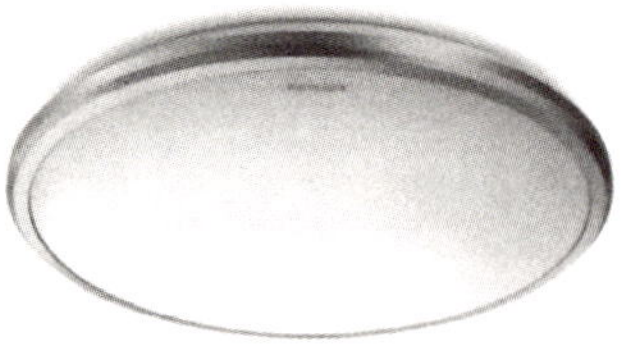

图 3-87　LED 平板灯

图 3-88　LED 吸顶灯

3. LED 灯的安装

家用 LED 灯类型较多，这里以常用的 LED 吸顶灯为例讲述其安装步骤，如图 3-89 所示。

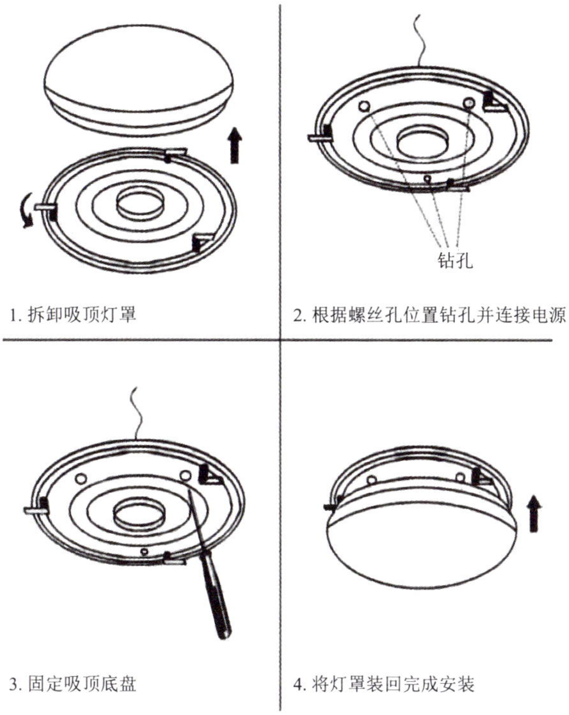

图 3-89 LED 吸顶灯的安装

（1）选好位置。安装 LED 吸顶灯首先要做的是确定 LED 吸顶灯的安装位置。例如，客厅、饭厅、厨房的 LED 吸顶灯最好安装在房间的正中间，这样的话各位置光线较为平均。此外，LED 吸顶灯需要选取砖石结构等能承受 LED 吸顶灯重量的墙面或吊顶进行安装，尽量不要选择木质墙面，因为时间长了有掉落的危险。

（2）拆 LED 吸顶灯面罩。将 LED 吸顶灯面罩拆下，一般情况下，LED 吸顶灯面罩有旋转和卡扣卡住两种固定方式。拆的时候要细心，以免将 LED 吸顶灯弄坏，把面罩取下来之后顺便将灯管也取下，防止在安装时打碎灯管。

（3）安装底座。底座放在预定安装位置，用铅笔在墙面做标记，然后拿走底座，用电钻在标记位置钻孔，接着在孔内安装固定底座用的膨胀螺栓。注意钻孔直径和埋设深度要与螺栓规格相符。之后把底座放回预定位置，固定即可。

（4）连接电线。固定好底座后，就可以将电源线与 LED 吸顶灯的接线座进行连接。需注意的是，与 LED 吸顶灯电源线连接的两个线头，电气接触应良好，要分别用黑胶布包好，并保持一定的距离，尽量不将两个线头放在同一块金属片下，以免短路，发生危险。

（5）安装面罩、吊饰。接好电线后，可试通电，如果一切正常，便可切断电源，装上 LED 吸顶灯的面罩。客厅 LED 吸顶灯有时还要装上一些吊饰，因为每一款 LED 吸顶灯的吊饰都不一样，所以具体安装方法可参考产品说明书。

4. LED 吸顶灯的故障检测

（1）LED 吸顶灯不亮。灯不亮时应首先检查电路连接问题。如果是新装的 LED 灯，应使用测电笔进行测量，或安装一盏白炽灯，看电路中是否有电压，确定电路没问题后，可以开始下面的检修。其次，检查LED吸顶灯的驱动器是否正常工作。发光二极管对电流、电压的要求较高，电流、电压过大或过小都不能正常点亮，因此需要驱动器中的恒流驱动器和整流器、降压器等装置协助工作。

（2）LED吸顶灯亮度变暗。电灯亮度变暗或不亮，很可能是灯珠问题。LED吸顶灯的灯珠是分为一串一串的，每一串上的灯珠是串联的，串与串之间是并联的。因此，一串上有一颗灯珠烧毁，就会导致这一串灯珠都不亮了。如果每串都有一颗灯珠烧毁，就会导致整个电灯都不亮，此时则要考虑驱动器上的电容或电阻有问题。

烧毁的灯珠和正常灯珠从外观上是可以看出来的，在烧毁的灯珠的中间位置有一个黑色的圆点，而且这个圆点是擦不掉的。

（3）LED吸顶灯关灯后闪烁。发生电灯关灯后闪烁，首先要确认线路是否有问题。最有可能的问题是开关控制了零线。这时要及时改正，以免发生危险。正确的做法是开关控制火线，零线接电灯。

如果电路没有问题，则有可能是LED吸顶灯产生了自感电流。最简便的检测方法是买一个220V的继电器，将线圈与电灯串联。

（五）家庭常用电路保护装置

1. 保险丝

保险丝是由电阻率大、熔点低的铅锑合金制成。它的工作原理是当电路中有过大的电流时，保险丝会产生较多的热量，使它的温度达到熔点，从而熔断，自动切断电路，起到保险的作用。

（1）保险丝的分类。

1）按保护形式分为过电流保险丝与过热保险丝。过电流保险丝就是平常说的保险丝，又叫限流保险丝。过热保险丝又称为温度保险丝，是防止发热电器或易发热电器温度过高。过热保险丝只响应电器温度的升高，不理会电路的工作电流大小，其工作原理不同于过电流保险丝。

2）按额定电压分为高压保险丝、低压保险丝和安全电压保险丝。

3）按形状分为平头管状保险丝（又可分为内焊保险丝与外焊保险丝）、尖头管状保险丝、铡刀式保险丝、螺旋式保险丝、插片式保险丝、平板式保险丝、裹敷式保险丝和贴片式保险丝。

（2）闸刀开关保险丝的更换。

1）找到总闸刀并断电查看，确定闸刀开关中的保险丝是否熔断（若熔断则需更换）。

2）穿上橡胶鞋，戴上橡胶手套，准备好钳子和备用保险丝。

3）断电后拆开闸刀开关上、下半身外壳，用钳子去掉已熔掉的旧保险丝，注意不要触碰带电的线路。

4）换上新的备用保险丝，然后检查是否有短路情况，如果没有就可以装上外壳合上闸刀开关，如图3-90所示。

2. 空气开关

在家居生活中，空气开关使用的频率很高。它是电路的保护器，可以在电路发生故障时起到保护作用。若室内用电出现短路或其他安全故障，空气开关会自动断电，以保证我们的居室安全。其功能相当于闸刀开关、过电流继电器、失压继电器、热继电器及漏电保护器等电器部分或全部的功能总和。

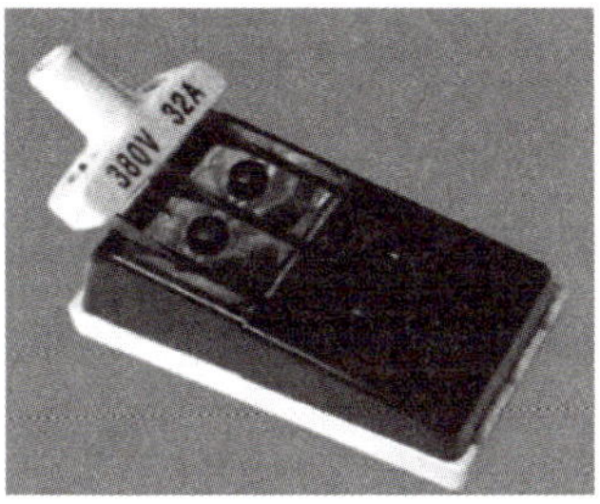

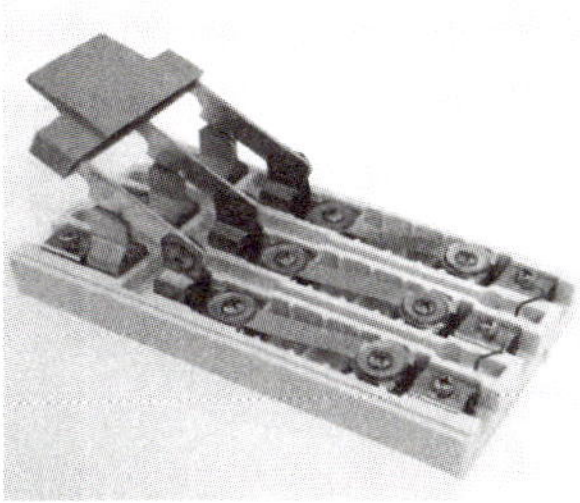

图 3-90 闸刀开关

（1）空气开关的结构。空气开关主要由触点系统、灭弧装置、脱扣器和自由脱扣机构等组成。操作机构又由复位机构和锁扣机构组成，如图 3-91 所示。

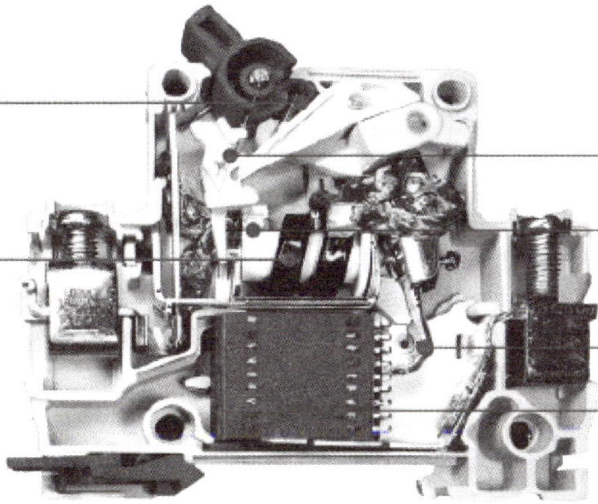

图 3-91 空气开关结构图

1）触点系统。触点系统包括主触点和灭弧触点，大电流的断路器还有副触点，这 3 种触点并联接在电路中。正常工作时主触点承载负载电流；开路时灭弧触点熄灭电弧，保护主触点。当电路接通时，灭弧触点先接通，主触点后接通，断开电路时则顺序相反。副触点工作在主触点与灭弧触点之间，也起到保护主触点的作用。

2）灭弧装置。灭弧装置大多为栅片式。灭弧罩采用三聚氰胺耐弧塑料压制而成，两壁装有绝缘隔板，防止相间飞弧；灭弧室上方装设由三聚氰胺玻璃布板制成的灭弧栅片，以缩小飞弧距离。

3）自由脱扣机构。断路器在合闸状态或合闸过程中，脱扣器能作用于自由脱扣机构使其断开。

4）脱扣器。脱扣器又称保护装置，是用来接收操作命令或电路非正常情况的信号，通过机械动作或触发电路的方法进行工作。脱扣机构的动作部件包括过电流脱扣器、失压脱扣器、分励脱扣器和热脱扣器。另外还可以装设半导体或带微处理器的脱扣器。

（2）空气开关的分类。

1）按极数分为单极、两极和三极。

2）按保护形式分为电磁脱扣器式、热脱扣器式、复合脱扣器式和无脱扣器式。

3）按全分断时间分为一般式和快速式（先于脱扣机构动作，脱扣时间在 0.02 秒以内）。

4）按结构形式分为塑壳式、框架式、限流式、直流快速式、灭磁式和漏电保护式。

（3）空气开关的识别。例如，对于标号为 DZ10-100/330 Ie=60A 的空气开关，各项含义说明如下：

- DZ——“自动”的反拼音。
- 10——设计序号。
- 100—额定电流。
- 3——表示极数（即三相）。
- 3——脱扣形式（0 为无脱扣器，1 为热脱扣器式，2 为电磁脱扣器式，3 为复式脱扣器）。
- 0——有无辅助触头（0 表示无辅助触头，1 表示有辅助触头）。
- Ie=60A——过电流调节。

（4）空气开关的工作原理。空气开关脱扣方式有热动脱扣、电磁掊扣和复式脱扣 3 种。图 3-92 所示为空气开关的工作原理。

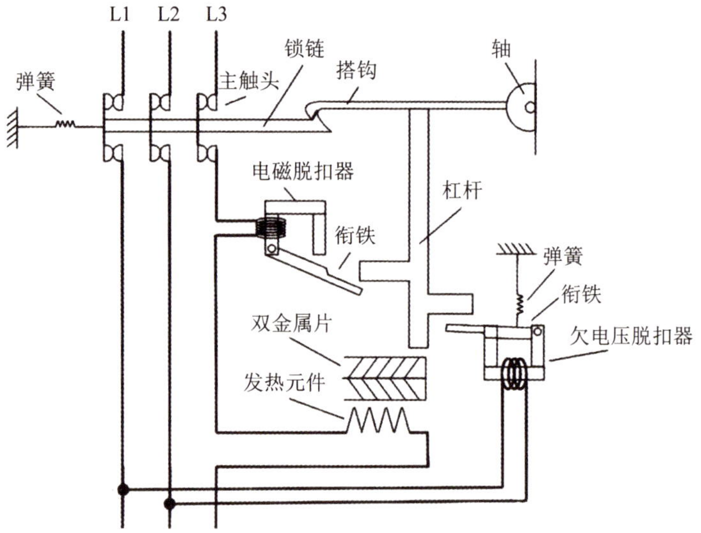

图 3-92　空气开关的工作原理图

1）热脱扣器：当线路发生一般性过载时，过载电流虽不能使电磁脱扣器动作，但能使热元件产生一定的热量，促使双金属片受热向上弯曲，失去杠杆使搭钩与锁扣脱开，将主触头分开，切断电源。

2）电磁脱扣器：当线路发生短路或出现严重过载电流时，短路电流超过瞬时脱扣整定电流值，电磁脱扣器产生足够大的吸力，将衔铁吸合并撞击杠杆，使搭钩绕转轴座向上转动与锁扣脱开，锁扣在反力弹簧的作用下将三副主触头分断，切断电源。

3）复式脱扣器：开关的脱扣机构是一套连杆装置。当主触点通过操作机构闭合后，就被锁钩锁在合闸的位置。如果电路中发生故障，则有关的脱扣器将产生作用使脱扣机构中的锁钩脱开，于是主触点在释放弹簧的作用下迅速断开。按照保护作用的不同，脱扣器可以分为过电流脱扣器及失压脱扣器等。

（5）空气开关的安装。空气开关的选配要根据用电情况合理进行选择。家庭用电为单相 220V，有一条火线一条零线，一般选用 C 型空气开关；工业用电是三相 380V，有两条火线一条零线或三条火线，必须选用 D 型空气开关。

空气开关的安装方法如下所述。

1）熟悉线路情况。一般来说，红色线是火线（L）、蓝色线是零线（N）、花线是地线（E/PE/G/GND）。

2）安装空气开关。要注意，开关为正面朝外，上端为进线，下端为出线，通常情况下地线是不需要进空气开关的。图 3-93 所示为空气开关安装示意图。

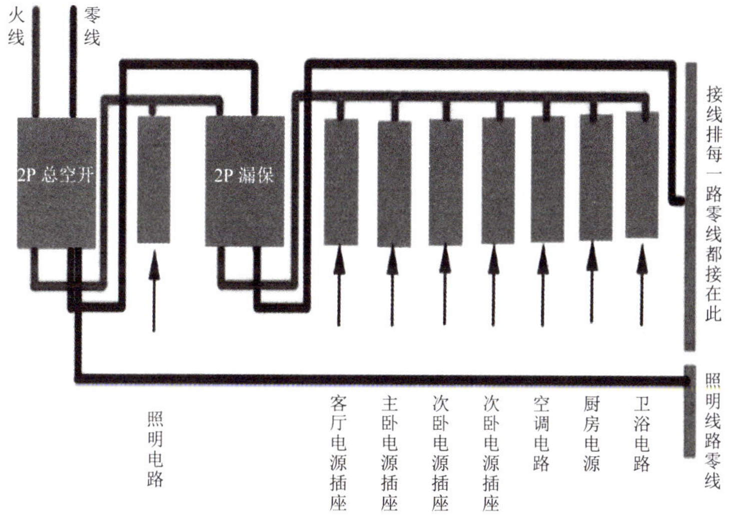

图 3-93　空气开关安装示意图

3）连接室内线。将空气开关下方标注字母 N 的端口与零线相接，标注字母 A1 的端口与照明线（电灯）的火线相接，标注字母 A2 的端口接插座线的火线分路，标注字母 A3 的端口接空调线的火线分路。

4）连接入户线。将上面标有字母 N 的端口与零线（蓝色的线）相接，标有字母 L 的端口与火线（红色的线）相连接。

三、家用电路故障分析及维修

随着家用电器种类的不断增加，用电负荷不断增长，线路承载能力接近极限，各种用电故障也随之增多。家庭线路常见故障有开路、短路、过载和漏电等。

（一）电路开路分析及维修

（1）原因分析：如灯丝断了，电线接头断开了，灯座、开关、拉线盒开路，熔丝熔断或进户线开路等。开路会造成用电器无电流通过而无法正常工作。

（2）维修步骤：

1）用测电笔检查总闸刀开关处，如有电，再用校火灯头（一盏好的白炽灯，在灯座上引出两根线就成为校火灯头）并联在闸刀开关下的两个接线柱上，如灯亮，说明进户线正常（如灯不亮，说明进户线开路，只需要修复进户线即可）。

2）用测电笔检查各个支路中的火线，如氖管不发光，表明这条支路中的火线开路，应修复接通火线；如各条支路用测电笔检查时氖管都发光，则再用校火灯头分别接到各条支路中进行检查，发现哪条支路的灯不亮，就表明这条支路的零线开路了，需修复这个支路的零线。

（二）电路短路分析及维修

（1）原因分析：接在灯座内两个接线柱的火线和零线相碰、插座或插头内两根接线相碰、火线和零线直接连接等将造成短路。短路会把熔丝熔断而使整条照明电路断电，严重的会烧毁线路引起火灾。

（2）维修步骤：

1）准备万用表或钳型电流表、手摇式兆欧表。

2）打开配电箱，拆卸下负载端，用电阻档分别测量火线对地阻值、零线对地阻值。测量阻值无反应，说明阻值无穷大，线路完好；如电阻档位有反应，说明线路绝缘有损坏，需更换线路。

3）短路也多发生在灯具电子元器件、各种配件电路板上，在电阻档无法测量的情况下，只有通过逐步送电的方式，找到故障点再分析排查。

（三）电路过载分析及维修

（1）原因分析：电路中用电器的总功率过大或单个用电器的功率过大，产生的现象和后果如同短路。

（2）维修步骤：

1）在家用主电路中通常会安装有热继电器（过载保护），当用电过载时，热继电器动作，常闭触点切断控制电路，常开触点闭合接通指示灯。

2）过载排除后，热继电器的触点可通过两种复位方式使电路重新开始工作：一是手动复位，需要手动按下复位按钮；二是自动复位，当用电过载去除，热继电器冷却后自动恢复正常。

（四）电路漏电分析及维修

（1）原因分析：漏电保护器经常无缘无故跳闸，换了新的空气开关，过不多久又发生跳闸故障。此类故障多发生在空气湿度大的下雨天。

（2）维修步骤：

1）断开跳闸的漏电保护器，拔掉这一线路上所有电器，将跳闸的漏电保护器下口的两根线拆下。

2）把红色检测棒夹在刚刚拆下的火线上，黑色检测棒夹在地排上，摇动手柄开始测量。如果读数小于 0.5MΩ，则证明这根线有漏电。

3）无论刚刚测量的那根线有没有故障，仍用同样的方法测量零线，如两组数据读数小于 0.5MΩ，则均有漏电，需要更换电线。

第五节　常用电器维修

一、家用电风扇故障分析及维修

（一）电风扇的组成

电风扇简称电扇，是一种利用电动机驱动扇叶旋转来达到使空气加速流动的家用电器，主要用于清凉解暑和流通空气，广泛用于家庭、办公室等场所。电风扇主要由扇头、风叶、网罩和控制装置等部件组成，其结构如图 3-94 所示。

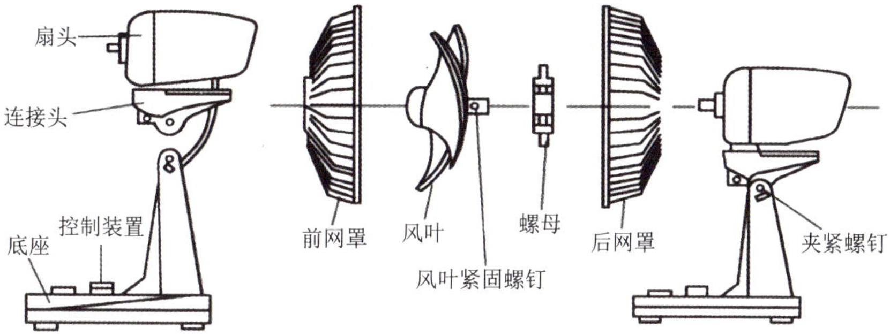

图 3-94　电风扇结构图

1. 扇头

扇头主要由单相交流电动机、摇头机构及前后端盖组成，具体结构说明如图 3-95 所示。

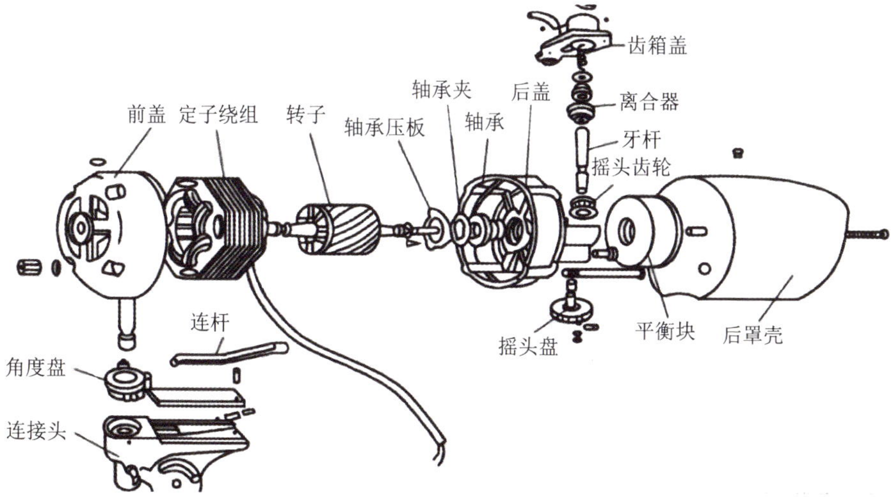

图 3-95　扇头结构图

2. 立柱与底座

台扇的立柱与底座的连接方式有两种：一种是立柱与底座为独立体，使用时用螺钉将立柱与底座接成一体；另一种是立柱与底座直接制成一体。台扇的立柱与底座一般采用铝合金压铸成型或用塑料成型。底座上装有装饰面板及各种控制开关等，如图 3-96 所示。

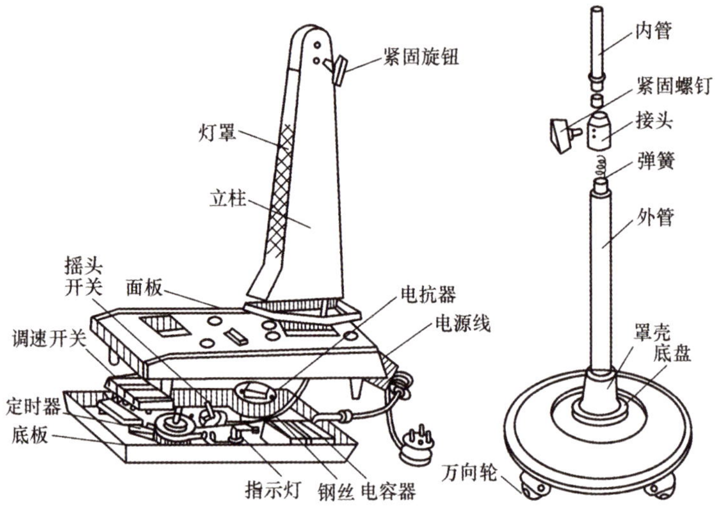

图 3-96　立柱与底座

3. 控制部分

台扇的控制操作器件大都安装在底座的面板上，如调速开关、定时器等。

（1）调速开关。普通台扇的调速开关一般采用琴键开关，用来调节电机的转速。琴键开关一般有四档或五档两种。琴键开关主要由键架、键杆、键功能滑块、梯形挡板与键触点开关等构成。图 3-97 所示为调速开关结构及工作原理示意图。

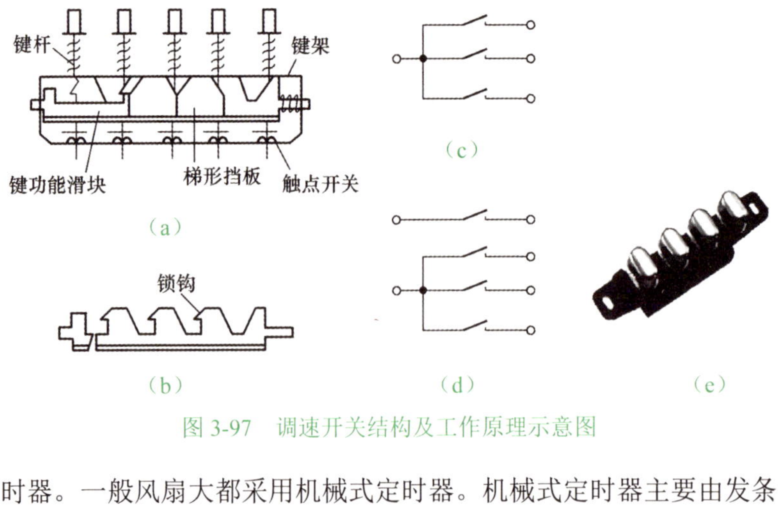

图 3-97　调速开关结构及工作原理示意图

（2）定时器。一般风扇大都采用机械式定时器。机械式定时器主要由发条、减速轮系、摆轮等构成。机械式定时器常用的有 60min 和 120min 两种。图 3-98 所示为定时器的几种工作状态。

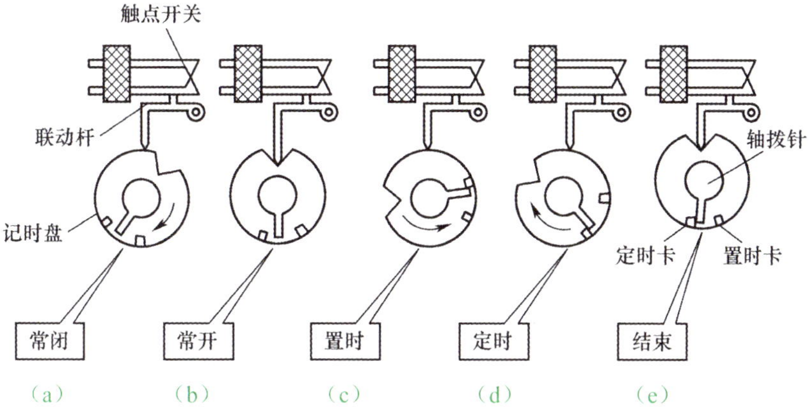

图 3-98　定时器的几种工作状态

（二）电风扇的工作原理

电风扇的主要部件是交流电动机。其工作原理是通过电线圈在磁场中受力而转动，能量转化形式是电能转化为机械能，同时由于线圈有电阻，所以不可避免地有一部分电能转化为热能。图 3-99 所示为电风扇工作原理图。

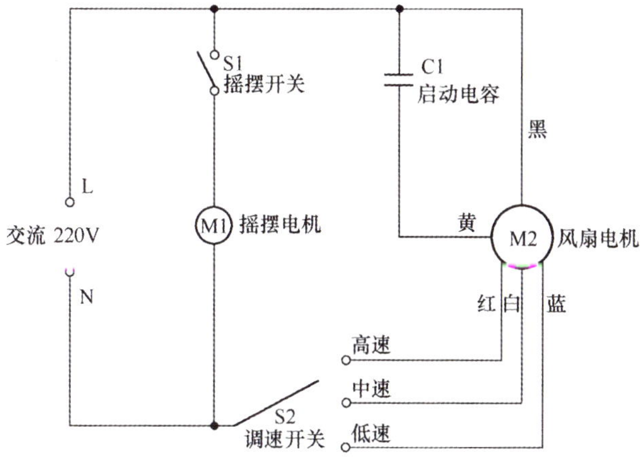

图 3-99　电风扇工作原理图

从图 3-99 可以看出，电风扇电路分为 3 大部分：最左边的为 220V 交流电源电路，中间的为摇摆电路，最右边的为风机电路。电风扇电机是单相交流电机，它的内部有两个绕组，一个为运行绕组（也称主绕组），另一个为启动绕组（也成为副饶组）。启动电路由分相电容组成，使主副绕组在空间上相隔 90° 电角度。调速电路串联一个电抗器调速开关，通过调整电抗大小来改变电机的电压而实现调速。

（三）电风扇常见故障维修

1. 电风扇不能启动

（1）原因分析。

1）电源无电压或电源电压太低。

2）罩极绕组可能接触不良。

3）定子绕组可能断路。

4）电容器断路、短路或容量不够。

5）可能是电风扇轴承孔太松，使定子和转子不断摩擦出现损坏。

（2）维修方法。

1）遇到电压问题，直接用万用表测量电压是否正常，若电压太低，找到原因后进行维修，使电压恢复正常。

2）先打开电风扇电机，定位故障，找到后重新焊接，增加接触性。

3）使用工具打开电风扇电机后，找到定子绕组断路位置，然后查看损坏情况，若损坏严重，需及时更换新绕组。

4）电风扇电容器出现故障，可用万用表的高阻档测量（如果万用表指针显示无穷大则电容器是正常的）。

5）若是电风扇轴承孔太松，可以打开电风扇电机，更换轴承即可。

2. 电风扇时转时停

（1）原因分析。

1）可能是开关内部有接触不良的地方。

2）电容器接线端子接触不良。

3）摇头零件配合过紧，转到某一位置卡死了，不能继续运行。

4）进线有破损，或线路有短路。

（2）维修方法。

1）停止运行，打开开关进行修复，若是磨损严重，直接更换新开关，然后连接固定好即可。

2）将所有线头检查一次，若没有问题，再次进行紧固或进行焊接。

3）当零件固定过紧而影响它转动的灵活性时，可以适当地进行调节。

4）若确定进线有问题，可以直接更换新线。

3. 电风扇转速变慢

（1）原因分析。

1）电源电压过低。

2）风扇转子下沉。

3）风扇平面轴承损坏或缺油。

4）电风扇绕组匝间短路。

（2）维修方法。

1）先用万用表测量电源电压，若显示电压过低，继续找原因，解决后再次启动电风扇。

2）断开电源，用工具打开风扇，重新装配一次，让转子恢复原位。

3）使用时间长了，轴承可能因干涩运行困难，且会使轴承有一定的磨损，当磨损积累到一定程度时需要更换风扇轴承或添加润滑油。

4）找到短路位置，根据情况进行维修，也可以更换短路绕组。

二、家用空调故障分析及维修

（一）空调主要部件及工作状态

空调器的检修不仅要求检修人员具备较高的理论知识，还应具备较丰富的临场经验。判定空调器各部件是否处于正常工作状态尤为重要。

1. 压缩机

压缩机正常工作时有嗡嗡的声音，并有轻微的振动。排气管“烫”手，回气管“冻”手，制冷时，一般有凝露水珠，制热时可能有微霜。压缩机内部有过载保护器，在压缩机处于高温过电流时，保护器断开，切断压缩机的内部电路，当温度正常时，该保护器自动闭合。

2. 室内、外热交换器

制冷时，室外热交换器进口处“烫”手，出口处温度降低；室内热交换器“冻”手，翅片表面有凝露水珠。制热时，室外热交换器“冻”手，可能还会有霜，室内热交换器“烫”手。热交换器的外观应翅片均匀整齐，无划伤无积尘，焊口均匀，无开裂。整个热交换器通风状态良好。

3. 毛细管

家用空调的节流元件均选用毛细管，其内径一般为 0.6 ～ 2.0mm，正常工作时有轻微抖动并伴有轻微冷媒流动声音。毛细管进口处为高压液体，温度较高，而毛细管出口处为低压饱和气液混合物，温度较低，但不应有结霜情况。

4. 电动机

无论是室内风扇电动机还是室外风扇电动机，都应运转平稳无振动，支承架螺钉紧固无松动，电动机表面有温热但温度不能太高，转动方向应正确。

5. 风轮

风轮（风扇）外观应无明显缺陷，运转时动平衡良好（一般有平衡铁片），与电动机轴、蜗壳、风道配合良好。

6. 连接管

制冷时，液体连接管和气体连接管都有凝结水珠，其中，气侧管接口处压力应在 4.7 ～ 5.5 千克力每平方厘米(表压)，压力过低表明制冷剂不足，压力过高则表明制冷剂过多。

（二）空调常见故障分析及维修

（1）空调器电源接通、压缩机不运转。原因分析及维护方法见表 3-7。

表 3-7 原因分析及维护方法 1

原因分析	维修方法
电路保险丝烧断	查找保险丝烧断的原因，采取措施后更换保险丝
电源插头及线路接触不良	用万用表检查电源线及其插头接触情况并进行相应维修
电源电压过低，当电压低于空调额定电压值 10% ～ 15% 时，压缩机启动困难	检查电压过低的原因，必要时安装稳压器，以免电压过低烧坏压缩机
压缩机内部或外部引线断路，绕组烧断，启动电容器失效或断路	更换压缩机
风扇电动机烧毁	测试绕组，更换电动机

（2）空调器运行正常，但制冷效果差。原因分析及维护方法见表 3-8。

表 3-8　原因分析及维护方法 2

原因分析	维修方法
翅片上积满了灰尘，散热能力大降	清除翅片上的灰尘
冷凝器、风扇电动机损坏	更换冷凝器和风扇电动机
空气滤网上布满灰尘，空气流通受阻	清洗空气滤网
蒸发器内积存了较多的油污，影响热交换	检查油污产生的原因，排出油污，更换制冷剂
室外机通风不良	清除室外机前面的障碍物
制冷剂不足，或制冷管道连接处破损	检查制冷管道，防止制冷剂泄漏，补充制冷剂
蒸发器压力太低，表面结霜，影响热交换	调整毛细管流量，使蒸发温度适当

（3）空调启动运行后又立即停转。原因分析及维护方法见表 3-9。

表 3-9　原因分析及维护方法 3

原因分析	维修方法
电源线接线有误	检查接线，将接错的线路进行更正
启动继电器未复位或失灵	使压缩机停转一段时间后，调整控制开关后再启动，如仍不运转，则检查或更换继电器
启动绕组断路	若启动绕组烧断需更换压缩机
启动电容器或运行电容器失灵	进行检修或更换电容
电源电压过低	检查电压过低的原因，配置稳压器
制冷剂加入过多	调整制冷系统中的制冷剂
制冷系统的高压管理中有污物堵塞	检查堵塞部位清除杂物，抽真空，再加制冷剂

（4）空调启动时过载保护器跳闸或保险丝熔断。原因分析及维护方法见表 3-10。

表 3-10　原因分析及维护方法 4

原因分析	维修方法
电源线接线松动脱落、烧毁	检查空调电气控制部分的接线是否松动脱落或被烧毁，根据问题进行相应处理
压缩机、电动机烧毁	用万用表测定电动机的运行、启动阻值，如果与设计阻值不符，则需要更换压缩机
压缩机的运转零部件损坏，造成"卡死"	若检查电气部分没有发现故障，则一般是由于压缩机零部件发生损坏而卡死，需更换压缩机
电压偏低	加装稳压器

（5）房间温度已到设定值，但压缩机仍不停运转。原因分析及维护方法见表 3-11。

表 3-11 原因分析及维护方法 5

原因分析	维修方法
温控器感温包安装位置不妥，离空调进风口位置过远	将感温包安装在空调器进风口的中央位置
温度控制器电接触点（两金属片）发生粘连现象，造成分离不开，因此，电路始终接通，压缩机连续运转	拆下温控器进行清理或更换温控器

（6）空调工作后没有冷气吹出。原因分析及维护方法见表 3-12。

表 3-12 原因分析及维护方法 6

原因分析	维修方法
风量调节开关未打开	打开风量调节开关，并调至最大风量档
出风口有障碍物	检查风道进口，将障碍物除去
风机电源线断路，或风机损坏	检查风机电源线并维修故障，如仍不转动，则需更换风机电动机
风机风扇倒转	要重新接电动机引出线
风机转速过慢	检查是否有局部短路，电容是否正常，依检查情况进行修理或更换
制冷剂泄漏、压缩机损坏、制冷系统堵塞	找出泄漏部位，补焊并加入制冷剂；更换压缩机；清洗制冷系统

（7）空调器工作过程噪声较大。原因分析及维护方法见表 3-13。

表 3-13 原因分析及维护方法 7

原因分析	维修方法
风机底座螺丝松动，风叶在轴上未紧固，风叶顶端与机壳间隙过小等，均会导致风机运转时发出不同的噪声	检查螺丝松紧程度，将松动螺丝紧固，如果由于风叶顶端与机壳间隙过小引起，则重新装配
贯通风扇电动机底座松动，叶轮装配不妥	重新装配电动机及电动机底座、电动机轴承、叶轮轴承，拧紧松动的螺钉
安装压缩机、冷凝器等设备时，若底座螺丝未紧固，工作时会发生振动	旋紧固定螺丝

（8）空调器制冷、制热时，冷、热网不能转向。原因分析及维护方法见表 3-14。

表 3-14 原因分析及维护方法 8

原因分析	维修方法
电源控制线断路	检查线路，如有问题及时修理
换向阀中的电磁线圈烧坏	查找烧坏的原因，更换换向阀
制冷系统中有压力，换向阀不能换向	待机 3 分钟后，才能使换向阀工作

三、洗衣机的故障分析及维修

（一）洗衣机的结构组成

这里选用普通双桶波轮式洗衣机进行介绍。双桶波轮式全自动洗衣机一般由壳体、洗衣桶、脱纯净水桶、波轮洗衣机、传动机构、电机（电动机）、排水管道等部件组成，详细结构示意图如图 3-100 所示。

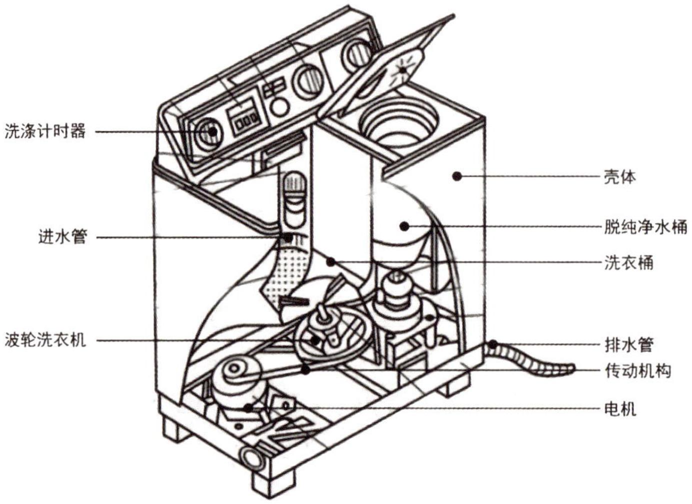

图 3-100　洗衣机结构示意图

1. 壳体

壳体是双桶洗衣机的机壳，用于安装全自动洗衣机的各种部件，并对安装在其中的构件起保护作用。为了便于检修，壳体后侧能够拆装。

2. 洗衣桶

洗衣桶是用于盛放清洗物和清洗液的器皿，在清洗桶内还配有排水管道过滤罩、冒水过滤罩和强制性循环系统毛絮过滤装置。

（1）排水管道过滤罩安装在桶体的最下处，上边有几排小圆孔，以过滤清洗桶内的浊水，避免脏东西塞住放水阀和排水管道。

（2）冒水过滤罩安装在桶内壁，上边有几排长形小圆孔。当洗衣桶的水位线高于长形小圆孔时，可通过这些小圆孔快速地将多余的水从溢自来水管排出来。

（3）强制性循环系统毛絮过滤装置由毛絮滤网架、不锈钢水槽、循环系统自来水管、回水管、智能回水罩平垫圈、上下进水管、波轮洗衣机叶子等构成。

3. 脱纯净水桶

脱纯净水桶与脱水电机同轴输出转动，在桶的内壁有很多小圆孔，清洗物中的水分在向心力的作用下被甩出来。为了更加安全，脱水桶盖与安全性互锁电源开关（别名为盖电源开关）是联动的，即盖好脱水桶盖则安全性互锁电源开关闭合，开启脱水桶盖则安全性互锁电源开关断开，并断开脱水电机的开关电源。

4. 波轮洗衣机

波轮洗衣机是波轮式全自动洗衣机对清洗物进行机械设备清洗的关键构件。波轮洗衣机一般通过聚丙烯塑料或 ABS 塑料注塑工艺制成，一般外表层有几个突起的光洁衔接筋。一般的双桶波轮洗衣机选用小波轮洗衣机，波轮洗衣机直径为 180 ～ 185 mm，转速为 450 ～ 500r/min，大部分全自动洗衣机的波轮洗衣机安装在洗衣桶底端。

5. 传动系统构造

电机的传动机构均选用一级传动带降速传动系统方法，传动系统传动带一般为单条 V 带。在传动机构中，波轴榫总程是支撑波轮洗衣机旋转、传送驱动力的核心部件。波轴榫总程由波轴榫、含油轴承、密封环等组成。

6. 电机

作为清洗和脱水的驱动力，在多种类型的全自动洗衣机上选用的是电容传感器单相电沟通交流异步电机。单桶全自动洗衣机仅用一台电机，双桶洗衣机使用两台电机，一台用于清洗，一台用于脱水。

（1）清洗电机。清洗电机一般有 4 种输出功率规格：90W、120W、180W 与 280W，适用 6 ～ 10μF 的运行电力电容器。清洗电机选用正、反方向经常换相的运行方法，因而它的两个电机定子绕组无主、副之。

（2）脱水电机。脱水电机的输出功率一般为 75 ～ 140W，转动方位是反方向方位。因为脱水电机只有一个旋转方位，因而其电机定子绕组有主、副之分。为了减少震动和偏摆，在脱水电机与洗衣机底座中间安装了 3 组弹簧橡胶支座（减震设备）。减震设备是由减震弹簧、塑料套和上、下支撑架构成。

7. 计时器

全自动洗衣机计时器包含清洗计时器与脱水计时器。

清洗计时器用于控制全自动洗衣机清洗的总时间及清洗全过程中波轮洗衣机的正转—停—反转程序流程；脱水计时器用于控制全自动洗衣机的脱水时间。

清洗计时器额定时限一般为 15min，脱水计时器时限一般为 5min，具体应用时脱水 1 ～ 2min 就可以，因为再增加脱水时间，脱水率也不会明显提高。

8. 进、排水设备

普通滚筒洗衣机的进、排水是由人工操作的。全自动洗衣机的进、排水则由进、排水管道根据进、排水管道电源开关及放水阀等来完成。

（二）洗衣机常见故障及维修

（1）进水量未达到设定水位时就停止进水。

分析与检修：此故障主要是因为水压开关性能不良，使集气室内空气压力尚未达到规定压力时，其触点便提前由断开状态转换为闭合状态而停止进水，具体原因和处理方法如下所述。

1）水压开关水位控制弹簧预压缩量变小，只要旋入调节螺钉增加水位控制弹簧的预压缩量即可解决；若是水位控制弹簧弹力变小或失去弹性，则要更换水位控制弹簧。

2）水压开关凸轮上凹槽磨损或损坏，一般要更换凸轮才可解决。

（2）进水量必须超过设定水位较多后才会停止进水。

分析与检修：此现象说明实际水位已达到规定高度时，水压开关集气室内的空气压力仍达不到规定值，只有继续升高水位，水压开关才会动作。具体原因和处理方法如下所述。

1）水压开关集气室导气接嘴堵塞或漏气。只要清除导气接嘴处杂物，或在漏气处用胶封固即可。若是导气软管老化扭结或破裂漏气，则要更换导气软管。

2）水压开关水位控制弹簧预压缩量过大。只要将调节螺钉旋出一些，减小水位控制弹簧预压缩量即可。

3）水压开关内换向顶杆及传动部件变形或损坏。可通过修复校正来解决，严重时则要更换水压开关。

（3）程序进入洗涤状态时，电机转动正常，但波轮不转。

分析与检修：该故障多发生在电机至波轮之间的机械传动部位上。具体原因和处理方法如下所述。

1）电机皮带轮、离合器带轮和波轮的紧固螺钉松动、滑丝或断裂，只要重新拧紧或更换紧固螺钉即可；若是波轮方孔滚圆，则要更换波轮。

2）三角皮带打滑或脱落。只要适当调大电机与离合器的距离并在三角皮带上擦些松香粉增大摩擦即可。若是三角皮带老化变形，则要更换三角皮带。

3）离合器减速机构零件磨损或损坏，一般要更换离合器总成才行。

（4）洗涤时脱水桶跟转。

分析与检修：脱水桶跟转分两种情况，一是脱水桶顺时针方向跟转，二是脱水桶逆时针方向跟转。

1）脱水桶顺时针方向跟转的具体原因和处理方法如下所述。

- 制动带松脱，使制动带对脱水轴的制动力矩减小，只要重新安装好制动带即可。
- 制动带严重磨损或损坏。可通过旋转调节螺钉，将棘爪位置适当调节，增大制动带对脱水轴的制动力矩，严重时则要更换制动带。

2）脱水桶逆时针方向跟转具体原因和处理方法如下所述。

- 离合器扭簧脱落、断裂或扭簧与脱水轴配合过松而打滑，使扭簧丧失止逆功能。只要重新装好扭簧或更换扭簧即可，严重时要更换减速器。
- 离合器制动带松脱、磨损或断裂。只要重新紧固或更换制动带即可。
- 离合器制动弹簧或拨叉弹簧太软或断裂。只要更换离合器制动弹簧或拨叉弹簧即可解决。

（5）洗涤时，电机正、反向运转正常，而波轮只能单向反转，不能正转。

分析与检修：此故障系离合器棘爪拨叉变形或调节螺钉旋入过深，使棘爪工作位置不能到位，导致洗涤轴与脱水轴在洗涤状态下未分离所致。具体原因和处理方法如下所述。

当离合器棘爪工作不能到达指定位置时，方丝离合弹簧被锁紧，使洗涤轴和脱水轴都被离合弹簧抱紧，导致波轮不能正向转动。当离合器皮带轮逆时针方向转动时，方丝离合弹簧松开，使洗涤轴与脱水桶分离，波轮可反向转动。

先适当调整调节螺钉，将棘爪拨叉与制动杆间隙调整在正常范围内，若棘爪拨叉变形损坏，可对棘爪拨叉进行修复校正，严重时要更换棘爪拨叉才能解决问题。

（6）排水速度变慢。

分析与检修：此故障一般是排水阀未完全打开或排水管路不畅所致。具体原因和处理方法如下所述。

1）排水阀内有杂物堵塞或排水软管弯折变形。只要清除排水阀内杂物或更换排水软管即可解决。

2）排水拉杆与橡胶阀门间隙变大，只要适当调小排水拉杆与橡胶阀门的间隙即可。

3）排水阀内弹簧太长或失去弹性。只要更换内弹簧即可。

4）排水电磁阀动铁心阻尼过大或吸力变小。清除电磁铁内锈蚀污物或更换排水电磁阀。

（7）排水不净。

分析与检修：此故障一般是由于水压开关性能不良或空气管路有漏气，使集气室内空气压力变小，当盛水桶内水位还未下降到规定位置时，水压开关触点便提前动作，使总排水时间缩短，导致排水不净。

只要设法找到空气管路漏气处并用401胶密封即可。若是水压开关损坏，则要更换水压开关。

（8）脱水结束后，制动时间过长。

分析与检修：该故障系制动带不能抱紧脱水轴制动轮，使制动摩擦减小所致。具体原因和处理方法如下所述。

1）离合器上的制动带安装歪斜、内衬磨损或紧固螺钉松脱。只要重新安装或更换制动带即可。

2）制动弹簧松脱、断裂或失去弹性。只要重新装好或更换制动弹簧即可。

3）制动杆被棘爪叉顶住不能回位，使制动带不能将脱水轴制动轮抱紧。只要对棘爪拨叉位置进行调整、修复或更换拨叉即可。

4）电磁铁动铁心被杂物阻塞不能完全伸出，使制动杆不能恢复到原位。只要清除电磁铁动铁心上的锈蚀污物或修换电磁铁即可。

（9）脱水桶有较大的振动噪声。

分析与检修：引起脱水桶振动噪声的具体原因和处理方法如下所述。

1）脱水桶和洗涤桶之间有杂物。只要将杂物清除即可。

2）脱水桶平衡圈破裂或漏液，使脱水桶转动时失去平衡。只要更换平衡圈即可解决。

3）脱水桶法兰盘紧固螺钉松动或破裂。只要紧固或更换法兰盘即可。

4）脱水轴承严重磨损或松动。只要紧固或更换脱水轴承即可。

四、手机故障分析及维修

（一）手机的结构组成

智能手机可以被看作袖珍的计算机。它有处理器、存储器、输入输出设备（键盘、显示屏、USB接口、耳机接口、摄像头等）及I/O通道。手机通过空中接口协议（例如

2. 语音故障

（1）语音处理电路。语音通信正常是智能手机的基本功能。语音处理电路主要包括模拟音频的模拟 / 数字（A/D）转换、数字 / 模拟（D/A）转换、数字语音信号处理、模拟音频放大电路等。手机语音电路框架图如图 3-103 所示。

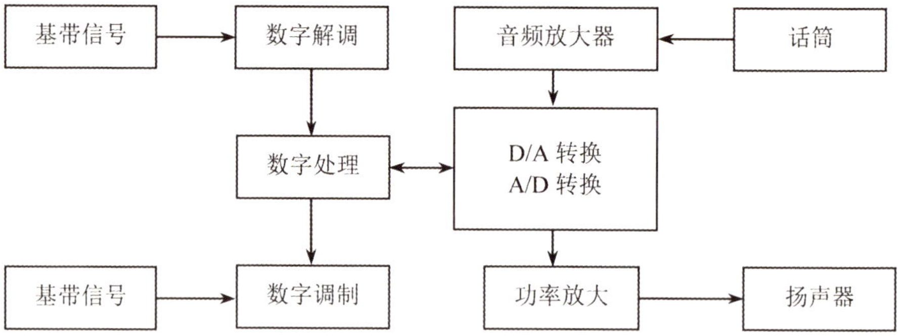

图 3-103　手机语音电路框架图

智能手机语音电路主要有两种：语音处理与电源管理集成；语音处理与 CPU 集成。语音处理电路芯片中，有的有集成功放，有的没有集成功放，无论采用何种结构模式，其音频信号处理过程都是一样的。

（2）语音故障处理。智能手机的语音常见故障为手机听筒无声音、对方听不到声音、扬声器声音异常、耳机声音异常、听筒无声耳机有声等。

1）智能手机在拨打电话时，若听筒无声音或对方听不到声音，则应重点检查语音信号处理电路。

2）若智能手机收音正常，但对方听不到电话声音，则应重点检测话筒及话筒连接的元件、耳机接口、耳机信号放大器等部件。

3）若智能手机收音异常，但对方能听到电话声音，则应重点检查听筒、扬声器、耳机接口、耳机信号放大器等部件。

3. 处理器故障分析

处理器是智能手机的核心器件，若处理器出现问题，将会导致各种故障，通常表现为无法开机、自动开机、死机、非正常关机、按键失灵、功能异常、白屏等。

处理器故障维修分析方法如下所述。

（1）若智能手机无法开机，则应重点检查电池是否安装好，开机键、电源供电电路、时钟电路、复位电路、处理器电路和储存电路等是否有问题。

（2）若智能手机死机，则应重点检查安装的程序、存储器电路、处理器电路等是否有问题。

（3）若智能手机按键失灵，则应重点检查按键是否虚焊、按键电路中的电容等是否有问题。

（4）若智能手机自动关机，则应重点检查电池与触片是否接触不良，处理器电路、存储器电路等是否有问题。

4. 功能电路常见故障分析

智能手机的功能电路若出现故障，将会引起智能手机无法充电、无法连接计算机、无法识别 SIM 卡、无法照相或摄像、照相异常、黑屏、图像暗、无图像、触控不好使、触屏无法使用等故障。通常的方法是先排除接触不良的简单故障，按功能再针对性地检查相关电路的元件。

触摸屏的故障是最常见的功能性故障，应重点检查显示屏电路、背光灯电路、触摸屏电路中的元件。检测维修流程如下：清除电路的脏污，排除接触不良；接口软排线是否断线；检查显示屏电路的 1.8V 和 3.7V 是否正常；控制线上的上拉电阻是否正常；加焊处理器或换屏。

第六节 用电安全防护

在日常学习、生活或工作中，处处离不开电。在用电过程中，如果不注意用电安全，就可能造成人身触电伤亡事故或电气设备损坏事故，甚至影响电力系统的安全运行，造成巨大财产损失。

一、用电安全知识

（一）安全用电标志识别

明确统一的标志是保证用电安全的一项重要措施。统计表明，不少电气安全事故是由于标志不统一造成的。例如，由于导线的颜色不统一，误将相线接设备的机壳，而导致机壳带电，酿成触电伤亡事故。

标志分为颜色标志和图形标志。颜色标志常用来区分各种不同性质、不同用途的导线，或用来表示某处安全程度。图形标志一般用来告诫人们不要接近有危险的场所。为保证安全用电，必须严格按有关标准使用颜色标志和图形标志。我国安全色标采用的标准基本与国际标准草案相同。

一般采用的安全色有以下几种。

- 红色：用来标志禁止、停止和消防，如，信号灯、信号旗、机器上的紧急停机按钮等都是用红色来表示“禁止”的信息。
- 黄色：用来标志注意危险。如“当心触电”“注意安全”等。
- 绿色：用来标志安全无事。如“在此工作”“已接地”等。
- 蓝色：用来标志强制执行，如“必须戴安全帽”等。
- 黑色：用来标志图像、文字、符号和作为警告标识的几何图形。

（二）设备运行安全防护

（1）对于出现异常现象（例如过热、冒烟、异味、异声等）的电气设备、装置和电路，应立即切断其电源，及时进行检修，只有确定故障被排除后，才可继续运行。

（2）对于开关设备的操作，必须严格遵照操作规程进行，合上电源时，应先合上隔离开关（一般不具有灭弧装置），再合上负荷开关（具有灭弧装置）；分断电源时，应先断开负荷开关，再断开隔离开关。

（3）在需要切断故障区域电源时，要尽量缩小停电范围。有分路开关的，应尽量切断故障区域的分路开关，避免越级切断电源。

（4）应避免电气设备受潮，设备放置位置应有防止雨、雪和水侵袭的措施。电气设备在运行时往往会发热，所以要有良好的通风条件，有的还要有防火措施。

（5）有裸露带电体的设备，特别是高压设备，要有防止小动物窜入造成短路事故的措施。

（6）所有电气设备的金属外壳都必须有可靠的保护接地或接零。

（7）对于有可能被雷击的电气设备，要安装防雷装置。

（三）安全用电常识

（1）没有掌握电气知识和技术的人员不可安装和拆卸电气设备及电路。

（2）禁止用一线（相线）一地（接地）安装用电器具。

（3）开关控制的必须是相（火）线。

（4）绝不允许私自乱接电线。

（5）在一个插座上不可接过多或功率过大的电器。

（6）不准用铁丝或铜丝代替正规熔体。

（7）不可用金属丝绑扎电源线。

（8）不允许在电线上晾晒衣物。

（9）不可用湿手接触带电的电器，如开关、灯座等，更不可用湿布揩擦电器。

（10）不可私自在原有的线路上增加用电器具或采用不合格的用电器具。

（11）电动机和电气设备上不可放置衣物，不可在电动机上坐立，雨具不可挂在电动机或开关等电器的上方。

（12）任何电气设备或电路的接线桩头均不可外露。

（13）堆放各种物资、安装其他设备要与带电设备和电源线相距一定的安全距离。

（14）在搬运电钻、电焊机和电炉等可移动电器之前，应首先切断电源，不允许拖拉电源线来搬移电器。

（15）发现任何电气设备或电路的绝缘层有破损时，应及时对其进行绝缘恢复。

（16）在潮湿环境中使用可移动电器，必须采用额定电压为36V的低压电器，若采用额定电压为220V的电器，其电源必须采用隔离变压器；在金属容器（如锅炉、管道）内使用移动电器，一定要用额定电压为12V的低压电器，并要加接临时开关，还要有专人在容器外监护；低压移动电器应装特殊型号的插头，以防插入电压较高的插座上。

（17）雷雨天气不要接触或走近高电压电杆、铁塔和避雷针的接地导线的周围，不要站在高大的树木下，以防雷电入地时发生跨步电压触电；雷雨天禁止在室外变电所或室内的架空引入线上进行作业。

（18）切勿走近断落在地面上的高压电线，万一高压电线断落在身边或已进入跨步电压区域时，要立即用单脚或双脚并拢跳到 10m 以外的地方。为了防止跨步电压触电，千万不可奔跑。

二、触电与急救

（一）人身触电事故

当电流流过人体时对人体内部造成的生理机能的伤害，称为人身触电事故。电流对人体伤害的严重程度一般与通过人体电流的大小、时间、部位、频率和触电者的身体状况有关，流过人体的电流越大，危险越大。电流通过人脑部和心脏时最为危险。

触电事故对人体造成的直接伤害主要有电击和电伤两种。电击是指电流通过人体细胞、骨骼、内脏器官、神经系统等造成的伤害；电伤一般是指由于电流的热效应、化学效应和机械效应对人体外部造成的局部伤害，如电弧伤、电灼伤等。此外，人身触电事故经常对人体造成二次伤害。二次伤害是指因为触电引起的高空坠落，以及电气着火、爆炸等对人造成的伤害。不同的电流对人体的影响见表 3-15。

表 3-15　不同电流对人体的影响

电流 /mA	通电时间	人体反应	
		工频电流	直流电流
0 ～ 0.5	连续通电	无感觉	无感觉
0.5 ～ 5	连续通电	有麻刺感	无感觉
5 ～ 10	数分钟以内	痉挛、剧痛、但可摆脱电源	有针刺感、压迫感及灼热感
10 ～ 30	数分钟以内	迅速麻痹、呼吸困难、血压升高不能摆脱电流	压痛、刺痛、灼热感强烈，并伴有抽筋
30 ～ 50	数秒钟到数分钟	心跳不规则、昏迷、强烈痉挛、心脏开始颤动	感觉强烈，剧痛，并伴有抽筋
50 ～数百	低于心脏搏动周期	受强烈冲击，但未发生心室颤动	剧痛、强烈痉挛、呼吸困难或麻痹
	低于心脏搏动周期	昏迷、心室颤动、呼吸麻痹、心脏停搏	

（二）人体触电类型

1. 单相触电

由于电线绝缘破损、导线金属部分外露、导线或电气设备受潮等原因使其绝缘部分的能力降低，导致站在地上的人体直接或间接地与火线接触，这时电流就通过人体流入大地而造成单相触电事故，如图 3-104 所示。

2. 两相触电

两相触电是指人体同时触及两相电源或两相带电体，电流由一相经人体流入另一相，这时加在人体上的最大电压为线电压，其危险性最大，如图 3-105 所示。

（a）　（b）　（c）

图 3-104　单相触电示意图

图 3-105　两相触电示意图

3. 跨步电压触电

对于外壳接地的电气设备，当绝缘损坏而使外壳带电，或导线断落发生单相接地故障时，电流由设备外壳经接地线、接地体流入大地，向四周扩散。如果此时人站立在设备附近地面上，两脚之间也会承受一定的电压，称为跨步电压。跨步电压的大小与接地电流、土壤电阻率、设备接地电阻及人体位置有关。当接地电流较大时，跨步电压会超过允许值，发生人身触电事故。特别是在发生高压接地故障或雷击时，会产生很高的跨步电压，如图 3-106 所示。跨步电压触电也是一种危险性较大的触电方式。

图 3-106　跨步电压触电示意图

（三）触电急救常识

众多的触电抢救实例表明，触电急救对于减少触电伤亡是行之有效的。人触电后，往往会失去知觉或者出现假死，此时，触电者能否被救治的关键在于救护者是否能及时采取正确的救护方式。实际生活中，发生触电事故后能够采取正确救护方式的救护者为数不多，多数事故都具备触电急救的条件和机会，但很多触电者都因抢救无效而死亡。除了有发现过晚的因素之外，救护者不懂得触电急救方法和缺乏救护技术，不能进行及时、正确的抢救，也是未能使触电者生还的主要原因。这充分说明掌握触电急救知识的重要性。当发生人身触电事故时，应该首先采取以下措施。

（1）尽快使触电者脱离电源。如在事故现场附近，应迅速拉下开关或拔出插头，以切断电源；如距离事故现场较远，应立即通知相关部门停电，同时使用带有绝缘手柄的钢丝钳等切断电源，或者使用干燥的木棒、竹竿等绝缘物将电源移掉，从而使触电者迅速脱离电源。如果触电者身处高处，应考虑到其脱离电源后有坠落、摔跌的可能，所以应同时做好防止人员摔伤的安全措施。如果事故发生在夜间，应准备好临时照明工具。

（2）当触电者脱离电源后，将触电者移至通风干燥的地方，在通知医务人员前来救护的同时，还应现场就地进行检查和抢救。首先使触电者仰天平卧，松开其衣服和裤带；检查瞳孔是否放大，呼吸和心跳是否存在；再根据触电者的具体情况采取相应的急救措施。对于没有失去知觉的触电者，应对其进行安抚，使其保持安静;对触电后精神失常的，应防止其发生突然狂奔的现象。

（四）触电急救方法

（1）对失去知觉的触电者，若呼吸不齐、微弱或呼吸停止而有心跳的，应采用口对口人工呼吸法进行抢救。具体方法如下所述。

先使触电者头偏向一侧，清除其口中的血块、痰液或口沫，取出口中义齿等杂物，使其呼吸道畅通；急救者深深吸气，捏紧触电者的鼻子，大口地向触电者口中吹气，然后放松鼻子，使之自身呼气，每 5 秒一次，重复进行，在触电者苏醒之前，不可间断。进行人工呼吸的方法示意如图 3-107 所示。

（a）　　（b）　　（c）

图 3-107　人工呼吸方法示意图

（2）对有呼吸而心脏跳动微弱、不规则或心跳已停的触电者，应采用胸外心脏按压法进行抢救。具体方法如下所述。

先使触电者头部后仰，急救者跪跨在触电者臀部位置，右手掌放置在触电者的胸上，左手掌压在右手掌上，向下挤压 3 ～ 4cm 后，突然放松。挤压和放松动作要有节奏，每秒钟 1 次（儿童每 2 秒钟 3 次），按压时应位置准确，用力适当。用力过猛会造成触电者内伤，用力过小则无效。对儿童进行抢救时，应适当减小按压力度。在触电者苏醒之前不可中断，如图 3-108 所示。

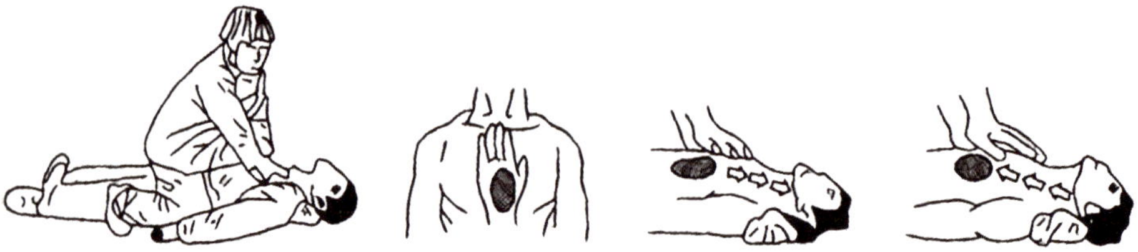

（a）　（b）　（c）　（d）

图 3-108　胸外心脏按压法示意图

（3）对于呼吸与心跳都停止的触电者的急救，应该同时采用"口对口人工呼吸法"和"胸外心脏按压法"。如急救者只有一人，应先向触电者口中吹气 2 ～ 3 次，然后再挤压心脏 10 ～ 15 次，如此交替重复进行，直至触电者苏醒为止。如果是两人合作抢救，则每 5 秒吹气一次，每 1 秒挤压一次，只可在换气时进行按压。

三、电气火灾消防

（一）电气火灾原因

在火灾事故中，电气火灾所占比例比较大，几乎所有的电气故障都可能导致电气火灾，特别是在可能存在着石油液化气、煤气、天然气、汽油、柴油、酒精、棉、麻、化纤织物、木材、塑料等易燃易爆物的场所。另外一些设备本身可能产生易燃易爆物质，如设备的绝缘油在电弧作用下分解和汽化，喷出大量的油雾和可燃气体；酸性电池排出氢气并形成爆炸性混合物等。

一旦这些环境遇到较高的温度和微小的电火花即有可能引起着火或爆炸。例如，电路发生短路时，短路电流为正常电流的几十甚至上百倍，可在短时间内使周边温度急剧升高，从而导致火灾；电路过载时，流经电路的电流将超过电路的安全载流量，电气设备长时间工作在此状态下，会由于设备、电路过热而引起火灾；此外，漏电、照明及电热设备的开关动作、熔断器烧断、接触不良、雷击、静电等，都可能引起高温、高热或者产生电弧、放电火花，从而导致火灾或爆炸事故。

（二）电气火灾预防

（1）应当正确地选择、安装、使用和维护电气设备及电气线路，并按规定正确采用各种保护措施。所有电气设备均应与易燃易爆物保持足够的安全距离，有明火的设备及工作中可能产生高温高热的设备，如喷灯、电热设备、照明设备等，使用后应立即关闭。

（2）对于火灾及爆炸危险场所，即含有易燃易爆物、导电粉尘等容易引起火灾或爆炸的场所，应按要求使用防爆或隔爆型电气设备，禁止在易燃易爆场所使用非防爆型的电气设备，特别是携带式或移动式设备；对可能产生电弧或电火花的地方，必须设法隔离或杜绝电弧及电火花的产生。

（3）火灾及爆炸危险场所及与之相邻的场所，应用非可燃材料或耐火材料构筑。在爆炸危险场所，一般不应进行测量工作，也应避免带电作业，更换灯泡等工作也应在断电之后进行。

（三）电气灭火安全常识

当发生电气设备火警时，或邻近电气设备附近发生火灾时，应立即拨打 119 火警电话报警。扑救电气火灾时应注意触电危险，首先应立即切断电源，通知电力部门派人到现场指导扑救工作。灭火时，应注意运用正确的灭火知识，采取正确的灭火方法。

夜间断电救火应有临时照明措施。切断电源时应有所选择，尽量局部断电，同时应该注意安全，防止触电，不得带负荷拉刀开关或隔离开关。

火灾发生后，由于受潮或烟熏，使开关设备的绝缘能力降低，所以拉闸时最好使用绝缘工具。剪断导线时应使用带绝缘手柄的工具，并注意防止断落的导线伤人；不同相线应在不同部位剪断，以防造成短路；剪断空中电线时，剪断位置应选择在靠电源方向的支持物附近。

带电灭火时，灭火人员应在合理的位置，与带电部位保持安全距离。在救火过程中应同时注意防止发生触电事故或其他事故。用水枪带电灭火时，宜采用泄漏电流小的喷雾水枪，并将水枪喷嘴接地，灭火人员应戴绝缘手套、穿绝缘靴或穿绝缘服操作；喷嘴至带电体的距离应遵循以下规定：10kV 及以下者不应小于 3m；220kV 以上者不应小于 5m。使用无导电性的灭火剂进行灭火时，灭火器机体、喷嘴至带电体的距离应遵循以下规定：电压为 10kV 时不应小于 0.4m；电压为 35kV 时不应小于 0.6m。

设备中如果充油，在救火时应该考虑油的安全排放，设法将油、火隔离；电机着火时，应防止轴和轴承由于冷热不均而变形，并不得使用干粉、沙子、泥土灭火，以防损伤设备的绝缘性。

第四章

营房维修

“五小工”营房维修组主要担负营房墙面、地板修缮及营产营具油漆维护工作，要求工组队员熟练掌握常用维修工具使用和墙面粉刷、地板砖更换流程，以及油漆粉刷相关工艺。

第一节 常用营房维修工具

随着科学技术的进步，有越来越多的仪器设备能够辅助我们做好营房维修工作，如激光水平仪、水平尺、开槽机、手电钻、冲击钻等。

一、激光水平仪

（一）基本概念

激光水平仪是一款家用五金装修测量工具，是一种智能化显示装置仪器。其作用是可安装于墙体或平面上，采集地平仪信号，在较大的视场显示地平线，实时判定物体是否处于平衡状态。

激光水平仪为室内施工放样和校准提供了精确的水平和垂直基准，具有操作方便、用途广泛的特点，主要用于建筑工程和室内装修等领域，如图 4-1 所示。

图 4-1　激光水平仪

（二）使用方法

（1）打开激光水平仪工具箱，取出激光水平仪主机及 3 节 5 号电池，如图 4-2 所示。取出主机时一定要轻拿轻放，防止破坏激光水平仪的精密度。

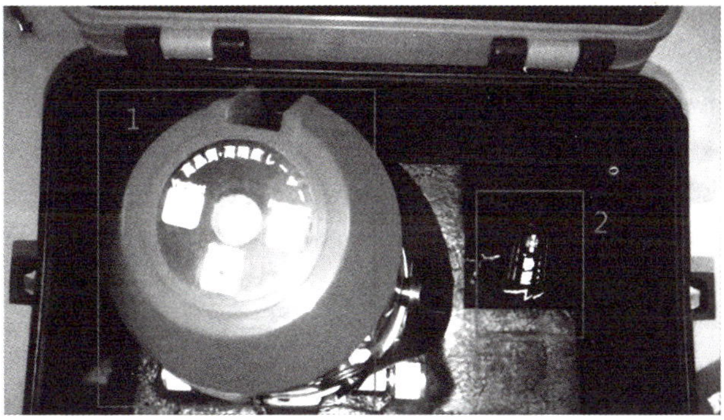

图 4-2　激光水平仪工具箱及电池

（2）将电池安装在激光水平仪电池卡槽中，然后盖上电池盖。激光水平仪在不工作状态时，要将电池卸下，放入工具箱内，如图 4-3 所示。

图 4-3　安装激光水平仪电池

（3）把激光水平仪放在测量位置，检查水平仪顶端气泡位置是否在中央位置，如图 4-4 所示。

（4）如气泡偏离中心，则需要调节激光水平仪下方 3 个支撑脚上的螺母进行三维水平调节，如图 4-5 所示。

图 4-4　检查气泡位置

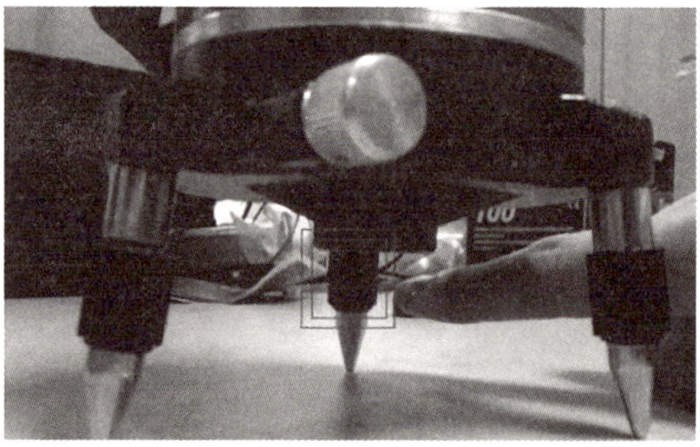

图 4-5　调节支撑脚上的螺母

（5）将气泡调节到中央位置后，将机身侧面旋钮顺时针转向 ON 位置，打开激光水平仪电源，即可进行测量，如图 4-6 所示。

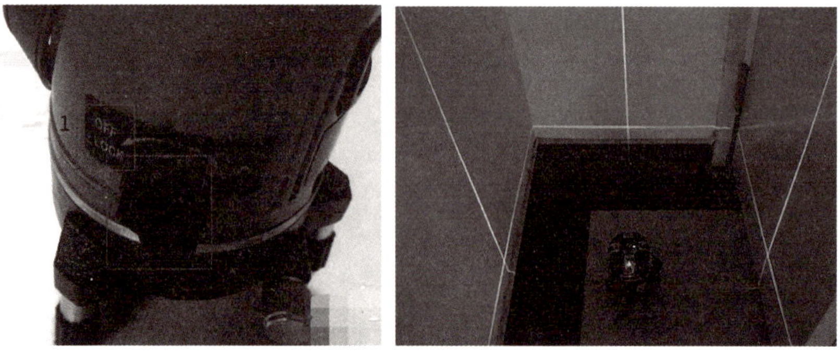

图 4-6　打开激光水平仪电源进行测量

（6）使用完毕后，一定要把电池卸下，因为长期带电池待机不工作，会影响主机的精度。

（三）注意事项

（1）使用前，认真检查工作面是否有碰伤、划痕、锈蚀，水准器是否清洁、透明，安装是否牢固，气泡移动是否平稳。

（2）测量前，必须认真将水平仪的测量面擦洗干净，否则会影响测量结果的准确性。

（3）测量时，为减少温度的影响，可在气泡两端读数，取其平均值作为测量结果。

（4）测量时，要等气泡稳定后再在垂直于水准器的位置上读数。

（5）注意保护水平仪的各工作面不要划碰。使用后将其清洗干净并放入盒内，不要放在高温或震动的地方。

（6）检查零位是否正确。如不准，对可调式水平仪进行调整。

（7）在激光投线仪使用过程中可能需要佩戴护目镜，防止激光对眼睛的伤害。

二、水平尺

（一）基本概念

水平尺是利用液面水平的原理，以水准泡直接显示角位移，测量被测表面相对水平、铅垂及倾斜位置偏离程度的一种计量器具。

水平尺主要用来检测或测量水平和垂直度，可分为铝合金方管型、工字型、压铸型、塑料型、异型等多种规格，长度从 10cm 到 250cm，如图 4-7 所示。

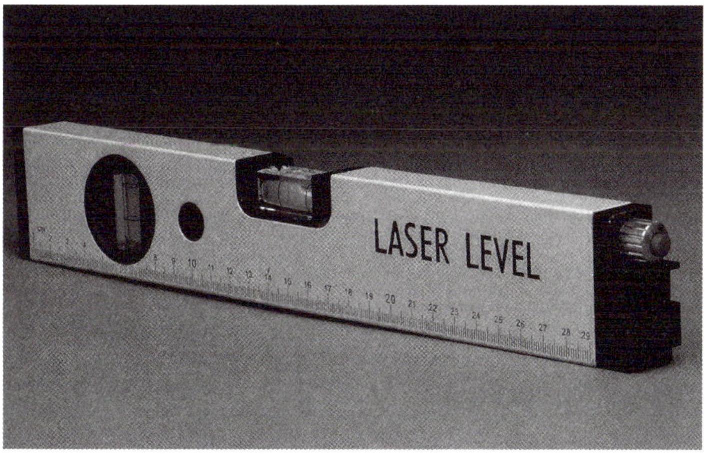

图 4-7 水平尺

（二）使用方法

（1）水平尺上有 3 个玻璃管，每个玻璃管里都有一个水准气泡，水平尺两侧为防震端，当水准泡在中间时表示平面是水平状态。

（2）将水平尺放在被测物体上，当水准泡偏向哪边时，表示哪边偏高，需要降低该侧的高度，或调高相反侧的高度，直至水准泡回到中央位置。

（3）右边竖着的水准泡是测垂直面的，当水准泡偏向哪边时，表示哪边偏高。

（4）左侧的水准泡是测 45° 面的，当水准泡偏向哪边时，表示哪边偏高。

水平尺校准方法如下：

将水平尺放平靠在墙上，沿着尺的边缘在墙上画一根线，再把水平尺左右两头互换，放到原来画好的线上，如果尺与线重合了，水平尺的水准管里的水还是平的，则说明水平尺是准确的，反之就需要校正了。

零位误差校准：

水平位置的零位误差校准：待气泡稳定后，在水平位置气泡的一端读数得 A，然后，将水平尺调转 180°，放在平板的原位置，按照第一次读数的一边记下气泡另一端的读数 B，两次读数差的一半为零位误差。

铅垂位置的零位误差校准：调整分度头，使水平位置气泡的一端对准长刻线，将分度头转过 90°，在铅垂位置气泡的相应一端读数 C，将 C 加上水平位置的零位误差即为铅垂位置的零位误差。

45° 位置的零位误差校准：调整分度头，使水平位置气泡的一端对准长刻线，将分度头转过 45°，在 45° 位置气泡的相应一端读数 D，将 D 加上水平位置的零位误差即为 45° 位置的零位误差。

（三）使用注意事项

在使用水平尺时，我们首先要检查它的可用性，看看水平尺表面是否有裂纹、气孔等缺陷，水准器中的液体是否清洁透明等。

三、开槽机

（一）基本概念

开槽机（图 4-8）主要用于沥青、水泥路面修补，排放水管、煤气管、电线管和光缆管敷设等。其通过轮盘锯快速旋转将路面切割成均匀的凹槽，形成新的结合面，可优化灌缝材料与缝槽的接触面，提升灌缝材料与缝槽侧壁粘结的紧密性。

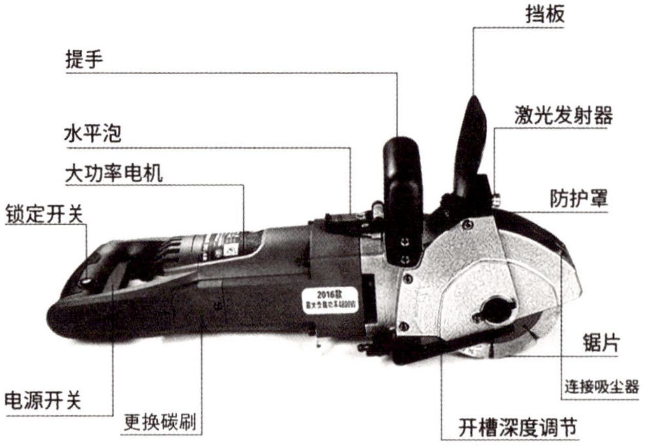

图 4-8　开槽机

（二）使用方法

（1）设计开槽线，根据开槽线来定位开槽机前滚轮位置。

（2）检查开槽机设备电源开关是否处于通电状态。

（3）启动前，让开槽机前轮和地面紧密贴合，然后打开电源开关进行开槽作业。

（4）完成开槽作业后关闭设备电源开关。

（三）使用注意事项

（1）对开槽机进行全面检查时，双手需握紧后手柄以及前手柄，防止开槽机自动工作，造成作业事故。

（2）在检查刀具部位时，需等其完全冷却后，方可双手触摸。

四、手电钻

（一）基本概念

手电钻是以交流电源或直流电池为动力的钻孔工具，是手持式电动工具的一种，如图 4-9 所示，主要用于金属材料、木材、塑料等的钻孔。

图 4-9 充电式手电钻

（二）常用钻头

1. 麻花金属钻头

特点：头部 135° 角，钻花锋利。

适用范围：钻木材、金属、塑料，如图 4-10 所示。

2. 瓷砖钻头

特点：三角箭头，头部四切角设计。

适用范围：适合钻普通中低硬度的瓷砖，如图 4-11 所示。

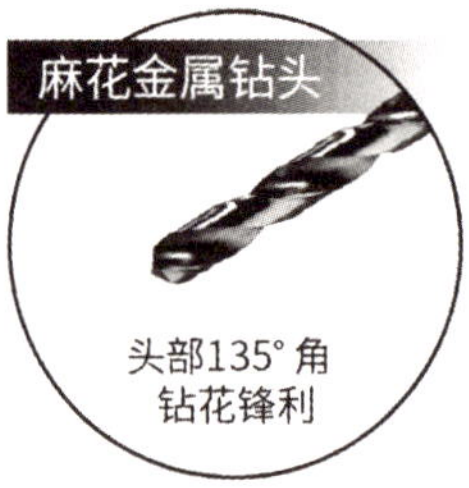

图 4-10　麻花金属钻头

图 4-11　瓷砖钻头

3. 玻璃钻头

特点：头部磨砂状，钻头体通透。

适用范围：使用时需要加水，适合钻普通玻璃、瓷砖、玻化砖、石材等，如图 4-12 所示。

4. 螺丝劈头

特点：头部为一字或者十字。

适用范围：拆卸和安装螺丝、自攻钉、燕尾钉等紧固件，如图 4-13 所示。

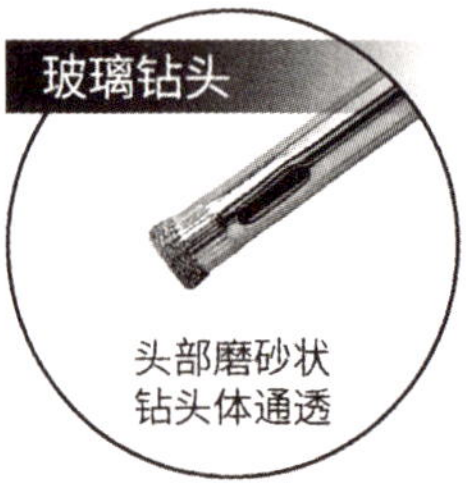

图 4-12　玻璃钻头

图 4-13　螺丝劈头

5. 磨头

特点：锥形或者圆形、半圆形磨具。

适用范围：金属件、模具、玉石的打磨，如图 4-14 所示。

6. 套筒

特点：外六角或者内六角。

适用范围：拆卸和安装外六角螺栓或螺母，如图 4-15 所示。

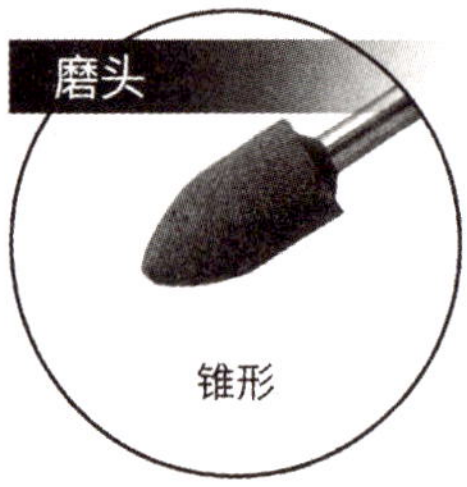

图 4-14　磨头

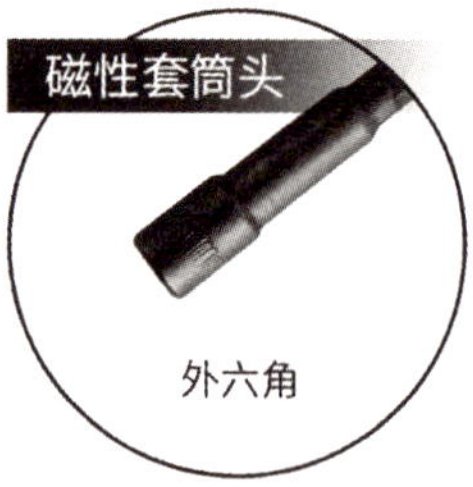

图 4-15　套筒

（三）检查方法

1. 钻头检查

如钻头出现迟钝或弯曲，则电动机会出现工作失常情况，作业效率大为降低，因此，若发现这类情况，应立刻更换钻头。

2. 紧固螺钉检查

由于电锤作业产生较大冲击，易使电锤机身安装螺钉松动，应经常检查其紧固情况。若发现螺钉松了，应立即重新扭紧，否则会导致电锤故障。

3. 碳刷检查

电动机上的碳刷是一种消耗品。其磨耗度一旦超出极限，电动机将发生故障，因此，磨耗了的碳刷应立即更换。此外，碳刷必须保持干净状态。

4. 保护接地线检查

保护接地线是保护人身安全的重要措施，应经常检查其外壳接地是否良好。

5. 检查防尘罩

防尘罩旨在防止尘污浸入内部机构。若防尘罩内部磨坏，应及时进行更换。

（四）使用方法

1. 钻头的更换方法

（1）右手拿住电钻，左手转动夹头，以钻头可以插入夹头为准。

（2）左手将钻头放入到夹头中，右手向内转动夹头，使夹头夹住钻头。

（3）左手拿稳机身，右手用钥匙插入钥匙口，顺时针转动钥匙，使夹头夹紧钻头，如图 4-16 所示。

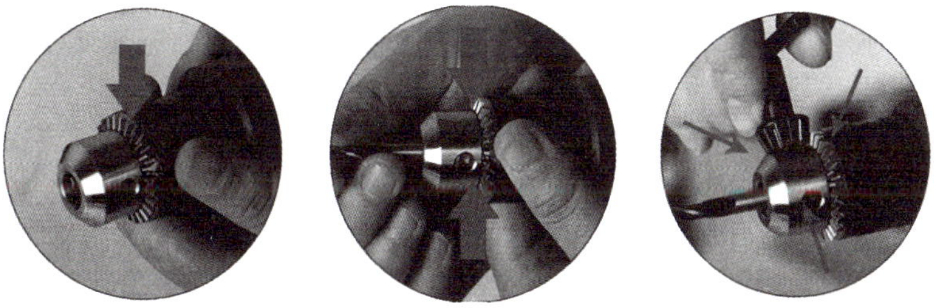

图 4-16 钻头更换方法

2. 手电钻使用方法

（1）选取带有钻夹头钥匙、功率合适的手电钻，准备好钻头。

（2）检查手电钻是否漏电，并接上电源。

（3）用钥匙夹紧钻头，并取下钥匙。

（4）戴好橡胶绝缘手套，按压手电钻开关，查看手电钻运转是否正常。

（5）用钻头抵住工件钻孔冲眼，找正钻头与工件加工表面的垂直位置，保持正确的钻孔姿势，双手稳握手电钻，接通开关，试钻一浅坑。

（6）检查孔位是否正确。若有偏差，调整钻头角度，修正孔位中心；若无偏差则均匀加力，进刀钻孔。

（7）钻孔时，手电钻不要摇晃，应时常退刀清除切屑。通孔钻到末尾时，要缓慢进刀。

（8）钻孔结束后，卸下钻头，及时拆掉电源线或拔下电源开关，整理好电源线。

（9）清理工作现场。

（五）使用注意事项

（1）手电钻工作时，电源线应放置在不易被人绊着或踩着的地方。

（2）使用前，须开机空转 1 分钟，检查传动部件是否正常，如有异常，应排除故障后再使用。

（3）钻孔时，一定要双手握紧手电钻，否则容易发生人身事故。

（4）使用手电钻时，应轻拿轻放，避免摔坏外壳。

（5）手电钻应定期进行检查，对各部件发现的问题要及时进行处理，并注意做好维护保养。

五、冲击钻

（一）基本概念

冲击钻主要适用于在混凝土地板、墙壁、砖块、石料、木板和多层材料上进行冲击打孔。它与手电钻的区别是：手电钻只能旋转工作，通常使用于在硬度比较小的材料上钻孔；冲击钻则是依靠旋转和冲击来运转的，主要使用于天然的石头和混凝土上。

冲击钻为双重绝缘设计，操作安全可靠，使用时不需要采用保护接地（接零），使用单相二极插头即可，操作方便、灵活有力，如图 4-17 所示。

图 4-17　冲击钻

（二）使用注意事项

（1）操作前必须查看电源是否与电动工具上的常规额定 220V 电压相符，以免错接到 380V 的电源上。

（2）使用冲击钻前请仔细检查机体绝缘防护、辅助手柄及深度尺调节等情况，机器有无螺丝松动现象。

（3）冲击钻必须按材料要求装入允许范围（φ6 ～ 25mm）的合金钢冲击钻头或打孔通用钻头。严禁使用超越范围的钻头。

（4）冲击钻导线要保护好，严禁满地乱拖防止轧坏、割破，更不准把电线拖到油水中，防止油水腐蚀电线。

（5）使用冲击钻的电源插座必须配备漏电开关装置，并检查电源线有无破损现象。使用时如发现冲击钻漏电、震动异常、高热或者有异声，应立即停止工作，找电工及时检查修理。

（6）冲击钻更换钻头时，应用专用扳手及钻头锁紧钥匙，杜绝使用非专用工具敲打冲击钻。

（7）使用冲击钻时切记不可用力过猛或出现歪斜操作，事前务必装紧合适钻头并调节好冲击钻深度尺，垂直、平衡操作时要徐徐均匀地用力，不可强行使用超大钻头。

（8）熟练掌握和操作顺逆转向控制机构、松紧螺丝及打孔攻牙等功能。

第二节　墙面处理

一、基础知识

（一）定义

墙面处理就是利用刮板和砂纸将墙面杂质、浮土去除，将凹洞裂缝用石膏粉补好磨平。在墙面处理过程中，一般都是要刮三次腻子粉，刷三次乳胶漆和刷一次界面剂。

（二）墙面检查

（1）检查底材有无空鼓、裂缝的现象。墙体空鼓将严重影响涂层等的附着力，通常采用目测、敲打、硬器划刻、手抹等方法检查是否有空鼓现象。如有空鼓、裂缝问题，则需对该处墙面进行铲除，并用配套腻子修补平整或用与墙体砂浆比例一致的水泥砂浆按墙体同样施工的方法进行修补填平，确保涂层吸收一致，无接痕。

（2）检查基面抹灰是否有搭接痕。底材的搭接痕不平将影响装饰的美观度，施工前需用打磨机打磨平整。

（3）检查墙体是否有铁钉头。施工涂料前应清理墙上铁钉，不能拔出的铁钉要用防锈漆对钉头进行处理。

（三）施工流程

墙面处理施工流程一般为：清理墙面→修补墙面→刮腻子→刷第一遍乳胶漆→刷第二遍乳胶漆→刷第三遍乳胶漆。

墙面处理施工流程

1. 清理墙面

清理墙面主要是将墙面上起皮或松动处清除干净，并用水泥砂浆补抹，将残留灰渣清理干净。

2. 修补墙面

修补墙面是指用水石膏将墙面磕碰处及坑洼缝隙等处找平，干燥后用砂纸将凸出处磨平。

3. 刮腻子

刮腻子遍数视墙面平整程度来决定，一般情况为三遍。

第一遍用胶皮刮板横向满刮，一刮板要紧接着一刮板，接头不得留槎，每刮一刮板最后收头要干净利落。干燥后用磨砂纸将浮腻子及斑迹磨光，再将墙面清扫干净。

第二遍用胶皮刮板竖向满刮，所用材料及方法同第一遍腻子，干燥后用砂纸磨平并清扫干净。

第三遍用胶皮刮板找补腻子或用钢片刮板满刮腻子，将墙面刮平刮光，干燥后用细砂纸磨平磨光，不得遗漏或将腻子磨穿。

4. 刷第一遍乳胶漆

涂刷顺序是先刷顶板后刷墙面，墙面是先上后下。先将墙面清扫干净，用布将墙面粉尘擦掉。乳胶漆用排笔涂刷，使用新排笔时，将排笔上的浮毛和不牢固的毛处理掉。乳胶漆使用前应搅拌均匀，适当加水稀释，防止头遍漆刷不开。干燥后复补腻子，再干燥后用砂纸磨光，清扫干净。

5. 刷第二遍乳胶漆

操作要求同第一遍，使用前充分搅拌，如不是很稠，不宜加水，以防透底。漆膜干燥后，用细砂纸将墙面小疙瘩和排笔毛打磨掉，磨光滑后清扫干净。

6. 刷第三遍乳胶漆

做法同第二遍乳胶漆。由于乳胶漆膜干燥较快，应连续迅速操作，涂刷时从一头开始，逐渐刷向另一头，要上下顺刷互相衔接，后一排笔紧接前一排笔，避免出现干燥后接头。

（四）墙面裂缝如何修补

墙面裂缝如何修补

方法一：如果墙面裂缝深度超过 1cm，优先选择用水泥砂浆进行墙面裂缝修补。

方法二：如果墙面裂缝比较小，可以直接采取刷胶→贴布→做腻子的步骤。刷胶前将墙面裂缝处墙面基底清除干净，贴上一层报纸或者布条，利用纸质纤维或布纤维的张力保证乳胶漆的完整。

方法三：目前市场上有一种"弹性腻子"，在墙面装修时可以直接选择这种弹性腻子，来解决墙面裂缝的问题。不过这种腻子弹性不是很大，如果遇到面积比较大的裂缝，就起不到作用。

二、涂料粉刷

（一）抹灰、粉刷、刷涂料、内外粉

1. 抹灰

抹灰，俗称粉刷、刷墙，是指用河沙、石灰或砂浆王、水泥混合加水搅拌成水泥砂浆，再将水泥砂浆抹到墙面上的操作。保温砂浆抹灰可起到保温的作用，北方通过在泡沫上铺纤维网抹抗裂砂浆、建筑房子的外墙内墙墙面抹灰，或地面铺垫水泥砂浆来保温。

2. 粉刷

粉刷指用成束的毛棕等制成的清除或涂抹的用具，例如刷子、毛刷、板刷，特指化装补粉用的工具。

3. 刷涂料

涂料施工是指在被涂物表面涂敷一层装饰性或保护性涂料的整个过程，以获得坚固性的涂膜。

4. 内外粉

内粉：是指内墙抹灰。

外粉：是指外墙一般抹灰。

内涂：一般指内墙涂料。

（二）涂料粉刷前墙面基本要求

（1）干燥：墙面湿度大可能造成漆膜起泡、起皮、剥落以及墙面渗碱、漆膜失光甚至长霉。墙面无渗水，水泥墙面保养至少 1 个月（冬季 7 周）以上，湿度 <6%（可使用湿度计测试）。

（2）牢固：墙面无粉化、起泡、开裂、剥落现象。旧墙面未铲原墙漆而直接刷涂料的前提是漆皮没有松动。

（3）清洁：墙面没有油、脂、霉、藻和其他粘附物。有污物粘附会影响漆膜附着力，导致起皮剥落等现象发生，如有霉菌滋生，更会造成漆膜长霉。

（三）涂刷乳胶漆工艺流程

1. 施工工艺

清扫基层→填补腻子，局部刮腻子，磨平→第一遍满刮腻子，磨平→第二遍满刮腻子，磨平→涂刷封固底漆→涂刷第一遍涂料→复补腻子，磨平→涂刷第二遍涂料→磨光完工。

2. 装饰涂层的施涂方法

装饰涂层的施涂方法主要包括刷涂法、滚涂法、喷涂法、抹涂法、刮涂法 5 种。

（1）刷涂法。刷涂法是用刷子（油漆刷、羊毛排笔等）蘸上涂料涂刷在基层表面的施工方法。涂刷时的要领如下所述。

1）蘸油时要多次蘸、少蘸油。若刷毛含油太多，会造成上下刷端尾衔接处涂料过厚，而且易刷后流淌；若刷毛含油过少，涂刷时，刷路明显，施工困难。正确的做法是用刷子蘸过涂料后，为了控制刷毛含油量，将刷子在容器边缘轻轻顺几下。这样做既可使刷子上多余的涂料流回容器里，又达到理顺刷毛的目的。

2）涂刷时，先上后下，先难后易，先左后右，先里后外，这样做便于操作，先刷的部位不会被后面的工序所污染。

3）涂刷时一般遵循“横刷竖顺”的操作原则，特别是对于油性涂料。

4）要注意涂料的黏度，特别是油性涂料。一般情况下，生产厂家已将产品稠度调配好，使用时倒出来即可施工。但是如果储存时间过长，或施工温度过低和基层过于干燥等情况使施工不便时，可加入适量的稀释剂调节稠度。

5）用排笔涂刷透明漆时，要注意涂刷的方向。如在同一平面内，顺着木纹方向，一笔接一笔涂刷，最后一刷到底，中途不停顿，不宜反复涂刷太多次数。

6）涂层间打磨涂面。每次涂刷前用 0 号砂纸打磨表面后再施工。

（2）滚涂法。滚涂法是用毛辊蘸漆涂刷在基层表面的施工方法。毛辊适用于大面积的墙面，对于涂不到的部位要用刷子补刷。

（3）喷涂法。喷涂法是利用压力或压缩空气将涂料涂布于基层表面的机械化施工方法。喷涂的操作要点如下所述。

1）控制压缩空气压力在 0.4 ～ 0.8MPa 范围内，或按产品说明书确定压力大小。

2）操作时，手握喷枪要稳。涂料出口与涂面垂直，喷枪喷斗移动时要与喷涂面保持平行，喷枪喷斗移动速度要保持一致（一般为 40 ～ 60cm/min）。

3）喷涂时，喷嘴与被涂面距离为 40 ～ 60cm。

（4）抹涂法。抹涂法是将纤维涂料抹涂成薄层涂料饰面，而形成硬度很高，类似汉白玉、大理石等天然石料饰面的施工方法。由于抹涂的厚度薄，工艺要求比较严格，因此要求操作工人必须具有熟练的抹灰技术，才能保证施工质量。

（5）刮涂法。刮涂法就是利用各种刮刀把涂料刮到墙体表面，使之平整光滑的一种手工涂装方法。刮涂工具主要有嵌刀、铲刀、牛角刮刀、橡皮刮刀和钢板刮刀等。

（四）涂料粉刷施工流程

涂料粉刷施工流程

1．清

清，即清理墙面。墙面有细小的白色粉末，表示墙内的盐分在水泥的干燥过程中被“析出”，此时，可用尼龙刷或铁刷将其刷除，观察几天后，确定不再有白色粉末析出，且待水泥墙面干燥磨平，便可上漆。若水泥墙表面白色粉末多且不断析出，将其清理后，可先上一道墙面底漆，预防日后盐分侵蚀。

2．除

除，即去除剥落漆膜。以刀或铁刷去除剥落漆膜，再用砂纸磨平表面。

3．拆

拆，即拆除糨糊粘贴的壁纸。

4．修

修，即修整表面，以批土刀将批土填平凹洞裂缝，等到完全干燥后，再用砂纸磨平。

5．底漆

底漆，即先上底漆。“底漆”涂料是专门用于墙面不需特别处理的壁面，至于有问题的壁面就必须先针对其问题，选择特殊且专治此特殊问题的“底漆”。

6．面漆

面漆，即上面漆，也就是一般用漆。

7．刷

刷，即用木棍将涂料搅拌均匀后开始涂刷。涂刷的顺序是从天花板开始往下刷，避免天花板滴落的油漆弄花了已完成的墙面。

（五）涂料粉刷的注意事项

（1）腻子应与涂料性能配套，坚实牢固，不得粉化、起皮、裂纹。卫生间等潮湿处使用耐水腻子。

（2）涂液要充分搅匀，黏度太大可适当加水，黏度小可加增稠剂。

（3）施工温度高于 10°。室内不能有大量灰尘。最好避开雨天。

（4）在工程中要做好基层腻子的干燥处理工作，墙壁要打三至四遍腻子后才可刷涂料。在每次打过腻子后，干燥时间要尽量延长，做好通风，尽可能减少室内水分。如果在腻子没干透的情况下，就重复打上腻子或刷涂料，把过多的水分锁在其中，墙体就会“出汗”，甚至大面积开裂。

第三节　地面维修

一、瓷砖种类

（一）抛光砖

抛光砖（图 4-18）顾名思义就是由通体砖打磨抛光之后形成的瓷砖。与通体砖相比，抛光砖更加光亮洁白，硬度更大。抛光砖结合渗花技术能造出各种仿石、仿木效果。抛光砖的分类比较多，有微粉型抛光砖、渗花型抛光砖、多管布料抛光砖等。

（二）釉面砖

釉面砖就是表面烧釉处理过的砖。与抛光砖相比，釉面砖的色彩和图案要更丰富，防污能力也更强。不过因其表面是釉料，所以耐磨性比不上抛光砖。从原材料来看，釉面砖有陶制和瓷制之分，而从光泽上又可分为亚光和亮光，如图 4-19 所示。

图 4-18　抛光砖

图 4-19　釉面砖

（三）玻化砖

玻化砖从字面上理解就是像玻璃一样的砖。它是石英砂和泥按一定比例烧制，最后打磨光亮而成。玻化砖的优点是在吸水率、边直度、弯曲度以及耐酸碱性方面比其他砖好，但缺点是灰尘和油污比较容易渗入，不耐脏，如图 4-20 所示。

（四）陶瓷锦砖

陶瓷锦砖别名马赛克，形状小，花色多样，耐磨、耐酸、耐碱、不渗水。它的用途比较广泛。从材料上，它可以分为陶瓷马赛克、大理石马赛克、玻璃马赛克。因为它小巧和色彩多样，非常适用于小面积的墙面和地面，如图 4-21 所示。

图 4-20　玻化砖

图 4-21　陶瓷锦砖

二、瓷砖更换

（一）瓷砖更换操作流程

瓷砖更换操作流程

（1）拆掉旧瓷砖时，一定要从中间开始。在坏掉的瓷砖中心贴一块遮蔽胶带，然后用电钻在贴了胶带的地方钻一个孔。为了防止伤到眼睛，最好佩戴护目镜。

（2）撕掉胶带后，再拿玻璃刀在瓷砖中心划个 X，这时就可以用锤子和錾子打碎瓷砖，注意力道不能太大，否则会震碎旁边其他好的瓷砖。敲碎后再清除碎片，然后用水润湿表面。

（3）准备换的瓷砖要事先拿水浸上，晾干后可以在瓷砖背面涂一层 107 胶水泥浆，瓷砖边缘要保持干净，然后小心地把瓷砖放入缺口中对上，再对齐，用力加压。贴好的瓷砖用白水泥浆填嵌上。

（4）如果是玻化砖和仿古砖坏了或空鼓，更换方法是：拿专门切割瓷砖的云石机沿着瓷砖中心对角线划开，然后再拿锤子从中间开始敲碎，清除碎砖后就可以重新贴新砖了。

（二）瓷砖更换注意事项

（1）首先是瓷砖表面处理剂。瓷砖表面处理剂是一种特制的干粉状建材产品。其不但有粘合的功效，还具备找平的功能，可以与光滑的瓷砖面牢牢粘结，还可以形成平整的抹灰层。

（2）其次是瓷砖、马赛克粘结剂。瓷砖和马赛克粘结剂都是要提前准备好的。马赛克粘结剂与传统水泥砂浆相似，但其实它是由水泥等无机胶凝材料添加高分子聚合物制成的，批抹于旧瓷砖或马赛克表面，干硬后便可进行新瓷砖铺贴或涂料施工。

第四节　油漆粉刷

一、基础知识

油漆是家装中很重要的一种材料。油漆的种类有很多，种类不同，用途也不同。好的油漆能很好地掩盖前期装修的一些缺陷，而不好的油漆将会降低整个家装的质量。

（一）油漆的主要成分

（1）油料：包括干性油和半干性油，是主要成膜物质之一。

（2）树脂：包括天然树脂和人造树脂，也是主要成膜物质之一。

（3）颜料：包括着色颜料、体质颜料和防锈颜料，品种繁多，为次要成膜物质。

（4）稀料：包括溶剂和稀释剂，用来溶解上述物质和调剂稠度，为辅助成膜物质。

（5）辅料：包括催干剂、固化剂、增塑剂、防潮剂，也属于辅助成膜物质。

（二）油漆的用途

目前，建材市场上销售的油漆已有千余种，常用的有清漆、磁漆、清油、厚漆、调和漆等。

（1）清漆俗称凡立水，是一种不含颜料的透明涂料，主要用于木器、家具等，易受潮受热影响的物件不宜使用。

（2）磁漆是以清漆为基料，加入颜料研磨制成的，涂层干燥后呈磁光色彩，适用于金属窗纱网格等。

（3）清油又名熟油、调漆油，是家庭装修中对门窗、护墙裙、暖气罩、配套家具等进行装饰的基本漆类之一。

（4）厚漆又称铅油，广泛用于面层的打底，也可单独作为面层涂饰，适用于要求不高的建筑物及木质打底漆、水管接头的填充材料。

（5）调和漆适用于室内外金属、木材、硅墙表面。

二、施工技巧

（一）铁艺制品油漆施工

铁艺制品表面可以刷漆、喷漆或烤漆。因工件过大，烤漆时不方便和不适合安装后期的维护，所以，刷漆和喷漆是油漆施工中比较常见的。

1. 刷漆

用刷子将油漆涂装在物体表面的操作称为刷漆。其优点是：节省油漆、工具简装、使用方便、易于掌握，灵活性强。缺点是：劳动强度大，生产率低，对于快干性的油漆适用性差，若操作不熟练，漆膜易产生裂痕、流挂和不均匀等缺陷。

刷漆前必须将漆搅拌均匀（以防在存放期中颜料沉淀），并调到适当黏度，一般以经验判断：用毛刷沾漆提起后，每分钟自然流滴 30 ～ 50 滴为宜。少沾多刷，从上而下、从左至右、先里后外、先斜后直、先难后易、纵横涂刷。最后一遍涂刷时还应注意：对于垂直的表面应由上而下进行；对于水平表面应按光线照射方向进行。

2. 喷漆

用专用喷漆枪作为工具，以压缩空气为送漆气流，将油漆从喷枪的喷嘴中喷成均匀雾状液体，均匀分散沉积在物体表面的操作称为喷漆。喷漆的优点是：漆膜薄而均匀、光滑平整，各种部位都能喷到，不出死角，施工效率高，比刷漆工效高 5 ～ 10 倍，适用于大面积的表面及人工不易涂刷的死角畸形表面。缺点是：需具备喷漆的专用设备、油漆利用率低、污染严重。喷漆施工的质量主要取决于操作者的技术熟练程度、油漆黏度、

常用电弧焊方法如下所述。

（1）手弧焊。手弧焊（图 4-23）是各种电弧焊方法中发展最早、目前仍然应用最广的一种焊接方法。它是以外部涂有涂料的焊条做电极和填充金属，电弧是在焊条的端部和被焊工件表面之间燃烧。涂料在电弧热作用下，一方面可以产生气体以保护电弧，另一方面可以产生熔渣覆盖在熔池表面，防止熔化金属与周围气体的相互作用。

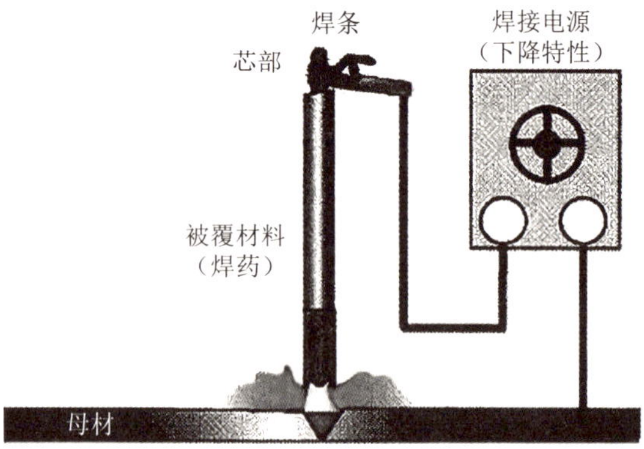

图 4-23　手弧焊

（2）埋弧焊。埋弧焊是以颗粒状焊剂为保护介质，电弧掩藏在焊剂层下的一种熔化极电焊接方法。埋弧焊的施焊过程由以下 3 个环节组成。

一是在焊件待焊接缝处均匀堆敷足够的颗粒状焊剂。

二是导电嘴和焊件分别接通焊接电源两极以产生焊接电弧。

三是自动送进焊丝并移动电弧实施焊接。

（3）钨极气体保护电弧焊。这是一种不熔化极气体保护电弧焊，是利用钨极和工件之间的电弧使金属熔化而形成焊缝的。焊接过程中钨极不熔化，只起电极的作用，同时由焊炬的喷嘴送进氩气或氦气进行保护。钨极气体保护电弧焊由于能很好地控制热输入，因此它是连接薄板金属和打底焊的一种极好方法。这种方法几乎可以用于所有金属的连接，尤其适用于焊接铝、镁这些能形成难熔氧化物的金属以及钛和锆这些活泼金属。这种焊接方法的特点是焊缝质量高，但与其他电弧焊相比，其焊接速度较慢。

（4）等离子弧焊。助水冷喷嘴等措施可以使电弧的弧柱区横截面积减小，电弧的温度、能量密度、等离子的流速都显著提高，这种用外部拘束使弧柱受到压缩的电弧称为等离子弧。

等离子弧是电弧的一种特殊形式，是一种具有高能量密度的电弧，仍然是气体导电现象。等离子弧焊是利用等离子弧的热量加热熔化工件和母材实现焊接的方法，分为穿孔型等离子弧焊和微束等离子弧焊。

- 穿孔型等离子弧：焊接电流为 100 ～ 300A，接头无须开坡口，不要留间隙。焊接时，等离子弧可以将焊件完全熔透并形成一个小通孔，熔化金属被排挤在小孔的周围，电弧移动，小孔随之移动，并在后方形成焊缝，从而实现单面焊双面一次成形。
- 微束等离子弧：焊接电流为 0.1 ～ 30A，焊接厚度为 0.025 ～ 2.5mm。

（5）管状焊丝电弧焊。管状焊丝电弧焊也是利用连续送进的焊丝与工件之间燃烧的电弧为热源来进行焊接的，可以认为是熔化极气体保护焊的一种类型。其所使用的焊丝是管状焊丝，管内装有各种组分的焊剂。

焊接时，外加保护气体，主要是 CO_2。焊剂受热分解或熔化，起着造渣保护溶池、渗合金及稳弧等作用。管状焊丝电弧焊除具有上述熔化极气体保护电弧焊的优点外，由于管内焊剂的作用，使之在冶金上更具优点。管状焊丝电弧焊可以应用于大多数黑色金属各种接头的焊接。

2. 熔焊

（1）气焊。利用可燃气体在氧气中燃烧时所产生的热量，将母材焊接处熔化而实现连接的一种熔焊方法。应用最多的是以乙炔气做燃料的氧－乙炔火焰。气焊可用于很多黑色金属、有色金属及合金的焊接。

可燃气：乙炔、液化石油气等。以乙炔为例，其在氧气中燃烧时的火焰温度可达 3200℃。氧—乙炔火焰有以下 3 种。

1）中性焰：氧气与乙炔体积混合比为 1 ～ 1.2，乙炔充分燃烧，适合焊接碳钢和非铁合金。

2）碳性焰：氧气和乙炔体积混合比小于 1，乙炔过剩，适用于焊接高碳钢、铸铁和高速钢。

3）氧化焰：氧气与乙炔体积混合比大于 1.2，氧气过剩，适用于黄铜和青铜的钎焊。

因气焊火焰温度低，加热速度慢，加热区域宽，焊接热影响区宽，焊接变形大，且焊接过程中，熔化金属受到的保护差，焊接质量不易保证，因而其应用已很少。但气焊又具有无需电源、设备简单、费用低、移动方便、通用性强等特点，因而在无电源场合和野外工作时有实用价值。目前，其主要用于薄钢板（厚度 0.5 ～ 3mm）、铜及铜合金的焊接和铸铁的补焊。

（2）气压焊。气压焊和气焊一样，也是以气体火焰为热源。焊接时将两对接的工件的端部加热到一定温度后，再施加足够的压力以获得牢固的接头，是一种固相焊接。气压焊时不加填充金属，常用于铁轨焊接和钢筋焊接。

（3）电渣焊。电渣焊是以熔渣的电阻热为能源的焊接方法。焊接过程是在立焊位置、在由两工件端面与两侧水冷铜滑块形成的装配间隙内进行。焊接时利用电流通过熔渣产生的电阻热将工件端部熔化。

电渣焊的特点：在电渣焊的焊接过程中，除开始阶段有一电弧过程外，其余均为稳定的电渣过程，与埋弧焊有本质区别。

电渣焊的优点：可焊的工件厚度大（30 ～ 1000mm），生产率高，主要用于在断面对接接头及丁字接头的焊接。电渣焊可用于各种钢结构的焊接，也可用于铸件的组焊。电渣焊接头由于加热及冷却均较慢，热影响区宽，显微组织粗大、韧，因此焊接后一般须进行正火处理。

电渣焊的分类：丝极电渣焊、板极电渣焊、熔嘴电渣焊和管极电渣焊等。

其中，丝极电渣焊是最常用的电渣焊方法。它采用焊丝做电极，根据焊件厚度的不同，可采用一根或多根焊丝，单丝焊能够焊接的焊件厚度为 40 ～ 60mm，当焊件厚度大于 60mm 时，焊丝要做横向摆动；三丝摆动可以焊接 450mm 厚的焊件。丝极电渣焊主要用于焊接厚度为 40 ～ 450mm 的焊件及较长焊缝的焊件，也可用于大型焊件的环焊缝。

应用：主要用于重型机械制造业中，制造锻—焊结构件和铸—焊结构件，如重型机床的机座、高压锅炉等，焊件厚度一般为 40 ～ 450mm，材料为碳钢、低合金钢、不锈钢等。

（4）电子束焊。电子束焊是以集中的高速电子束轰击工件表面时所产生的热能进行焊接的方法。电子束焊接时，由电子枪产生电子束并加速。常用的电子束焊有：高真空电子束焊、低真空电子束焊和非真空电子束焊。

前两种方法都是在真空室内进行的。焊接准备时间（主要是抽真空时间）较长，工件尺寸受真空室大小限制。电子束焊与电弧焊相比，主要的特点是焊缝熔深大、熔宽小、焊缝金属纯度高。它既可以用在很薄材料的精密焊接，又可以用在很厚的（最厚达 300mm）构件焊接。

（5）激光焊。激光焊是利用大功率相干单色光子流聚焦而成的激光束为热源进行的焊接，通常分为连续功率激光焊和脉冲功率激光焊。激光焊的优点是不需要在真空中进行，缺点则是穿透力不如电子束焊强。

激光焊时能进行精确的能量控制，因而可以实现精密微型器件的焊接。它能应用于很多金属，特别是能解决一些难焊金属及异种金属的焊接问题。

3. 压焊

（1）电阻焊。这是以电阻热为能源的一类焊接方法，包括以熔渣电阻热为能源的电渣焊和以固体电阻热为能源的电阻焊。电阻焊一般是使工件处在一定电极压力作用下并利用电流通过工件时所产生的电阻热将两工件之间的接触表面熔化而实现连接的焊接方法，通常使用较大的电流。为了防止在接触面上发生电弧并且为了锻压焊缝金属，焊接过程中始终要施加压力。进行这一类电阻焊时，被焊工件的表面干净与否对于获得稳定的焊接质量是头等重要的。因此，焊前必须将电极与工件以及工件与工件间的接触表面进行清理。

优点：

- 熔核形成时，始终被塑性环包围，熔化金属与空气隔绝，冶金过程简单。
- 加热时间短、热量集中，故热影响区小，变形与应力也小，通常在焊后不必安排校正和热处理工序。
- 不需要焊丝、焊条等填充金属，以及氧、乙炔、氩等焊接材料，焊接成本低。
- 操作简单，易于实现机械化和自动化，改善了劳动条件。
- 生产率高，且无噪声及有害气体。在大批量生产中，可以和其他制造工序一起编到组装线上。但闪光对焊因有火花喷溅，需要隔离。

缺点：

- 目前还缺乏可靠的无损检测方法，焊接质量只能靠工艺试样和工件的破坏性试验来检查，以及靠各种监控技术来保证。
- 点、缝焊的搭接接头不仅增加了构件的重量，且因在两板间熔核周围形成夹角，致使接头的抗拉强度和疲劳强度较低。

- 设备功率大，机械化、自动化程度较高，使设备成本较高、维修较困难，并且常用的大功率单相交流焊机不利于电网的正常运行。

适用范围：汽车、飞机、仪器、家电、建筑用的钢筋等行业，适用材料广泛，只是易氧化金属的电阻焊焊接性稍差，主要用于焊接厚度小于 3mm 的薄板组件。各类钢材、铝、镁等有色金属及其合金、不锈钢等均可焊接。

（2）摩擦焊。摩擦焊是以机械能为能源的固相焊接。它是利用两表面间机械摩擦所产生的热来实现金属的连接的。摩擦焊的热量集中在接合面处，因此热影响区窄。两表面间须施加压力，多数情况是在加热终止时增大压力，使热态金属受顶锻而结合，一般结合面并不熔化。摩擦焊生产率较高，原理上几乎所有能进行热锻的金属都能摩擦焊接。摩擦焊还可以用于异种金属的焊接，且适用于横断面为圆形的最大直径为 100mm 的工件。

优点：

- 焊接质量稳定，焊件尺寸精度高，接头废品率低于电阻对焊和闪光对焊。
- 焊接生产率高，比闪光对焊高 5 ～ 6 倍。
- 适于焊接异种金属，如碳素钢、低合金钢与不锈钢、高速钢之间的连接，铜—不锈钢、铜—铝、铝—钢、钢—锆等之间连接。
- 加工费用低，省电，焊件无须特殊清理。
- 易实现机械化和自动化，操作简单，焊接工作场地无火花、弧光及有害气体。

缺点：靠工件旋转实现，焊接非圆截面较困难。盘状工件及薄壁管件，由于不易夹持也很难焊接。受焊机主轴电机功率的限制，目前摩擦焊可焊接的最大截面为 $20000mm^2$。摩擦焊机一次性投资费用大，适于大批量生产。

应用：异种金属和异种钢产品，如电力工业中的铜—铝过渡接头，金属切削用的高速钢—结构钢刀具等；结构钢产品，如电站锅炉蛇形管、阀门、拖拉机轴瓦等。

（3）扩散焊。扩散焊一般是以间接热能为能源的固相焊接方法，通常是在真空或保护气氛下进行。焊接时使两被焊工件的表面在高温和较大压力下接触并保温一定时间，以达到原子间距离，经过原子相互扩散而结合。焊前不仅需要清洗工件表面的氧化物等杂质，而且表面粗糙度要低于一定值才能保证焊接质量。

扩散焊是一种在真空或保护气氛的保护下，在一定温度（低于母材的熔点）和压力条件下，使相互接触的平整光洁的待焊表面发生微观塑性流变后紧密接触，原子相互扩散，经过一段较长时间后，原始界面消失，达到完全冶金结合的焊接方法。

优点：

- 可以在几乎不损坏被焊材料性能的情况下，实现各类同种材料和异种材料间的焊接，用来制造双层或多层复合材料。
- 能焊接结构复杂以及厚薄相差大的工件。
- 接头成分、组织均匀，减小了应力腐蚀倾向。
- 焊接变形小，接头精度高，可作为部件最后的组装连接方法。
- 可与其他加工工艺同时进行（如真空热处理等），可同时完成多个接头的焊接，从而提高生产率。

缺点：扩散焊对焊件表面加工及清理的要求高，焊接时间长，生产率低，成本高，设备投资大。

应用：熔点差别大或冶金上不相容的异种金属之间的焊接、金属与陶瓷的焊接以及钛、镍、铝合金结构件的焊接。不仅应用于原子能、航空航天及电子工业等尖端技术领域，而且已推广至一般机械制造工业部门。

（4）搅拌摩擦焊。搅拌摩擦焊与常规摩擦焊原理类似，不同之处在于搅拌摩擦焊焊接过程是由一个圆柱体或其他形状（如带螺纹圆柱体）的搅拌针伸入工件的接缝处，通过焊头的高速旋转与工件间的摩擦与搅拌作用而产生低于工件材料熔点的高温塑性和高速率应变区，塑性金属在搅拌头旋转挤压力作用下填充搅拌针后方所形成的空间，形成压焊，从而实现材料的固相连接，如图 4-24 所示。

图 4-24　搅拌摩擦焊接

优点：

- 焊接接头热影响区显微组织变化小，机械性能优良，焊接工件不易形。
- 能一次性完成较长焊缝、大截面、不同位置的焊接。
- 操作过程方便，实现机械化、自动化，设备简单，能耗低，功效高。
- 无须添加焊丝，焊铝合金时不需要焊前除氧化膜，不需要保护气体，成本低。
- 可焊热裂纹敏感的材料，如高性能铝合金、铸造铝合金，适合异种材料焊接。
- 焊接过程安全、无污染、无烟尘、无辐射等。

缺点：焊接工件必须刚性固定，反面应有底板；焊接结束搅拌探头提出工件时，焊缝端头形成一个匙孔，工具设计、过程参数和机械性能数据只在有限的合金范围内可得；对板材进行单道连接时，目前焊速不是很高；搅拌头的磨损消耗太快；等等。

应用：搅拌摩擦焊主要用在熔化温度较低的有色金属，和搅拌头的材料选择及搅拌头的工作寿命有关。当然，这也和有色金属熔化焊接相对困难有关。对于延性好、容易发生塑性变形的黑色材料，经辅助加热或利用其超塑性，也有可能实现搅拌摩擦焊，但这就要由熔化焊和搅拌摩擦焊哪个技术经济指标更合理来决定了。

4. 钎焊

钎焊的能源可以是化学反应热，也可以是间接热能。它是利用熔点比被焊材料熔点低的金属做钎料，经过加热使钎料熔化，毛细作用将钎料挤入到接头接触面的间隙内，润湿被焊金属表面，使液相与固相之间互扩散而形成钎焊接头。因此，钎焊是一种固相兼液相的焊接方法，如图 4-25 所示。

图 4-25 钎焊

（1）钎焊的特点及应用。钎焊采用熔点低于母材的合金做钎料，加热时钎料熔化，并靠润湿作用和毛细作用填满并保持在接头间隙内，而母材处于固态，依靠液态钎料和固态母材间的相互扩散形成钎焊接头。钎焊对母材的物理化学性能影响小，焊接应力和变形较小，可焊接性能差别较大的异种金属，能同时完成多条焊缝，接头外表美观整齐，设备简单，生产投资小。但钎焊接头的强度较低，耐热能力差。

应用：硬质合金刀具、钻探钻头、自行车车架、换热器、导管及各类容器等；在微波波导、电子管和电子真空器件的制造中，钎焊甚至是唯一可能的连接方法。

（2）钎料和钎剂。钎料是形成钎焊接头的填充金属。钎焊接头的质量在很大程度上取决于钎料。钎料应该具有合适的熔点、良好的润湿性和填缝能力，能与母材相互扩散，还应具有一定的力学性能和物理化学性能，以满足接头的使用性能要求。按钎料熔点的不同，钎焊分为两大类：软钎焊与硬钎焊。

1）软钎焊。钎料熔点低于 450℃的钎焊称为软钎焊，常用钎料是锡铅钎料。它具有良好的润湿性和导电性，广泛用于电子产品、电机电器和汽车配件。软钎焊的接头强度一般为 60 ～ 140MPa。

2）硬钎焊。钎料熔点高于 450℃的钎焊称为硬钎焊，常用钎料是黄铜钎料和银基钎料。用银基钎料的接头具有较高的强度、导电性和耐蚀性，钎料熔点较低、工艺性良好，但钎料价格较高，多用于要求较高的焊件，一般焊件多采用黄铜钎料。硬钎焊多用于受力较大的钢和铜合金工件，以及工具的钎焊。硬钎焊的接头强度为 200 ～ 490MPa。

5. 其他焊接介绍

（1）高频焊。高频焊是以固体电阻热为能源。焊接时利用高频电流在工件内产生的电阻热使工件焊接区表层加热到熔化或接近的塑性状态，随即施加（或不施加）顶锻力而实现金属的结合。因此它是一种固相电阻焊方法。

高频焊根据高频电流在工件中产生热的方式可分为接触高频焊和感应高频焊。接触高频焊时，高频电流通过与工件机械接触而传入工件；感应高频焊时，高频电流通过工件外部感应圈的耦合作用而在工件内产生感应电流。高频焊是专业化较强的焊接方法，要根据产品配备专用设备，生产率高，焊接速度可达 30m/min，主要用于制造管子时纵缝或螺旋缝的焊接。

（2）爆炸焊。爆炸焊也是以化学反应热为能源的另一种固相焊接方法。但它是利用炸药爆炸所产生的能量来实现金属连接的。在爆炸波作用下，两件金属在不到一秒的时间内即可被加速撞击形成金属的结合。在各种焊接方法中，爆炸焊可以焊接的异种金属的组合的范围最广。可以用爆炸焊将冶金上不相容的两种金属焊成各种过渡接头。爆炸焊多用于表面积相当大的平板包覆，是制造复合板的高效方法。

（3）超声波焊。超声波焊也是一种以机械能为能源的固相焊接方法。进行超声波焊时，焊接工件在较低的静压力下，由声极发出的高频振动能使接合面产生强烈摩擦并加热到焊接温度而形成结合。超声波焊可以用于大多数金属材料之间的焊接，能实现金属、异种金属及金属与非金属间的焊接，适用于金属丝、箔或 2 ～ 3mm 以下的薄板金属接头的重复生产。

（三）焊接接头类型及焊缝形式

1. 接头类型

焊接接头即用焊接方法联结的接头。在焊条电弧焊中，由于产品结构形状、材料厚度和工件质量要求的不同，需要采用不同形式的接头进行焊接。

焊接接头主要有 4 种类型，即对接接头、角接接头、搭接接头和 T 型接头。

（1）对接接头。两焊件端面相对平行的接头称为对接接头。这种接头能承受较大的载荷，是焊接结构中最常用的一种接头形式。

（2）角接接头。两焊件端面间构成 30° ～ 135° 夹角的接头称为角接接头。角接接头焊缝的承载能力不高，一般多用于箱形构件等不重要的焊接结构中。

（3）搭接接头。两焊件重叠放置或两工件表面之间的夹角不大于 30° 构成的端部接头称为搭接接头。搭接接头便于组装，常用于对焊前准备和装配要求简单的结构，但承载能力较低，在结构设计中应尽量避免采用搭接接头。

（4）T 型接头。焊件端面与另一焊件表面构成直角或近似直角的接头称为 T 型接头。

2. 焊缝形式

焊接坡口常用的形式有：I 型坡口、V 型坡口、X 型坡口、双 Y 型坡口、带钝边 U 型坡口、双 U 型坡口、J 型坡口。焊条电弧焊常用的坡口形式有：I 形破口、Y 型坡口、双 Y 型坡口和 U 型坡口等。

二、焊接技巧

（一）锡焊技巧

1. 锡焊步骤

（1）准备施焊。准备好焊锡丝和烙铁。烙铁头部要保持干净，即可以蘸上焊锡（俗称“吃锡”)。

（2）加热焊件。将烙铁接触焊接点。注意：首先，要保持烙铁加热焊件各部分，例如印制板上引线和焊盘都要受热；其次，要让烙铁头的扁平部分（较大部分）接触热容量较大的焊件，烙铁头的侧面或边缘部分接触热容量较小的焊件，以保持焊件均匀受热。

（3）熔化焊料。当焊件加热到能熔化焊料的温度后将焊丝置于焊点，焊料开始熔化并润湿焊点。

（4）移开焊锡。当熔化一定量的焊锡后将焊锡丝移开。

（5）移开烙铁。当焊锡完全润湿焊点后移开烙铁，注意移开烙铁的方向应该是大致45° 的方向。

上述过程，对于一般焊点而言大约需 2 ～ 3s；对于热容量较小的焊点，例如印制电路板上的小焊盘，有时用三步法概括操作方法，即将上述步骤（2）、（3）合为一步，（4）、（5）合为一步。实际上细微区分还是五步，所以五步法有普遍性，是掌握手工烙铁焊接的基本方法。特别是各步骤之间停留的时间对保证焊接质量至关重要，只有通过实践才能逐步掌握。

2. 注意事项

（1）选用合适的焊锡，应选用焊接电子元件用的低熔点焊锡丝。

（2）助焊剂，用 25% 的松香溶解在 75% 的酒精（重量比）中作为助焊剂。

（3）电烙铁使用前要上锡，具体方法是：将电烙铁烧热，待刚刚能熔化焊锡时，涂上助焊剂，再用焊锡均匀地涂在烙铁头上，使烙铁头均匀地“吃”上一层锡。

（4）焊接方法：把焊盘和元件的引脚用细砂纸打磨干净，涂上助焊剂。用烙铁头蘸取适量焊锡，接触焊点，待焊点上的焊锡全部熔化并浸没元件引线头后，电烙铁头沿着元器件的引脚轻轻往上一挑，离开焊点。

（5）焊接时间不宜过长，否则容易烫坏元件，必要时可用镊子夹住管脚帮助散热。

（6）焊点应呈正弦波峰形状，表面应光亮圆滑，无锡刺，锡量适中。

（7）焊接完成后，要用酒精把线路板上残余的助焊剂清洗干净，以防炭化后的助焊剂影响电路正常工作。

（8）集成电路应最后焊接，电烙铁要可靠接地，或断电后利用余热焊接，或者使用集成电路专用插座，焊好插座后再把集成电路插上去。

（9）电烙铁应放在烙铁架上。

（二）电焊技巧

电焊操作是在面罩下观察和进行的。由于视野不清，工作条件较差，因此要保证焊接质量，不仅要有较为熟练的操作技术，还应高度集中注意力。焊接前，应把工件接头两侧 20mm 范围内的表面清理干净（如消除铁锈、油污、水分），并使焊条芯的端部金属外露，以便进行短路引弧。引弧方法有敲击法和划擦法两种，其中划擦法比较容易掌握，适合初学者引弧操作。

1. 引弧

（1）划擦法。先将焊条对准焊件，再将焊条像划火柴似的在焊件表面轻轻划擦，引燃电弧，然后迅速将焊条提起 2 ～ 4mm，并使之稳定燃烧。

（2）敲击法。将焊条末端对准焊件，然后手腕下弯，使焊条轻微碰一下焊件，再迅速将焊条提起 2 ～ 4mm，引燃电弧后手腕放平，使电弧保持稳定燃烧。这种引弧方法不会使焊件表面划伤，又不受焊件表面大小、形状的限制，所以它是焊接过程中主要采用的引弧方法。但这种引弧方法不易掌握，需提高熟练程度。

2. 运条

运条是焊接过程中最重要的环节，它直接影响焊缝的外表成形和内在质量。电弧引燃后，在正常操作面上焊条有几个基本运动：朝熔池方向逐渐送进、沿焊接方向逐渐移动、横向摆动。

（1）直线形运条法。采用这种运条方法焊接时，焊条不做横向摆动，沿焊接方向做直线移动。它常用于 I 形坡口的对接平焊，多层焊的第一层焊或多层多道焊。

（2）直线往复运条法。采用这种运条方法焊接时，焊条末端沿焊缝的纵向做来回摆动。它的特点是焊接速度快、焊缝窄、散热快，适用于薄板和接头间隙较大的多层焊的第一层焊。

（3）锯齿形运条法。采用这种运条方法焊接时，焊条末端做锯齿形连续摆动及向前移动，并在两边稍停片刻。摆动的目的是控制熔化金属的流动和得到必要的焊缝宽度，以获得较好的焊缝成形。这种运条方法在生产中应用较广，多用于厚钢板的焊接，平焊、仰焊、立焊的对接接头和立焊的角接接头。

（4）月牙形运条法。采用这种运条方法焊接时，焊条的末端沿着焊接方向做月牙形的左右摆动。摆动的速度要根据焊缝的位置、接头形式、焊缝宽度和焊接电流值来决定。同时需在接头两边停留片刻，这是为了使焊缝边缘有足够的熔深，防止咬边。这种运条方法的特点是金属熔化良好，有较长的保温时间，气体容易析出，熔渣也易于浮到焊缝表面上来，焊缝质量较高，但焊出来的焊缝余高较高。这种运条方法的应用范围和锯齿形运条法基本相同。

（5）三角形运条法。采用这种运条方法焊接时，焊条末端做连续三角形运动，并不断向前移动。按照摆动形式的不同，可分为斜三角形和正三角形两种：斜三角形运条法适用于焊接平焊和仰焊位置的 T 型接头焊缝和有坡口的横焊缝，优点是能够借焊条的摆动来控制熔化金属，促使焊缝成形良好。正三角形运条法只适用于开坡口的对接接头和 T 型接头焊缝的立焊，优点是能一次焊出较厚的焊缝断面，焊缝不易产生夹渣等，有利于提高生产效率。

（6）圆圈形运条法。采用这种运条方法焊接时，焊条末端连续做正圆圈或斜圆圈形运动，并不断前移。正圆圈形运条法适用于焊接较厚焊件的平焊缝，优点是熔池存在时间长，熔池金属温度高，有利于溶解在熔池中的氧、氮等气体的析出，便于熔渣上浮。斜圆圈形运条法适用于平、仰位置 T 型接头焊缝和对接接头的横焊缝，优点是利于控制熔化金属不受重力影响而产生下淌现象，有利于焊缝成形。

3. 焊缝收尾

（1）划圈收尾法。焊条移至焊道的终点时，利用手腕的动作做圆圈运动，直到填满弧坑再拉断电弧。该方法适用于厚板焊接，用于薄板焊接会有烧穿危险。

（2）反复断弧法。焊条移至焊道终点时，在弧坑处反复熄弧、引弧数次，直到填满弧坑为止。该方法适用于薄板及大电流焊接，但不适用于碱性焊条，否则会产生气孔。

4. 操作技巧

（1）焊接时，手需要保持平稳烧焊，双臂一定要夹紧，以免抖动，这样焊才能均匀漂亮。

（2）焊接时一般是采取之字形和圆点形来烧焊，使焊出来的焊缝纹路更清晰。

（3）烧焊时，焊条与铁板保持 45° 夹角，有利于铁水的均匀分布，烧出来的焊才光滑。进行仰焊操作时由于铁水容易掉落，故需采取点焊形式，这样烧接会更加牢固。

（4）划圈收尾时，焊条移到焊缝终点时，在弧坑处做圆圈运动，直到填满弧坑再拉断电弧。

（5）更换焊条或临时停弧收尾时，焊条移到焊缝终点时，在弧坑处稍作停留，将电弧慢慢抬高，再引到焊缝边缘的母材坡口内。这时熔池会逐渐缩小，凝固后一般不出现缺陷。

5. 注意事项

（1）电焊工必须经过专业训练，考试合格后并持有安全操作证方准进行独立操作（在学徒训练期间可逐步在师傅监护下进行操作）。

（2）电焊工必须按规定穿着工作服和使用防护用品（包括绝热手套、绝缘胶靴、面罩），工作场所要符合安全要求。

（3）工作前要详细检查电焊机是否正常，绝缘是否良好，电焊机的外壳必须有良好的接地。

（4）电源线与二次线路必须完整，绝缘良好，不得用其他物件代替。严禁在设备、钢缆、管道、容器以及厂房金属结构上进行电焊。

（5）在禁火区与有易燃易爆可能性的部位或有毒的地方动火必须办理手续和完备的动火许可证，经分析合格批准后方可施工。

（6）焊钳必须绝缘良好，接线要牢固且包好，避免松脱引起触电。

（7）在焊接工作场所不得存放易燃易爆物品，并应有防止焊渣飞落引起其他危险的措施。

（8）接线或电气设备发生故障，应由电工进行检修，其他人员禁止乱动。

（9）打火前应告诉辅助人员避开弧光。

（10）进行一般检修时，临时照明电压应为 36V 以下，在低洼潮湿地方或金属容器内焊接时，其照明电压应为 12V。

（11）在容器内焊接时，需办理“容器内作业许可证”，外面必须有专人监护并有良好的通风。不得同时进行电焊和气焊工作，如需要时必须采取一定的安全措施。

（12）发现触电者应立即拉下电闸，并用木棒胶管等使其脱离电源，迅速进行人工呼吸，在未切断电源前，不准直接用手拉人体裸露部分。

（13）严禁焊接未经清洗、置换、分析合格的装过有毒易燃易爆物品的容器、管道等以及带电带压设备。

（14）在多人工作、多层作业或固定场所施焊时，应设防护屏障。

（15）下雨天气不准露天焊接。必要时必须采取有效的防护措施方可进行。在低洼地方和金属容器内焊接时，除穿戴绝缘鞋、绝缘手套外，应设有绝缘垫板。

（16）在清除铁锈、焊接时，应戴防护眼镜。

（17）移动电焊机时，应先切断电源。

（18）高处焊接（2m 以上）应办理“高处作业许可证”和遵守高处作业安全操作规程。

（19）电焊机在有水易潮处应垫高于地面，露天放置应设防雨棚，夏季应设在通风处，使用时温度不超过 60℃。

（20）焊接时，工件要放稳，并有防止歪倒和坠落的措施。

（21）工作中断和下班时要切断电源，整理设备场地，收好工件，熄灭火种。

（22）电焊机应有专人管理，按时检查维护，电焊工应定期进行体格检查。

（23）检修转动设备或进入设备内，必须事先办理“检修证”和“进入设备作业证”，联系操作工同意后，通知电工切断电源，采取安全措施，并按规定设专人监护方可施工。

第五章

志愿服务活动

志愿服务是现代社会文明进步的重要标志，是培育和践行社会主义核心价值观的重要内容。近年来，志愿服务组织和志愿者开展了形式多样的志愿服务活动，对推进精神文明建设、推动社会治理创新、维护社会和谐稳定、增进民生福祉发挥了重要作用。

第一，传递爱心，传播文明，推动和谐社会的进程。大学生志愿者在参与志愿服务的过程中，以“奉献、友爱、互助、进步”的志愿精神为指导理念面向社会，在帮助他人、服务社会、贡献社会的同时，也在传递着爱心，传播着文明，促进了人与人之间心灵与情感的交流、文化的传播。对于志愿者来说，他们在各方面给弱势群体等以帮助、关心的同时，自身在道德实践中也获得了反省和提升的机会，有利于自身道德素质的完善与升华；他们崇尚助人为乐、无私奉献、见义勇为的良好风尚，有利于良好道德氛围的营造和良好社会风气的形成，而且可以潜移默化地影响他身边的人。对于接受志愿服务的对象来说，来自志愿者各方面的帮助，包括生活上的、工作上的、心理上的，向他们传达着爱心与文明，帮助他们融入社会，增强社会归属感，在良好的道德品质氛围中不断提升自身的道德素养，从而推动和谐社会的进程。

第二，有利于缓解大学生就业压力。由于高校的不断扩招，大学生毕业人数每年都有所增加，使得我国的大学生就业面临着比往年更为严峻的就业形势。大学生参与志愿服务，首先，可以扩大大学生的生活范围、知识视野、认识领域，同时可以通过亲身体验，使大学生加深对社会的认识，以提高自身对社会的适应能力，丰富生活体验，提高社会实践能力。其次，为志愿者本身提供了一个学习与实践的机会，志愿者在参与志愿服务的过程中，在进行服务之前需要学习新知识及技能，例如120志愿者参与急救中心的培训等，且在进行组织和活动过程中，可以培养和提高自身的组织能力、交流能力和领导能力，增强自信心，为将来走上工作岗位打下基础。再次，可以调节大学生心理，促进大学生良好健康的心理素质的形成。由此可见，大学生参与志愿服务，可以在帮助他人的同时，提高自身各方面的素质和能力，以缓解当前严峻的就业形势。

第三，可以创造巨大的社会经济效益。志愿服务的经济效益往往被忽视，据一些国家的数据统计，志愿服务所创造的经济价值可以达到国民生产总值的8%～14%。比如在美国，志愿者的服务相当于九百万工作者的全时工作量，每年可以创造2550亿美元的经济价值。在我国，志愿服务不需要太多的财政投入，相反却能给他人提供各方面的帮助，满足社会群体尤其是弱势群体的需求，其所创造的社会效益却是不可估量的，主要表现在：大学生志愿者提供的服务是免费的，最多也就是提供一些后勤补偿，如生活费、交通费等，而且社会的一些义工团体、基金会也会提供一些金钱和物质的资助，因此大学生志愿服务所需的成本是相当低的，而所创造的效益却是不可估量的。

当前，大学生的志愿服务有着重大的社会意义。为社会贡献一份力量已经是新时代对大学生提出的不可忽视的要求。

第二节　支教志愿服务活动

教育是人类永远的话题，无论是从事教育理论工作，还是从事教育实践工作，要想将工作做好，一个基本的条件就是要对自己所研究的对象或所从事的工作有一个比较全面的认识。支教属于“教育”实践工作，需要每一名支教人员对自己和对受教育者有一个全面的认识。

一、支教志愿服务活动的目的和意义

（一）支教活动的目的

支教的目的并不是要教孩子很多课本上的知识，而是要改善他们的薄弱环节，教会受教育者一些新的并且有效的学习方法，培养受教育者对于学习的爱好和兴趣，引导受教育者树立正确的人生观、世界观和价值观，端正他们从被动学习到主动学习的态度，同时给受教育者树立良好的榜样，教给他们认知自我、认识世界、关爱自己、关爱他人的能力。

（二）支教活动的意义

通过开展丰富的支教活动，对支教学校的学生教育带去帮助，让当地学生通过大学生了解更多的信息，开启他们的眼界和心灵的窗户。支教活动过程中的教育是相互的，当面对孩子们天真的笑脸、面对他们收获知识的快乐时，大学生自我价值得以实现，心灵得以净化。对参与支教的大学生来说，这是一次充实、难忘的人生经历，使大学生能够在支教的过程中释放和强化自身的社会责任感，将爱传承，陶冶心灵。

二、支教活动的组织形式

（一）以身作则，从小处做孩子们的楷模

大学生支教活动会从衣着打扮、言行举止等细节方面给孩子们留下深刻的印象，会在无意识当中给孩子们起了榜样的作用。支教者要以一种健康、青春、文明、礼貌、儒雅的精神面貌去面对孩子们。

（二）以传授人生知识为主，以传授课本知识为辅

支教活动的时间都比较短暂，是非常规的教育，短时间内不可能改变一个人的知识结构，最重要的是引导孩子们改变思想认识，要通过名人学习和奋斗的故事、中华美德的典范等引导他们树立正确的人生观、价值观和世界观，端正他们对学习的态度。

（三）寓教于乐，丰富互动教学方式

互动教学方式是一种更加人性化、更加科学的方式，将以往课堂上的学习内容放在室外学习，通过积极开展体育活动、军训课程学习、健康游戏活动等方式，与孩子们打成一片，消除陌生感，拉近与学生之间的距离，增强学生们的学习兴趣和积极性。

（四）以奖励为主，以批评为辅，提高学习热情

面对孩子们逆反的心理，多以激励表扬为主，通过挖掘每一个孩子的闪光点，奖励作业本、铅笔、文具盒、削笔刀等日常文具用品及乒乓球拍、茶杯、小型玩具等娱乐用品，激发孩子们的学习热情。

图 5-1　捧翼支教志愿服务活动

三、支教活动策划要素

支教活动策划书主要包括开展支教活动的目的、活动主题、活动时间、活动地点，以及教学内容及形式。要周密计划活动日程安排，确定支教成员并开展前期培训，做好物资保障计划，明确活动要求等要素。

四、支教队员的选拔

支教队员的选拔要求：一是要有强烈的集体思想，服从组织安排，服从管理，热爱教育事业，能够吃苦耐劳，有责任心和奉献精神；二是具有一定的教学技巧，学习成绩良好以上；三是具有一定的文化娱乐基础，有较强的自主独立生活能力；四是具备相应的知识水平，能够胜任所教科目的教学工作；五是有较强的临场应变能力和解决突发事件的能力。

五、支教队员的培训

支教队员确定后，要根据支教主题、支教对象及支教地域的民风习俗等情况进行针对性培训工作，确保支教活动顺利、安全、有效。一是要提高思想认识，加深对支教活动意义的理解；二是要学习掌握生活技巧，能够独自生活及懂得照顾孩子生活；三是要组织好相关文艺表演节目的排练与互动；四是要重点培训队员的教学技能及人际交往能力；五是开展前期准备，收集相关资料，制订详细的计划，明确责任分工，扎实做好物资等各项保障工作；六是开展支教活动相关法律法规、纪律要求等法纪教育，对支教活动进行风险评估及可行性分析，组织卫生常识及突发事件处置能力培训。

图 5-2 捧翼支教服务队

六、支教活动开展

（一）前期准备

（1）加强与支教地校方的联系，做好充分的沟通解释，获得家长的全力支持，并尽力争取学校、村委及当地政府的大力支持。

（2）招募大学生志愿者并开展相关支教工作培训，提升支教业务水平。

（3）确定支教成员以及成员所教授科目，初步确定教学进度，确定各个方面负责人，并细化责任分工。

（4）做好支教地环境、民风民俗、经济收入、气候条件、交通状况等情况的收集，计划安排好住宿等，充分准备相关必需物资。

（5）提前做好相关活动的宣传工作，介绍支教活动的内容及意义、成员所承担的责任及义务，确定好受教育的人数及规模。

（6）邀请当地志愿者介绍相关生活、交通、人身安全等方面的注意事项，联系邀请家长及村两委成员参加开学典礼等工作。

（7）制定突发事件的应急处置预案并开展演练工作。

（二）中期活动

（1）支教活动要按照计划有条不紊地进行，不得随意变更计划方案。

（2）开展丰富的支教配合活动，提升活动的质量效益。

（3）针对学生、家长及教师进行社会调查和访谈，了解学生的学习情况及心理现状与困惑，了解家长对孩子学习、心理、兴趣爱好的掌握情况及家庭教育方法，了解学校的整体教育情况，并认真做好访谈记录。

（4）每天对支教活动进行总结讨论，梳理好的方面及存在的不足，及时改进支教活动。

（5）整理支教活动中的图片、视频等资料。

图 5-3　捧翼支教服务活动

（三）后期活动

（1）召开支教活动总结大会进行经验总结，向家长报告整个支教成果，梳理存在的不足，表彰表现突出的同学，有条件的可开展赠送图书等活动。

（2）每位志愿者以书面形式形成支教活动的总结材料，对支教活动提出合理化的意见及建议。

（3）征求学校老师、学生及家长的意见建议，建立长期联系，将支教精神继承和发扬。

（4）完成支教志愿者的支教社会实践证明材料。

（5）做好住宿区域环境卫生的清理工作、物品整理工作。

（6）有条件的可举办晚会，让学生以演讲、朗诵、歌曲表演、美术绘画、舞蹈等形式展现支教成果。

（7）支教结束后，适时关注好孩子们的学习教育情况，给予鼓励与提醒。

七、支教管理规定

（1）志愿者要接受支教培训，遵守团队规章制度，接受支教工作人员的管理。

（2）开展教学工作时要注重自身形象，衣着大方得体，不穿背心、拖鞋等，自觉维护团队声誉，时刻铭记爱心教师身份。

（3）认真备课，认真授课，认真做好授课总结。

（4）遵守作息时间，坚守工作岗位，按时上下课，不随意调课，不无故缺勤。

（5）关心爱护全体学生，尊重学生的人格及隐私，促进学生全面、健康发展。

（6）课堂上不与学生过分亲热，保持友好态度，真诚公正地对待学生，科学客观地评价学生。

（7）课下与学生友好交往，对学业、心理、业余爱好等方面进行指导，帮助学生树立积极向上的价值观和健康向上的生活情操。

（8）妥善保管支教过程中的相关材料，如教案、授课总结、影像资料等。

（9）工作人员必须团结协作，务实高效，认真搞好组织策划工作，并承担一定的教学任务。

（10）志愿者及工作人员要服从团队负责人的管理，听从统一安排，保证团队安全。

（11）支教地善意赠送的生活物资，如鱼、菜等，作为集体资源保障支教生活，并当面道谢。

（12）树立安全至上思想，一切团队及团队中个人活动均应以安全为前提。

（13）保管好个人物品和公共财物，未经允许不擅自动用他人物品及公共财物。

（14）支教活动中任何人不得擅自行动，严格落实请、销假规定。

（15）加强自我保护意识，如需家访等活动必须两人一组，女生需有男生陪同，不允许单独外出行动。

（16）严禁组织学生进行危险活动，如擅自下河游泳、自行组织参与露营或者攀岩等危险户外活动。

八、支教注意事项

（一）工作中的注意事项

（1）遵守法律法规，尊重当地生活习俗，不介入当地居民的纠纷，不鼓动学生参与打架斗殴。

（2）端正支教态度，注意自身言行举止，待人礼貌，不说粗话，不打骂学生，不对学生进行人格侮辱，对孩子一视同仁，不搞特殊化。

（3）不随便接受当地居民的吃请和馈赠，不以团队及学校的名义进行任何欺诈性活动。

（4）做事善始善终，许诺学生、学校及团队的事情一定要认真及时完成。

（二）生活中的注意事项

（1）爱护学校及当地的公共设施和私人用品，一旦损坏按具体情况予以赔偿。

（2）节约用水用电，杜绝任何浪费，认真做好住宿地点的卫生工作，维持良好的卫生状况。

（3）遵守学校作息制度，按统一时间工作和休息，不影响他人休息，杜绝在宿舍内大声喧哗，不吸烟酗酒，不参与赌博。

（4）志愿者必须服从集体决定，落实各项制度规定，不搞个人自由化，队员之间必须相互理解、尊重、支持及合作。

（5）支教结束后必须将住宿地点打扫干净，物品整理到位。

（6）志愿者可在工作之余开展有意义的帮农助农活动。

（三）教学中的注意事项

（1）纯洁支教的意义和目的，不能超越师生关系。

（2）学生上课期间不能在校园内大声喧哗，在其他教师上课期间不能随便进教室。

（3）教学要有亲和力，语言通用普通话，用词通俗易懂，遇到语言沟通问题时要尽量耐心沟通讲解。

（4）备课要认真，教学严格落实计划。志愿者要及时反馈总结当天的情况，梳理临时发现的问题。

（5）教学内容需保证做到切合当地学生素质及教育条件。

第三节　学雷锋志愿服务活动

一、环境保护

环境是人类生存的基础，越来越多的事实证明环境的恶化给人类的生活带来严重的灾难。如何保护环境，实现社会的可持续发展，是地球上每一个人都必须认真考虑的问题。洁净、舒适、安全的校园环境不仅是我们学习生活的需要，也是陶冶情操的需要。营造优良的校园环境是我们每个人的神圣职责。作为新时代的大学生，我们有责任共同努力，从身边做起，从小事做起，积极为保护环境做一些有益的事情，相信我们明天的环境会更美好。

（一）环境保护的内容

保护环境的内容有自然环境保护、地球生物保护、人类环境保护和生态环境保护。

（1）自然环境保护。为了防止自然环境的恶化，保护山脉、绿水、蓝天、大海，不能私自采矿或滥伐树木，尽量减少乱排（污水）乱放（污气）、过度放牧、过度开荒、过度开发自然资源、破坏自然界的生态平衡等。

（2）地球生物保护。地球生物保护包括物种的保全，植物植被的养护，动物的回归，维护生物多样性，转基因的合理、慎用，濒临灭绝生物的特殊保护，灭绝物种的恢复，栖息地的扩大，人类与生物的和谐共处，不欺负其他物种，等等。

（3）人类环境保护。人类环境保护是指使环境更适合人类工作和劳动的需要。这就涉及了人们的衣、食、住、行、玩的方方面面，都要符合科学、卫生、健康、绿色的要求。地球上每一个人都有权利保护地球，也有权利享有地球上的一切，海洋、高山、森林这些都是自然，也是每一个人应该去爱护的。

（4）生态环境保护。濒临灭绝物种的保护：环境污染和生态破坏导致了动植物生活环境的破坏，物种数量急剧减少，有的物种已经灭绝。森林植被生态的保护：森林是生态系统的重要支柱，草原面临严重退化、沙化和碱化，加剧了草地水土流失和风沙危害。土地农业生态的保护：土地、耕地退化突出，由于农业生态系统失调，每年因灾害损毁的耕地损失严重。

（二）大学校园环境保护的意义

党的十九大以来，我国对教育事业的重视程度不断加大，科教兴国、文化强国的呼声前所未有地高涨，而作为最能集中体现学校风貌的校园环境，其受重视程度也会越来越高。良好的校园环境一方面可以让在校师生乐在其中，享受其清新的空气、愉悦的色调以保护美好的心情，也可以吸引大批校外摄影、观光爱好者。此外，校园环境做得好，还有很大的实用价值，如可以调节局部小气候、吸收粉尘噪声等。如武汉大学是一座极富历史性、学术性的高等教育学府，其校园环境建设古朴典雅，到处绿树成荫，芳菲盛开，其樱花道、樱花园更是吸引观光摄影者纷至沓来。这便是校园环境建设中成功的例子，其对武汉大学知名度的提升，对武汉大学全院师生荣誉感、凝聚力的提升和增强具有重要意义。

据报道，北京土生土长的1000多种植物中，有48种濒危物种被列为国家一级保护植物，包括麻核桃、青檀、大花银莲花、类叶牡丹、野罂粟、毛樱桃、野大豆、红花鹿蹄草等。中国绿发会曾经做过北京植物种类普查，植物物种消失速度也很惊人。如果把本地濒危植物移栽到校园中，就能从物种层面对保护生物多样性做出重要的贡献。像有的大学土地面积有限，可以充分利用屋顶，把建筑物的外墙垂直绿化、屋顶绿化，开拓校园绿化空间，突破大学校园占地局限，把绿色向空中拓展。这在建筑物降温隔热、节能减排、改善学校建筑周边小气候，以及缓解校园密集居住区的热岛效应、减少光污染等方面都有积极意义。

（三）大学校园环境保护中存在的问题

在环境保护中，普遍存在环保意识不够强烈、对环境保护的重要性认识不够到位的问题，而思想意识很大程度上影响着行为举止，导致在日常行动中的环保措施也做得不够细致。

首先，办公用品浪费严重。无纸化办公没有很好地落实在实际工作中，大量打印会议文件、学习文稿、请假条等，导致在办公中A4纸的大批量一次性应用，造成纸张严重浪费，不仅破坏生态环境，更影响到校园环境的建设。

其次，日常生活管控不严。外卖造成的过度包装会严重浪费自然资源，造成白色污染，这些都是不可降解的材料，对于校园环境的污染是长期的，难以消弭的。一次性餐具、长流水、长明灯等与环保密切相关的问题没有引起足够的重视。

图5-4 打扫环境卫生

再次，个人行为习惯较差。近年来，各高校加强了德育建设力度，在环境保护方面做出了较大的贡献。但随手乱扔果皮、纸屑、白色垃圾，随地吐痰，随地乱丢烟头的现象仍然存在，若清扫不及时，将导致垃圾成堆，恶臭难闻，严重影响校园环境建设。

（四）大学校园环境保护的改进对策

校园绿化修剪

一是要提高思想认识。保护好校园环境单靠一个或几个人没有多大效果，首先学校领导要高度重视，制定切实可行的措施，做到人人皆知，让每个人从思想上重视起来；其次要划分责任区，选定负责人，就是说各院（系）各年级，甚至各班划定卫生区，成立督查小组，选定小组长，负责每天的环境卫生维护工作。

二要严格绩效考核机制。成立检查小组，每周不定时对周围环境进行检查，若发现问题，则及时纠正并通知相应负责人整改，并做好记录，每月开会进行评比表彰，将环境保护纳入德育建设重要内容，为学年末评选选秀集体的重要指标。要制定科学的考核指标，推行有效的考核方案，得出人性化的考核结果，这样才能最大限度地保证环境保护方案的可行性。

三是严格落实环保措施。师生的行为对于校园环境保护起着决定性作用。在日常学习生活中，要养成保护环境的意识，要立即行动起来，关心、支持和爱护绿化，积极参与高等教育学校绿化建设和管理，例如：要爱护花草树木设施，有计划地分区域分品种种植树木、花草，对破坏绿化设施的行为要及时制止并举报；严格落实校园清洁卫生大扫除工作，特别注意水沟等一些卫生死角；养成良好的卫生习惯，不随意乱扔瓜皮果壳、烟头，不随地吐痰；不使用污染环境的产品，特别是要不使用一次性碗筷，减少订外卖次数，减少一次性餐盒使用量；勤俭节约，珍惜校园内的各种资源，不要在校园附近焚烧垃圾、树叶等物体。

二、尊老敬老

尊老敬老是我们中华民族的优良传统。使进入老龄阶段、病残、丧偶、丧失劳动能力、超过退休年龄而无法工作或生活无法自理的老人，得到家庭、社会的赡养，使老有所养、老有所医、老有所乐、老有所为、老有所教、老有所学、老有所依、老有所终。

从历史文化传承来说，尊老敬老爱老是中华民族的传统美德。

（一）尊老敬老的文化涵义

每一个民族、每一种文化，都有它的生命力，都有它独到的魅力，但是中华民族，以深挚的情感，凝聚起全中国十四亿人口，以及海外的广大同胞、侨胞，那些传统美德是功不可没的。

老人，为社会奉献，为家庭奉献，是知识的宝库，是智慧的钥匙，不仅养育我们，还以言传和身教向我们传播做人的道理。虽然我们有时候感觉老人的知识陈旧、思维方式过于正统古板，但是老人依然是我们心灵的最后的、最坚定的依托。我们在现实中碰壁之后，便会感受到老人传承的是至理名言，依然会感受到属于我们民族的内蕴的品质和理念。这是我们民族的魂，经由老人，再经由我们，一代一代地传承，引导我们的民族生生不息，巍然屹立于世界民族之林。

所以，政府关爱老人，社会关爱老人，家庭成员关爱老人，是绝对正确的，是应该的，而非独重阳（“敬老”）节使然。

关爱老人，就要敬重老人，尊重老人的思维方式和自主选择，就要提供更多的便利使老人感受到关爱，就要为老人创造更好的颐养天年的环境，让他们按照喜欢的生活方式生活，就要创造条件让他们树立起自己新的社会价值自信和家庭价值自信。

关爱老人，要从自己做起，从身边事情做起，从现在做起。

图 5-5　养老院尊老敬老活动

（二）尊老敬老经典事例

事例一

子路，春秋末鲁国人，在孔子的弟子中以政事著称，尤其以勇敢闻名。但子路小的时候家里很穷，长年靠吃粗粮野菜等度日。

有一次，年老的父母想吃米饭，可是家里一点米也没有，怎么办？子路想到要是翻过几道山到亲戚家借点米，不就可以满足父母的要求了吗？

于是，小小的子路翻山越岭走了十几里路，从亲戚家背回了一小袋米，看到父母吃上了香喷喷的米饭，子路忘记了疲劳。邻居们都夸子路是一个勇敢孝顺的好孩子。

事例二

包公即包拯（公元 999—1062 年），字希仁，庐州合肥（今安徽合肥市）人，父亲包仪，曾任朝散大夫，死后追赠刑部侍郎。包公少年时便以孝而闻名，性直敦厚。在宋仁宗天圣五年，即公元 1027 年，包公中了进士，当时 28 岁。先任大理寺评事，后出任建昌（今江西永修）知县，因为父母年老不愿随他到他乡去，包公便马上辞去官职，回家照顾父母。他的孝心受到了官吏们的交口称颂。

几年后，父母相继辞世，包公这才重新踏入仕途。这也是在乡亲们的苦苦劝说下才去的。在封建社会，如果父母只有一个儿子，那么这个儿子不能扔下父母不管，只顾自己去外地做官。这是违背封建法律规定的。一般情况下，父母为了儿子的前程，都会跟随去的。父母不愿意随儿子去做官的地方养老，这在封建时代是很少见的，因为这意味着儿子要遵守封建礼教的约束——辞去官职照料自己。历史书上并没有说明具体原因，可能是父母有病，无法承受路上的颠簸，包公这才辞去了官职。

不管情况如何，包公能主动地辞去官职，说明他并不是那种迷恋官场的人。对父母的孝敬也堪为当今一些素质低下的人的表率。以前的故事讲得最多的是包公的铁面无私，把包公孝敬父母的事情给忽视了。

事例三

东汉时的黄香，是历史上公认的“孝亲”典范。黄香小时候，家境困难，10 岁失去母亲，父亲多病。闷热的夏天，他在睡前用扇子赶打蚊子，扇凉父亲睡觉的床和枕头，以便让父亲早一点入睡；寒冷的冬夜，他先钻进冰冷的被窝，用自己的身体暖热被窝后才让父亲睡下；冬天，他穿不起棉袄，为了不让父亲伤心，他从不叫冷，表现出欢呼雀跃的样子，努力在家中造成一种欢乐的气氛，好让父亲宽心，早日康复。

事例四

在全国以实施“跨世纪教育工程”而著称的上海建平中学，一位 13 岁少年的题为《妈妈，我就是你的眼睛》的发言，使全国女市长考察团的 26 位成员潸然泪下。这位同学 9 岁时，母亲双目失明，他幼小的肩膀过早地承受了家庭的较多责任和义务，为了买一盘母亲喜欢的沪剧磁带，他利用休息日在上海的街头整整跑了 6 个小时！

【方案链接】

尊老爱老志愿服务活动方案

为大力弘扬中华民族尊老敬老的传统美德，推动志愿者服务活动在我校的持续开展，我校团委决定组织志愿者在 10 月 ×× 日开展志愿者活动，现将相关事宜通知如下：

1．指导思想

重阳节期间组织开展敬老爱老志愿服务活动，进一步弘扬中华民族尊老敬老的传统美德，大力培养我校学生“老吾老以及人之老”的道德风尚。

2．活动时间

202× 年 10 月 ×× 日

3．活动内容

组织志愿者到敬老院慰问孤寡老人，帮助敬老院打扫卫生，陪老人谈心聊天。

组织志愿者探望慰问我校部分退休教师。

4．活动安排

（1）敬老院慰问孤寡老人

时间：10 月 ×× 日上午 8 点 30 分

负责人：××××

参加人员：30名学生志愿者（自备清洁工具）

集合地点：灯光球场

报名：10月××日下午放学前到各班班长处报名，10月××日上午下课后各班班长将名单报学校团委。

（2）慰问学校退休教师

时间：10月××日上午8点30分

负责人：××××

参加人员：6名学生志愿者

慰问物品采购：×××、×××、×××

集合地点：灯光球场

报名：10月××日下午放学前到各班班长处报名，10月××日上午下课后各班班长将名单报学校团委。

5．活动要求

（1）统一认识，高度重视，精心安排，认真组织。

（2）要注意活动过程中的安全事项。

（3）要收集好各类资料并以新闻稿的形式及时上报校团委，校团委将通过校园广播、校报等形式进行宣传，以加强宣传，扩大影响力。

（4）活动结束后，以简报、总结等形式向相关上级部门汇报活动的开展情况。

三、校园绿化

（一）校园绿化的意义

1．校园绿化对学校的重要意义

校园绿化不仅具有美化校园、净化空气、调节气温、降低噪声、促进身体健康等多方面的功能，还能为广大师生员工创造一个清静幽雅、舒适安逸的学习、工作、生活环境，使之尽情享受大自然，从而激发起师生员工热爱自然、热爱学校、热爱生活、奋发向上的思想情感，这就是营区绿化的精神因素的作用，也是潜移默化、润物无声的环境育人功能。

（1）绿化是学校物质文明建设和精神文明建设的一项重要内容，学校的绿化水平可以从侧面反映学校的两个文明建设成果。

（2）绿化是学校进行教学、科研应具备的环境条件，有利于学校教学质量的提高。

（3）校园良好的绿化环境可供师生浏览、休憩，使师生获得良好的心理影响和美的享受，有利于陶冶师生的高尚情操。

（4）师生通过参与绿化美化活动，可以受到爱校爱集体的教育，可以得到体力和劳动锻炼。

（5）绿化可以增加师生的植物分类和栽培知识，给植物标以属类、名称、经济用途和生态习性，是第二课堂的有机组成部分。

（6）绿化可以柔和光线，消除眼肌疲劳，有助于防治近视眼。

（7）绿化有助于改善校园环境卫生，室外的清洁为室内的卫生提供了有利条件。

（8）绿化可以有效改善小气候，盛夏生荫降湿，严冬挡风御寒，还能起到一定的防风、防火、防灾的作用。

2. 校园绿化对学生的重要意义

在教育快速发展的今天，学校的育人体系不仅有"教书育人""服务育人""管理育人"等，环境育人也是极其重要的方面。校园环境是一种无声的、特殊的教育课堂，是重要的育人环境之一。绿化作为校园环境的一部分和校园文化的物质载体，在校园文化建设中发挥着积极的作用。

一是有利于促进学生健康成长。通过对植物生态功能的充分运用，不仅可以改变校园小气候，还可以提高师生的生活质量，从而为广大学生创造一个良好的学习环境。通过对乔木、灌木、草、花卉等进行有机组合，巧妙搭配，合理安排，营造出美丽的景观，展现植物本身独具特色的姿态、色彩、风韵之美，可以使学生在紧张繁忙的学习之余，放松身心、调节思绪、愉悦心情，从而促进学生的健康成长。

二是有利于培养学生审美情趣和艺术修养。优美的校园环境本身给人以美感，直观地呈现着崇高的审美理想和高尚的审美情趣。"近朱者赤，近墨者黑。""蓬生麻中，不扶自直。"这些是古人对环境育人的精辟阐述。环境育人的内容和效果不同于其他的教育形式，它通过审美过程使人产生心灵的震撼，通过美的享受和艺术的感染去净化心灵，陶冶情操，升华道德，最终使受教育者自然而然地接受教育。

三是有利于提高学生的人文素养。进行校园环境绿化时，通过将园林植物自身的文化性和校园环境结合，塑造人文环境，营造独特的风格、优雅的景观环境，赋予校园浓郁的文化气息，不断提升校园环境的文化品位，努力创建有魅力、有情趣、有时代特征的校园环境，让校园处处洋溢着人文精神的情怀，让人文精神如春风细雨般滋润着学生的心灵，使学生在优美环境中受到教育，提高人文素质，得到全面锻炼。

四是有利于推进优良学风建设。优美洁静、品位高雅、丰富多彩、文化氛围浓厚的校园环境，能够有效激发学生的求知欲望；幽静有序、布局合理的校园环境，更是学生潜心钻石、安心学习的有利场所。在喧闹的社会生活环境中，校园可以做到闹中取静，形成自己相对独立的、有利于学习的小气候、小环境，营造浓厚的学习氛围，推进学校优良的学习建设。

五是有利于规范学生的行为习惯。人能改造环境，环境也能改造人、影响人。校园环境绿化具有一定的审美价值，学生置身于清洁整齐、绿树成荫、花草芬芳、幽雅安静的校园中，美的情感就会从心底激射出来，美的想象就会纵情驰骋，美的感受就会得到升华。苏霍姆林斯基曾说："对周围世界的美感，能陶冶学生的情操，使他们变得高尚文雅，富有同情心，憎恶丑行。”优美的校园环境会对学生产生美的熏陶，使其心灵、行为、仪表变得更加美好，对形成学生高尚完美的人格起到潜移默化的作用；将花草树木人格化，不仅会使学生自觉地去爱护、去维护环境，还有助于学生文明行为习惯的养成，激发学生热爱生命、热爱生活、热爱自然、热爱校园的热情。优美宜人的环境可以抵制不符合环境氛围的思想和行为。一个清洁有序的校园，有利于学生公共道德、卫生习惯和环保意识的培养，一个优美、幽静的校园，可以提高学生的修养和文明程度。

图 5-6 校园植树活动

（二）校园绿化的特点

校园景观兼具美化和绿化效果。

（1）乡土树种，拥有地域特色。“一方水土养一方人”，同理，一方水土一方树。乡土树种是经过当地环境千百年历练出来的品种，环境适应性强。同时，这类苗木成活率高，可以减少后期维护成本。乡土树种还有一个不可多得的优点，即它本身包含着对当地历史文化的影射和浓缩，能够形成具有地域性特色的景观，从而加强学生对乡土文化的认同和自豪感。

（2）具有生态环保性。与学生朝夕相处的特性，决定了校园景观树种必须具有生态环保功能，即污染性少，抗污染性能高，少毛无刺，没有刺激性气味。这种生态性不仅强调树本身的环保性，也强调通过多样性的配置实现生态的平衡。比如通过草本类、灌木类和小乔木、大乔木这种多层次的搭配，不仅营造出视觉的美感，也维护了生态多样性，形成一种类自然的状态。

（3）美化功能。除了生态效果，校园景观树还要起到美化环境的作用，营造出视觉上的丰富美感，或者是树本身的或婉约、或硬朗的线条美，或者是通过孤植、列植、群植等多种景观配置方式来塑造的美。

（三）校园绿化苗木种类

校园是学生的主要学习和生活的场所之一，校园内环境建设的好坏直接对学生的身心健康产生很大的影响，校园内选择的绿化树种应污染性小，少毛无刺，没有刺激性气味，形态美、色彩美和气味美，同时还应具有一定的历史、文化内涵，对于草坪还需具有一定的耐践踏能力。

（1）具有深厚文化内涵的树种有：迎春、枫香、石榴、梧桐、白玉兰、桂花、梅、杏、海棠、牡丹、月季、松、柏、竹等。这些苗木有的沉积了深厚的文化内涵，有的成为美好愿望的象征。

（2）我国著名的特产树种有：珙桐（鸽子树）、银杏、金钱树、香椿、喜树等。

（3）具有很高观赏价值的孤植独赏树种有：雪松、金钱松、梧桐、三角枫、广玉兰、乌桕、香樟、国槐、榔榆、鹅掌楸、垂柳、七叶树、重阳木等。这些树种或具有端庄的树姿，或具有秀丽的叶形，或四季常青，或色彩艳丽，观赏特色各不相同。有些树种还可以三五株组合配植，形成一定的群体效果。其他可供选择的乔木有：榉树、朴树、枫杨、木瓜、合欢、九里香、黄连木、无患子、木荷、棕榈、白榆、刺槐、水杉、池杉、构树、油桐、梓树、大叶桉、白桦等。

（4）可选用行道树的树种有：香樟、乌桕、广玉兰、国槐、香椿、榔榆、鹅掌楸、梧桐、垂柳、龙柏、柳杉、樱花、圆柏等。

（5）常绿小乔木与灌木有：桂花、栀子花、海桐、小叶女贞、黄杨、雀舌黄杨、洒金千头柏、石楠、凤尾兰、南天竹、珊瑚树等。

（6）落叶花灌木有：紫荆、西府海棠、垂丝海棠、石榴、紫薇、紫叶李、碧桃、木槿、麻叶绣球、紫叶小檗、木绣球、无花果、鸡爪槭、山麻杆、紫丁香、金钟花、迎春、结香、紫穗槐等。

（7）藤本与竹类：藤本可选紫藤、扶芳藤、金银花、爬山虎、木通、大血藤、葛藤、南蛇藤、葡萄、常春藤等。竹类可选桂竹、刚竹、紫竹、罗汉竹等。

（8）绿篱与草坪：绿篱可选用海桐、小叶女贞、黄杨、瓜子黄杨等。草坪须选择较能耐践踏的品种，如结缕草、天鹅绒等。

（四）校园绿化养护方案及技术措施

1. 浇水排水

（1）原则：根据不同植物的品种、生物学特性、土壤结构、干湿程度、树木年龄、季节气候状况确定，做到适时、适量、不漏项，每次浇水要浇足浇透。"定根水"要现栽现浇，禁止栽植后浇水脱节。

（2）浇水次数：乔木不少于 4 次 / 年；灌木不少于 6 次 / 年；绿篱不少于 6 次 / 年；草坪不少于 24 次 / 年；盆草花不少于 48 次 / 年。如遇天旱年份，视土壤干湿程度和植物需水状况增加浇水次数。反季节栽植的植物和失水严重的植物增加叶面喷水。

（3）浇水量：乔木不少于 40 千克 / 株 / 次（胸胫 10 厘米以下）；灌木不少于 30 千克 / 株 / 次；色块灌木、绿篱不少于 30 千克 / 平 / 次；草坪不少于 20 千克 / 平 / 次；盆草花不少于 2 千克 / 平 / 次。大树依据当时天气状况和树木失水程度确定。地栽宿根花卉以土壤不干燥为准。如有灌溉系统浇水，每次开启时间不少于 30 分钟，以地面无径流为准。

（4）浇水时间：一般集中在 12 月至次年 6 月，以"过冬水""发芽水"和 4 月至 6 月"抗旱水”为主。夏天高温季节应在早晨和傍晚进行，冬天宜在午后进行。

（5）雨季应注意排涝，及时排出积水，保证绿地不因积水过多而造成涝灾。

2. 施肥

（1）原则：为确保绿植正常发育，苗木产品生长状况达到最优，需定期对绿植进行施肥，以保证植物生长所需养分。施肥原则根据植物种类、土壤条件、树龄、植物长势、肥料种类确定。

（2）施肥对象：生长不良的植物种类。

（3）肥料种类：分为基肥和追肥两大类。基肥一般选用有机肥，以充分腐蚀的有机颗粒肥最好，发厩肥。追肥选用复合有机肥或化肥，如尿素、磷酸二氢钾及新型花木复合肥。

（4）施肥时间：基肥在每年 12 月至次年 2 月植物休眠期内进行。追肥在每年 3 月至 9 月生长期内进行。花、灌木在开花后，施一次以 P、K 为主的追肥，补充花芽分化所需养分。

（5）施肥方法：基肥与土拌和后埋入土层下并覆土，树木采用环状沟施肥；追肥采用撒施或溶解后喷施。

（6）注意事项：花灌木追肥时，不得使肥水溅污花、叶；化肥应根据说明书规定的用量充分溶解后施用；新栽植物受伤根系未愈合前，不施肥；草坪修剪一周后才能施肥；追肥施用后要及时浇水，避免因肥过多造成肥害；施肥结合松土、浇水进行。

3. 病虫防治

（1）原则：贯彻“预防为主、综合防治”的植保方针，正确掌握苗木植物病虫发生规律，在预测、预报信息指导下做好苗木植物病虫防治预防工作。勤检查、勤观察，已发生过的病虫及时治理，防止蔓延成灾，力求将病虫害发生率控制在 10% 以下。

（2）病虫防治方式：药物防治，根据不同苗木植物种类、病虫种类和危害程度以及环境条件，正确选用农药种类、剂型、浓度和使用方法，以低污染、高效率的农药为主，使之既能充分发挥药效，又不产生药害，同时减少对人和环境的污染。

（3）施药方法：喷药成雾状，做到向植物施药由内向外，由下向上。叶面叶背喷药均匀，不留空白。对药械难以喷到顶端的高大乔木用树干注射法防治。地下害虫或药物难以防治的害虫，用人工挖除或刮除方法防治。

（4）施肥时间：喷药在无风的晴天进行，阴雨或高温炎热的中午不宜施药。喷药防治病虫选择病虫造成危害前进行，害虫在孵化期或幼虫三龄期前进行，真菌病害在孢子萌发或侵染初期进行。

（5）施药注意事项：注意行人安全，避开人流高峰，同时施药人员穿戴防护用具；喷药范围内有食品、水果等存放物，待移走或遮盖后进行；喷药后立即清理药械，禁止乱倒残液；人工刮除树干虫体，要求彻底干净，不损坏树皮，病虫枝及时销毁；妥善保管农药、药具。

4. 修剪

（1）原则：依据植物习性、设计意图、养护季节、景观效果确定，以达到均衡树势、调节生长、姿态优美、枝繁叶茂的目的。

（2）修剪种类：包括除芽、去糵、摘心摘芽、疏枝、短截、整形、修冠等修剪技术。

（3）养护修剪：分为常规修剪和造型（整形）修剪两类。常规修剪以保持自然树形为基本要求，按照“多疏少截”的原则及时剥芽、去糵，合理短截并疏剪内膛枝、重叠枝、交叉枝、下垂枝、腐枯枝、病虫枝、徒长枝、衰弱枝和损伤枝，保持园林树木内膛通风透光，树冠丰满。造型修剪的剪、锯、捆、扎等手段，将树冠整修成特定或要求的树形，达到外形轮廓清晰、表面平整、圆滑、不露空缺、不露枝干、不露捆扎物。

乔木修剪：只进行常规修剪，对主侧枝尚未定型的树木采用短截技术，逐年形成三级分枝骨架。庭荫树分枝点随着树木生长逐年提高。行道树在同一路段分枝等低，树高、冠幅、大小基本一致。

灌木修剪：保持自然姿态，疏剪过密枝，保持内膛通风透光。对丛生灌木的衰老主枝，本着“留新去老”的原则培养徒长枝或分期短截老枝进行更新。观花灌木和观花小乔木的修剪要根据花芽发育规律，对当年新梢上开花的花木于早春萌发前修剪，短截上年的已花枝条，促使新枝萌发。对花率低的老枝进行逐年更新，在多年生枝上开花的花木，要培养老枝，剪去过密新枝。

绿篱和造型灌木（含色块灌木）的修剪：按照规定的形状和高度修剪。每次修剪要保持形状轮廓线条清晰，表面平整、圆滑。修剪后新稍生长超过 10cm 时，进行第二次修剪。若生长过密影响通风通光，要进行内膛疏剪。当生长高度影响景观效果时进行强度修剪，强度修剪宜在休眠期进行。

腾本修剪：腾本每年常规修剪一次，每隔 2 ～ 3 年理腾一次，彻底清理枯死藤蔓、理顺分布方向，使叶幕分布均匀、厚度相等。

盆草花的修剪：掌握各种花卉的生长开花习性，用剪稍、摘心等方法促使侧芽生长，增多开花枝数。不断摘除花后残花、黄叶、病虫叶，增强枝繁叶茂的观赏效果。

草坪修剪：草坪修剪高度应保持在 6 ～ 8cm，当草高超过 12cm 时必须进行修剪。混播草坪修剪次数不少于 20 次 / 年，结缕草不少于 5 次 / 年。

（4）修剪时间：落叶乔木、灌木在冬季休眠期进行，常绿乔木、灌木在生长间歇期进行，亚热带植物在早春萌发前进行。绿篱、造型灌木、色块灌木、草坪等按设计要求进行。

（5）修剪次数：乔木不少于 1 次 / 年，灌木不少于 2 次 / 年，绿篱、造型灌木不少于 12 次 / 年，色块灌木不少于 8 次 / 年。

（6）修剪注意事项：修剪的剪口或锯口要平整光滑，不得劈裂、不留短桩。修剪残留物要及时清运；修剪应按技术操作规程的要求进行，注意行人和自身安全。

5. 松土、除草

（1）松土。

时间：4—10 月，在浇水后地面板结时和夏季大雨后进行松土，保持土壤疏松。

松土机具：锄头或打孔机。

松土深度：5 ～ 8cm。

松土次数：乔木 1 次 / 年，花坛 2 次 / 年，草坪打孔 1 次 / 年。

注意事项：松土不伤苗木根，不留空白。

（2）除草。

原则："除早、除小、除了"。

方式：人工清除，即用锄头挖松表土，清除杂草或人工扯走杂草。药物除草，即使用化学除草剂清除杂草。

注意事项：捡除草根，抖掉土，刨平地面；花坛除草不得损坏花枝；除掉的杂草集中堆放，并及时清运；化学除草要先经过小规模试验，成功后再大面积应用，并正确掌握除草剂的使用方法和剂量，不造成药害。

6. 补植

（1）随时保持绿地植物种植数量，缺株少苗时要适时补植。

（2）补栽使用同品种、基本同规格的植物。

（3）补栽后按特殊养护方法加强管理，确保成活，达到景观效果。

（4）草坪秃斑随缺随补，保住草坪的覆盖度和密度，以点栽、补播或铺装等方法补栽。

7. 扶正、支柱

（1）扶正。乔木倾斜度超过 10° 时要进行扶正，落叶树在休眠期进行，常绿树在萌芽期进行，如遇自然灾害或人为损坏要及时扶正。扶正前后疏剪部分枝叶或短截，确保扶正乔木的成活。

（2）支柱。新栽大树和扶正后的树木要进行支柱。支柱要求：同一路段或区域内的支柱材料应尽量统一；支柱应整齐规范；支柱着力点与树干接触处铺垫软质材料，减少树皮损伤；支柱着力点大于或等于树高的一半以上，以牢固不松动为准；勤检查，平时要对树木的支柱勤检查，每年雨季前对支柱进行一次全面检查，对松动的支柱及时加固，对嵌入树皮的捆扎物及时解除。

8. 绿地容貌

（1）随时保持绿地清洁、美观，做到全天候清扫保洁，重复地段或人员活动频繁的区域于当日上午 9 时前完成普扫。

（2）及时清除垃圾、砖头、瓦块、枝叶等废弃物，做到日产日清。

（3）绿地所有设施设备每周至少擦洗 2 次，如有水池景观，随时打捞水面漂浮物。

（4）及时清除绿地设施上的乱涂乱画。

（5）及时清运维护管理清除的废弃物，现场堆放时间不超过当晚。

（6）如因天旱树木枝叶积尘较多，应防止积尘堵塞植物气孔和影响绿地容貌。

四、国防教育

（一）国防教育的基本问题

国防教育是内涵十分丰富的社会活动，关系到国家的安危存亡。其基本问题主要有国防教育的指导思想、方针和原则，国防教育的基本特征，国防教育基本规律，国防教育体制，国防教育的内容、形式和方法，国防教育法律法规，国防教育的地位作用，等等。

1. 指导思想、方针和原则

不同国家有不同的国情和文化传统，有不同的军事战略和国防指导思想，国防教育的指导思想、方针和原则也有很大差别。

国防教育指导思想是指导国防教育活动的基本思想和观点。制定的依据是一定历史时期内国家的政治、经济、军事、外交的客观实际，军事战略，国防教育的客观规律等。国防教育指导思想不是一成不变的，而是随着社会生产力的发展和军事战略的变化经常进行调整和改变的。中国现阶段国防教育指导思想是以马克思列宁主义、毛泽东思想、邓小平理论、“三个代表”重要思想、科学发展观为指导，深入学习贯彻习近平系列重要讲话精神，坚持围绕实现中华民族伟大复兴的中国梦和党在新形势下的强军目标，着眼维护国家主权、安全和发展利益，坚持以爱国主义为核心，紧贴形势任务，丰富教育内容，突出教育重点，创新方法手段，推进全民普及，努力使关心国防、热爱国防、建设国防、保卫国防成为全社会的思想共识和自觉行动，为建设和巩固国防奠定坚实思想基础，为全面建成小康社会提供强大精神动力。

以《中华人民共和国国防法》《中华人民共和国国防教育法》《全民国防教育大纲》等法律法规为依据，以领导干部、青少年学生和民兵、预备役人员为重点，以军地资源和社会力量为依托，不断推动国防教育创新发展，切实增强全民国防观念，增强民族凝聚力、向心力，为促进国防建设与经济建设协调发展，实现富国和强军的统一营造良好的社会氛围。

国防教育方针是一定历史阶段指导国防教育活动的方向和目标，是国防教育政策的高度概括。它根据国防教育指导思想，着眼于国防建设及战争的发展变化制定。《中华人民共和国国防教育法》规定，中国现阶段的国防教育贯彻全民参与、长期坚持、讲求实效的方针。

国防教育原则是国防教育活动遵循的基本准则。它根据国家教育的指导思想、方针、目的和教育规律与特点，国防教育的指导思想和方针制定。中国现阶段国防教育实行经常教育与集中教育相结合、普及教育与重点教育相结合、理论教育与行为教育相结合的原则。

2. 基本特征

国防教育既是国防建设的特殊领域，又是教育领域的特殊方面，具有与其他国防活动和教育活动不同的特征。基本特征如下所述。

（1）长期性。国家是阶级矛盾不可调和的产物，战争是人类社会集团之间为了一定的政治、经济目的而进行的武装斗争。只要还存在着阶级和阶级矛盾，只要国家没有消亡，战争的危险还没有消除，国防就会存在，国防教育活动就将继续下去，这是不以人的意志为转移的。对于任何国家和民族，有备才能无患，只有广泛深入地进行国防教育，做好思想和物质上的充分准备，才有可能遏制侵略战争，才能在战争爆发时有序地转入战时体制。对于民众个人，国防教育应该贯穿一生。国家的国防形势不断变化，国防知识和国防科学技术不断发展变化，国防教育必须长期坚持，不断更新和发展。

（2）阶级性。国家是一个阶级压迫另一个阶级的工具，是为统治阶级利益服务的。国防对外抵御侵略，维护国家主权和领土完整，对内镇压敌对势力和敌对分子，维护统治阶级的利益。国防教育作为统治阶级意志的体现，必然贯彻统治阶级的主张，宣扬统治阶级的观念。不同的国家代表不同阶级的利益，必然会有不同的国防教育。

（3）多样性。国防教育的主体有各级政府、军事机构、学校、企业事业组织、社会团体和家庭等。国防教育的对象是全民，包括各个民族、各个阶级阶层、各个社会集团，以及各种职业、各个年龄段的民众；国防教育内容主要包括国防的思想、理论、知识、技能等，涉及人文科学、自然科学和工程技术的诸多学科；国防教育形式包括学校教育、社会教育，涉及军事训练、教育、宣传、艺术等多个领域。

（4）强制性。国防教育是公民必须履行的特殊义务。普及和加强国防教育是全社会的共同责任；公民不分性别、民族、年龄、种族、信仰、职业、文化程度，都应接受国防教育；不履行国防教育责任和义务的，将受到法律制裁。

3. 基本规律

国防教育受到战争需求和发展的影响，并受到国防建设目标和环境的制约。国防教育作为教育的特殊领域，是在国民教育的基础上实施的，大量运用一般教育的方式、方法和技术手段。从国防教育总体上来说，国防教育基本规律主要有：国防教育与生产力发展水平相适应，国防教育与国家政治制度相适应，国防教育与国家安全环境相适应，国防教育与军事战略相适应，国防教育与国民教育发展水平相适应，等等。

4. 教育体制

国防教育体制是指国防教育的组织机构设置及其职能划分、相互关系，以及相关的制度。各国的国防教育体制不尽相同，多数国家的国防教育寓于国民教育和军事教育之中，采取由政府和军队组织领导，由地方政府、部队、学校、企业事业组织、社会团体、传播媒体等共同实施的体制。中华人民共和国的国防教育体制是国务院领导全国的国防教育工作，中央军事委员会协同国务院开展全民国防教育。地方各级人民政府领导本行政区域内的国防教育工作，驻地军事机关协助和支持地方人民政府开展国防教育。国家国防教育工作机构规划、组织、指导和协调全国的国防教育，县级以上地方负责国防教育工作的机构组织、指导、协调和检查本行政区域内的国防教育工作。国家机关和武装力量、企业事业组织、社会团体和城乡居民组织负有开展基层国防教育的职责。文化、新闻、出版、广播、电影、电视、报刊等部门和单位采取多种形式向社会普及国防教育。各级各类学校把国防教育列入学校的工作和教育计划。人民解放军和武警部队在做好自身国防教育的同时，协助和支持地方开展国防教育。

5. 内容、形式和方法

国防教育的内容主要包括国防理论教育、国防精神教育、国防历史教育、国防形势教育、国防政策教育、国防科技教育、国防法制教育、国防常识教育，军事技术战术训练等。主要形式和方法有学校教育、社会教育、网络教育、基地训练、培训轮训、媒体宣传，以及各种与国防有关的座谈会、讲座、竞赛、文艺和娱乐活动等。

6. 法律法规

国防教育法律法规包括国家和地方政府及相关职能部门制定的与国防教育有关的法律、法令、条例、规章、规定、章程等。世界上许多国家都有国防教育方面的法律法规。有的是独立的法律法规，如美国的《国防教育法》；有的包含在相关的法律法规中，如俄罗斯的《俄罗斯联邦国防法》中，就有国防教育方面的条款。中国重视国防教育法律法规建设，《中华人民共和国国防教育法》是中国国防教育的基本法律；在《中华人民共和国国防法》《中华人民共和国兵役法》《征兵工作条例》等法律法规中，也有国防教育的相关内容；还有相关职能部门制定的有关国防教育的规章，已形成比较完整的国防教育法律法规体系。

7. 地位作用

国防教育有利于强化全民的国防观念和国防能力，有利于提高民族凝聚力和民族素质，有利于促进社会进步和稳定，对于增强全民国防观念、打牢国防基础、提高国家的国防能力至关重要。

（1）警示作用。通过开展国防教育，启发引导全民勿忘国耻、牢记教训，破除和平麻痹思想，清醒地认识国家所处的战略环境和面临的安全形势，正确地认识与发达国家之间的差距，对来自不同方向的现实与潜在的各种威胁，在思想上保持高度警惕，在行动上自觉团结和组织起来，做到防患于未然。

（2）导向作用。通过开展国防教育，在全社会营造关心、热爱、建设、保卫国防的良好氛围，启发引导全民积极承担和履行国家法律赋予的义务，发扬爱国尚武精神，抵制各种错误观点和思想的影响，以英模为榜样，在祖国需要之时敢于挺身而出，为国防建设做出贡献。

（3）培育作用。通过开展国防教育，培养造就忠于国家民族、甘于为国奉献的人。强化全民国防意识，激发爱国主义精神，提高全民综合素质。特别是现代国防知识，涉及诸多学科领域，既有思想理论层面的内容，也有需要实际操作掌握的技能。通过系统教育训练，可使人实现全面发展。

（4）保证作用。通过开展国防教育，使全民具有统一的思想基础、协调的行动能力，保证最大限度地发挥各阶层、各团体、各民族的力量，共同抵御外敌和应对危机，推动国防建设加速发展。

8. 国防教育的形成与发展

国防教育可以追溯到原始社会末期氏族部落的军事教育。原始社会末期军事民主制时期，战争频繁，氏族成员自小就从成年人的战争活动中培养为氏族部落利益而战的观念和勇猛精神，习得军事技能。有些氏族部落分为两个集团或有专门的教育机构、组织，氏族成员成年前，在第二集团或教育机构、组织中接受包括军事教育在内的各种原始的教育和训练，如骑马、射箭、角力、使用武器等。成年后，进入由成年人组成的第一集团，参与生产劳动和作战。有些氏族部落的狩猎、模拟战争活动的舞蹈、简单的军事训练，也起到军事教育的作用。国家产生后，早期的国家大部分处于统一、扩张和周围氏族部落的频繁袭扰之中，氏族部落军事教育逐步转变为国防教育，并随着国防和教育的发展不断演变，经历了漫长的历史过程。

（二）中国的国防教育

1. 中国古代的国防教育

中国的国防教育历史同中国教育历史一样源远流长。

中国早在夏朝，就出现了国防教育。《孟子》记载，夏商周设庠、序、学、校以教之。商朝，据甲骨文记载："丁酉卜，其呼以多方小子小臣，其教戒。"(《殷契粹编》第114页第1162片)"教戒"兼指习武与习舞。"国之大事，在祀与戎"的思想代代相袭，是国防思想教育的核心。习射是国防技术教育的重要内容，教育对象是奴隶主贵族子弟。西周初期，在王城和诸侯国都，出现了国学和乡学，以习武为主，教师可能由军官担任，"师"字即源于军旅和军官的称谓。教育对象以奴隶主贵族子弟为主，教育形式主要是射鱼、射鸟和驱车围攻野兽等近似实战的演习。西周中期，政治、经济、文化有了很大发展，学校的教育内容有所增加，礼、乐、射、御、书、数为基本内容，射、御等仍是国防教育的重要内容。

春秋战国时期，奴隶社会向封建社会转化，官学废而私学兴，诸子百家开学授徒，国防思想逐步系统化、理论化，流派纷呈，并成为国防教育的重要内容，国防理论教育的地位明显上升。以鬼谷子传授兵学为代表，兵学及其传习，是国防教育的主干；诸子百家均论述和讲授与国防有关的内容，是国防教育的补充。教育对象不再限于奴隶主贵族，而扩大到士。教育形式也不局限于射猎，课堂传授和推演战阵占据越来越重要的地位。

秦汉时期，"大一统"的思想观念是国防思想教育的核心。秦朝，禁私学而以吏为师，国防理论教育的内容主要是相关的法令，强调的是守法与惩处，国防知识和技能的教育则主要由军队组织实施。汉代，官学兴盛，私学复兴，出现"学校如林，庠序盈门"的盛况，儒学成为显学、独尊之术，大多学校以儒家经典为教学内容，国防知识和军事技术的教习由军队组织实施。汉代长期实行征兵制，适龄男子在应征期间接受正规军事训练是国防技能教育的重要形式。

唐朝，国家统一强大，经济文化昌盛，崇儒兴学，武举与学校并举。儒家思想既是教育的基本内容，也是国防思想教育的核心，强调"安不忘危"。国防教育对象主要是封建贵族和普通农民。国防教育形式主要是学堂授课和军事训练。唐朝实行府兵制，国防技能教育和军事训练主要由各级军府组织实施。

辽宋金夏时期，民族矛盾尖锐，战争频仍，国防教育再度受到高度重视。宋朝虽重文抑武，但民间有尚武之风。武学兴起，武科举成为制度，兵书编纂成就斐然，国防理论教育的地位更加突出。国防思想教育的核心是以程朱理学为代表的儒家思想，"忠君报国"的思想观念深入人心。国防教育对象主要是封建贵族官僚的子弟、知识分子和普通农民。国防教育的组织主要是武学和军队，还有许多乡村地主自办的武装传授武学，岳飞就是在民间学武而成的。辽金夏原始社会遗风浓烈，全民尚武，举族为兵，军政一体，国防教育对象包括多数臣民，组织以军队为主，国防思想教育和国防技能教育合为一体。

元明时期及清前期，儒家学说及其"大一统"的观念在国防思想教育中起着重要作用。一般学校教育在国防思想教育方面起主要作用，国防技能和军事技术训练由军队等军事组织实施，如明朝全国卫所皆设的武学，清朝的八旗、绿营以及湘军和淮军等勇营，在战术和军事技能的教育训练中发挥主体作用。

2. 中国近代的国防教育

第一次鸦片战争后，中国民族矛盾日益尖锐，逐步陷入列强环伺的民族危机之中，屡次遭受外国列强的侵略和欺侮，国内爱国热情高涨。清王朝被迫效仿西方，引进西方先进军事装备和军事技术，创办新式军事学校，派遣留学生。后又实行新政，建立新军，实行新的兵役制度。以孙中山为首的革命党人，以三民主义思想为核心，号召推翻清王朝，建立资产阶级民主国家。一些仁人志士也为传播救亡思想奔走呼号，组织了军国民教育会。自此，国防教育核心内容从维护封建国家变为推翻封建国家，建立资产阶级国家；国防教育形式也有所丰富，新式学校、报刊等媒体的作用越来越突出，国防技能教育基本实现了从古代向近代的转变。这些措施和活动客观上使国防教育的对象有所扩大，内容有所更新，方式有所改变。

"中华民国"时期，建立各种军事学校，在普通学校和民间开展以爱国主义为主的国防教育，报刊、戏剧演出等活动都能发挥国防教育的作用。"五四"运动是一场著名的爱国运动，也是一场声势浩大的国防教育运动。抗日战争时期，国民政府主张抗日守土人人有责，组织了一些学生、市民和工人进行军事训练。许多爱国人士、海外侨胞为救亡图存大声呼号，提出教育救国主张，出版国防教育课本和专著，大力推动国防教育发展。中国共产党从建立时起就以救亡为己任。在抗日根据地实行民主改革，把减租减息、政治民主同国防教育紧密结合在一起，把实行国防教育政策写进党的决议，在陕北公学设置了国防教育系，成立了国防教育研究会。抗日根据地的各级党政军组织都下大力气对民众进行国防教育，学校教育、街头活报剧、宣传栏和黑板报、根据地报纸、各种会议，成为国防教育的常用载体，到处涌现出"母亲教儿打东洋，妻子送郎上战场"的场面，老百姓热爱、支援和掩护八路军、新四军的事迹层出不穷，国防教育取得了从未有过的效果，成为当时中国乃至世界的楷模。标语传单、街头演出和演讲、电台广播、戏剧电影等都是国防教育的重要载体。但国民党实行片面抗战政策，未能充分调动人民的抗日热情，国防教育的相关法规和措施并没有真正落实，所进行的国防教育有很大的局限性。

3. 中国现代的国防教育

中华人民共和国成立初期，受到帝国主义发动侵略战争和国民党军窜犯侵扰的严重威胁，反对帝国主义可能发动的侵略战争和保家卫国成为建国以后相当一段时期内国防教育的核心。国防教育的主要内容有帝国主义侵略本质的教育、社会主义制度优越性的教育、革命英雄主义教育等，强调全面战争的危险性，准备早打、大打、打核战争和对付霸权主义、帝国主义的突然袭击，以及必要的军事知识和人民防空知识。国防教育对象是全国人民，以军队和民兵为重点。国防教育形式主要是形势教育，军事技术的训练除军队外，以民兵为主；中国共产党、政府、军队、学校、社会等都参与国防教育的组织实施。

中国共产党十一届三中全会后，党和国家的工作重点转变到经济建设上来，国防建设的指导思想从临战状态转变到相对和平时期的国防建设上来，国防教育发展到一个新阶段，国防教育逐渐制度化、规范化。每年结合征兵工作，对兵役法进行广泛的宣传；大专院校开设了必修和选修的国防理论、国防知识课程，大专院校的学生军训成为制度；国防教育的内容以爱国主义教育为核心，面向现代化，面向世界，面向未来，强调务实性、针对性，逐步系统化、理论化，从应战的知识技能转变为全面提高人民的政治、军事、文化、身体素质；国防教育形式包括所有现代教育的形式，多种文学艺术形式，各种媒体宣传形式和信息传播形式，多种军事训练形式；国防教育的组织实施更加社会化，包括了各级中国共产党委员会、政府、军队组织，各种教育组织，各种宣传和新闻机构，以及社区和家庭，逐步建立起以国家为主导、军队为骨干、社会为课堂、学校为基地、家庭为依托的国防教育网。2001 年 4 月，第九届全国人民代表大会常务委员会通过《中华人民共和国国防教育法》。2002 年 4 月，成立国家国防动员委员会国防教育办公室。国家国防动员委员会于 2006 年 11 月颁发、2014 年修订《全民国防教育大纲》，全国的国防教育组织领导更加有力，宣传教育活动广泛深入，20 多个省（自治区、直辖市）创办了国防教育报刊，一些地、市开办了国防教育网站，许多地方和单位定期、不定期组织国防教育活动，国防教育正随着国防和教育的现代化，随着社会的飞速发展与进步，向更新的高度迈进。

（三）世界其他国家的国防教育

在世界其他国家，国防教育也有着悠久的历史。早在古代希腊，斯巴达的男孩在幼小时就练习吃粗粮，培养吃苦精神。7 岁即离开家庭，编成少年队，由长老会负责，开始体育锻炼，并参加初步军事训练。20 岁时正式参加军事训练。30 岁成为公民，参加作战。成年男子组成密集军与民众大会，终身参加军事训练，不从事生产。在雅典等其他城邦，儿童 7 岁进文法学校，13 ～ 14 岁部分人进入体育学校，练习马术、剑术和专门军事技术，学习哲学、政治、文学、演说等。年满 18 岁，体育学校毕业可升入埃弗比团，再接受 2 年高级军事教育。20 岁成为公民，可任官吏或军职。

公元 5 世纪起，欧洲分裂为许多封建领主的领地，国家观念削弱，学校教育衰落，军事教育主要是骑士教育。教育形式是等级较低的封建领主的男孩，年满 7 岁被送进等级较高的封建主的宫廷做侍童，接受教育，培养忠于领主的观念。14 ～ 21 岁充任侍卫，伴随主人远征和打猎，并受军事训练。军事教育内容包括骑马、投枪、击剑、打猎、游泳、弈棋等。年满 21 岁，授骑士封号，成为新的骑士。12 ～ 13 世纪，大学在欧洲出现并逐步增多。14 ～ 15 世纪，文艺复兴时期，现代科学逐步出现，学校教育也获得长足的发展。一些学校开设有军事训练课程，内容与骑士的军事教育大体相同。17 世纪初期，俄国设立“数学、机械和经济实科学校”，教学内容中有军事内容，培养海员、工程师、测量员、炮兵人员和其他专家，之后，又开办了工程师学校、炮兵学校、海军学校等军事院校。17 世纪，德国创设武士学校，接收贵族子弟，培养文武官吏和外交人员，课程有数理机械等实科和军事学。同时，英国为贵族子弟服务的 9 所公学中，体育和军训课程也受到重视。

资本主义国家出现，特别是工业革命后，随着生产力的提高、战争的演变及教育的发展，大多数学校由教会转由地方政府设立和维持，公立学校迅速在资本主义国家普及，初等、中等、高等教育构成的教育体制逐步形成，国防教育的内容、形式、方法都发生巨大变化：国家观念、爱国主义、探险与扩张精神成为国防思想教育的核心，渗透到各种教育之中，有些时期、有些国家，如 18 世纪中期以后的德国，明治维新以后的日本，整个国防教育中充满民族主义、军国主义、法西斯主义，为发动侵略战争进行思想准备。机械化战争的知识和技术成为国防教育的主要内容，学校和军队的军事教育取代骑士教育，并辅之以各种社会教育，出现了童子军、妇女组织、军事或军体俱乐部等多种国防教育组织。

1917 年俄国十月社会主义革命后，苏俄全面改革教育，学校由政府设立，学制逐步规范化，并且迅速普及。国防教育以在校学生为主，并且通过少年先锋宫（馆）、儿童俱乐部、儿童电影院、儿童旅行站、儿童图书馆等对少年儿童进行国防教育。在苏联，无产阶级的爱国主义、国际主义、英雄主义成为国防教育的核心。苏德战争期间，各级院校对学生普遍进行军事训练，学生广泛参加构筑防御工事、人民防空、演习、生产、社会服务工作等，敌后的学生有些还直接参加了抵御德军的作战。

当代，世界许多国家都十分重视国防教育。主要做法如下所述。

国防教育制度化、法规化。许多国家颁布法律法规，确立国防教育在国家生活中的地位，建立多种制度，保证国防教育的实施。相关的法律法规主要有 4 类：宪法等国家基本法律中，对国防教育做出宏观的、基本的规定；专门的国防教育法律法规，如美国的《国防教育法》等；军事法律法规中与公民接受国防教育相关的法律法规，有俄罗斯的《俄罗斯联邦国防法》《俄罗斯联邦兵役义务与服役法》《俄罗斯联邦军人地位法》等，瑞士的兵役法，主要对军人、预备役、民兵等武装力量和后备力量的国防教育做出规定；教育法律法规中，对国民特别是在校学生的国防教育做出规定。美、俄、法、德等国实行的国防教育制度，主要包括公民参加军训的制度，公民服兵役的制度，学生参加军事训练的制度，在“国防日”开放军队的一些单位、设施设备供民众参观的制度，等等。

对国民进行普遍的爱国主义教育。世界许多国家把爱国主义作为国防教育的基础与核心。通过各种方式宣传国家与民族的光荣历史、为国家与民族做出杰出贡献的人物及其抗击外国侵略的英雄事迹；宣传本国社会制度的优点，国家与民族的光荣传统；宣传国家利益与个人利益的关系；宣传本国发展与强大的必要性及其所面临的威胁。目的是激发国民的国家观念和民族意识，激发国民的爱国热情，为进一步的国防教育打下基础。

根据国防建设的需要，对部分或全体民众进行一定的军事理论教育和军事技术训练。在人口较少、实行全民皆兵制度的国家，如瑞士、瑞典、朝鲜等国，对全民进行普遍的军事理论教育与军事技术训练；在人口较多、实行征兵制特别是募兵制的国家，主要对预备役人员及后备力量进行军事训练。

重视对学生进行国防教育。有些国家把国防思想教育融于文化教育和其他教育之中，按照不同阶段学生的特点进行一定的军事知识和军事技能训练，从多方面向学生潜移默化地灌输和强化爱国思想。法国从 1998 年起，在中学增设国防教育课，以增强学生的国防意识。美国在许多大学设立军官训练团，设置相关课程，对学生进行相当的军事理论教育和军事技术训练，注重提高他们的作战和指挥能力。在公立与私立中学开设后备军官训练团初级部，以提供选修课和初级职业军校的形式对参加活动的中学生进行军事教育与训练。有些国家在中小学开设国防教育课，对中小学生进行传统教育和历史教育，进行军事基础知识和军事技能的教育和训练。

军队等武装力量在国防教育中发挥重要作用。世界各国在国防教育中都十分重视发挥军队的优势。在俄罗斯，规定普通中学、各类技校和专科学校的学生每年都要到附近的军队基地接受军事训练，国家杜马议员到有关军事院校的训练基地进行军事训练。军事院校与地方大学建立联系，派教官到地方大学开展军训和国防教育。在法国，高等国防研究院每期招生中，军官、政府高级官员、其他社会人士各占1/3，进行较为深入的国防教育；军队经常主动邀请媒体对其活动进行报道，宣传国防与军队，扩大社会影响，发挥军队在国防教育中的作用。

通过多种形式对国民进行国防教育。世界各国通过各种媒体和渠道，采用多种宣传形式和文学艺术形式对国民进行国防教育。美国的各种新闻媒体非常注重宣传美国的国家观念，宣传英雄主义精神，歌颂为国家利益献身的精神。俄罗斯利用战争纪念日组织大型纪念活动，并通过电视、报刊、网络等媒体进行大规模报道，在城市重要地点和场所建立著名军事统帅和民族英雄塑像，对民众进行国防教育。各国采取的教育形式主要有广播、电视、报刊、网络宣传、学校课堂讲授、学生军训、社区和各种社会团体组织的宣传教育活动等；艺术形式主要有电视剧、电影、小说、诗歌、歌舞、戏剧、绘画、雕塑等。此外，还有各种纪念活动、祭奠活动、宗教活动等。

图 5-7　大学生国防教育

（四）国防教育的发展趋势

进入21世纪，以信息技术为核心的新军事革命还在演进，战争形态将进一步变化，世界“一超多强”的战略格局已形成，和平与发展成为世界发展的主流，但战争的危险仍然存在，国防教育的内容、重点也将随之改变。世界的教育也在飞速发展，国防教育的理念、形式和方法将发生巨大变化。

1. 国防教育与国民教育的结合将更加紧密

各国都逐渐把国民的素质，特别是科学技术水平放在国家发展的重要地位，把素质教育和科学技术教育放在国民教育的重要地位，把国防教育纳入国民教育的轨道，贯穿于初等、中等和高等教育之中，把国防教育的内容渗透到对国民的日常思想、文化、体育教育之中，这样既有利于提高国家的整体实力，也有利于国防建设的长远发展。

2. 国防教育与军事战略、兵役制度和动员制度的结合将更加紧密

在国防教育中，将更加注重随着军事战略的转变，调整国防教育的指导思想和方针原则，按照未来战争和武装力量的需要制定训练要求和标准，科学安排学生军训和军队、后备力量训练的内容，强化预备役和后备人员的教育训练，使其国防知识、军事技能达到一定的水平，临战经短期训练即可参战或担负军事勤务。

3. 国防教育与高新技术的结合将更加紧密

随着军事技术和军事装备的高技术化，各国都在通过加大国防教育的投入，改进国防教育的组织形式和教育方法，不断提高国防教育的要求和标准，把高新技术特别是高新国防技术作为国防教育的重要内容，推动国防教育手段与设施的现代化，努力提高国防教育的水平，以应对未来可能发生的信息化战争。

4. 国防教育将实现信息化、网络化、基地化

高新技术特别是军事高新技术的发展，不仅改变了战争的面貌，也正在改变教育的面貌，国防教育的设施与方法、手段也将不断推陈出新。国防教育以国防教育基地为依托，大力发展远程教育、函授教育、模拟训练等，利用计算机与网络发展近似实战的演练与对抗，迅速提高国防教育的水平与效益，提高国防教育的普及程度。

5. 国防教育的法规制度将更加完善

将国防教育的法律法规与国家的军事、教育法律法规更好地衔接起来，进一步明确国防教育的任务、要求与标准，国防教育组织的任务与职权，国防教育的层次与内容，公民接受国防教育的义务、权利与要求，国防教育经费的筹措、使用和管理，实现国防教育的制度化、法规化，使国防教育的法规制度更加完善。

（五）中小学国防教育

1. 中小学国防教育的含义和作用

国防教育是为捍卫国家主权、领土的完整和安全，防御外来侵略、颠覆威胁的建设与斗争，对全民传授与国防有关的思想、知识、技能的社会活动。对于一个国家、一个民族，特别是学校，国防教育是必不可少的基本教育，是国家安全、民族利益的灵魂，是增强公民国防观念、提高公民国防素质的基础工程和中心环节。在我们当代的中国，加强中小学生国防教育是培养有理想、有道德、有文化、有纪律的社会主义新人的客观要求，是加强全民国防教育的需要，是为国防和军队建设培养大批高素质后备兵员的需要。

《中华人民共和国兵役法》第八章第 43 条规定：学校的学生在就学期间，可以接受基本军事训练。加强国防教育，是振奋民族精神、增强民族凝聚力和向心力的重要保证。经常性开展国防教育能够激发学生的爱国之心、报国之情、强国之志，将会在全社会产生强大的精神力量，这种力量，在军事上可以转化为战斗力，在经济上可以转化为生产力，在政治上可以转化为国家和民族的凝聚力和向心力。在各中小学校范围内组织开展宣传《国防教育法》活动，对于激发广大师生的爱国热情、振奋民族精神大有益处。

2. 中小学国防教育的基本原则

一是经常教育与集中教育相结合。从教育形式看，经常教育和集中教育是国防教育的两种基本形式。经常教育就是通过广播、电影、电视、报刊等大众传媒的国防教育节目、栏目和学校中列入教学安排的国防教育课程，以及结合思想、学习等所进行的国防教育，使学生在日常生活和工作中受到熏陶，通过潜移默化、点滴积累，增强国防观念。集中教育通常是结合重大的国家和国防纪念活动、部队和民兵训练、征兵、学生军训、举办国防教育学习以及战争动员等时机所进行的系统的国防理论和国防知识教育。经常教育和集中教育是相辅相成、有机统一的整体。前者是后者的基础，后者是前者的深化和提高。只有将两者有机地结合起来，才能使国防教育更好地为国防现代化建设和战争胜利服务。

二是普及教育与重点教育相结合。从教育对象看，国防教育可以分为普及教育和重点教育两种类型。普及教育是对全体学生进行的普遍教育，主要是进行国防建设和战争的基本理论、基础知识、基本技能教育，如爱国主义教育、国防法规教育、“三防”知识教育等。重点教育是对重点团体、重点单位和重点地区的教育对象，进行较系统的国防建设和战争的专门理论知识及技能教育，如各级国家机关工作人员、领导干部、民兵预备役人员、大中学生以及人民解放军、武警部队官兵、从事国防军工科研和生产的单位的干部职工等就是重点教育的对象。普及教育和重点教育是一个有机整体。普及教育是基础教育、共性教育、长期教育，没有普及教育，国防教育就没有坚实的基础。重点教育是在普及教育基础上的提高教育，不抓好重点教育，那些担负特殊任务的团体和人员，那些作为国家和社会后续发展的重要力量，就不可能得到应有的提高，就不能胜任自己所担负的建设国防、保卫国防的任务。只有把两者结合起来，国防教育才能深入地进行下去，适应国防建设的需要。

三是理论教育和行为教育相结合。就教育内容和方法看，国防教育包括理论教育和行为教育两个方面。理论教育包括国防建设理论、国防知识、国防法规、战争理论和军事理论等教育；行为教育包括参加和支持国防建设教育、参军参战和支前教育、爱护和保护国防设施教育以及军事训练、实际操作、战备演习等。理论教育和行为教育的作用虽然各不相同，但两者相互依存、相互促进。只有将两者紧密结合起来，才能使受教育者提高国防的综合素质和能力，保持国防教育的正确方向，有效地增强教育效果。

3. 中小学国防教育的基本内容

（1）小学和初级中学学生的国防教育。

小学和初级中学应当对学生进行基本的国防教育，培育学生的爱国主义精神和国防观念，掌握必要的国防常识。

小学学生国防教育的内容重点是：国家领土及主权知识；国旗、国徽、国歌知识，党旗、军旗知识；人民军队的光辉战斗历程；民族英雄、革命先烈的光辉事迹；战时应急防护知识。

初中学生国防教育的基本内容是：国防与战争常识；中国国防简史，特别是近代以来反侵略斗争的历史；人民军队的性质、宗旨和优良传统；国防科普知识；防空袭和核化生武器防护知识。

（2）高级中学（含相当于高级中学的学校）学生的国防教育。

高级中学应当对学生进行比较系统的国防教育，增强学生的国防观念和国家安全意识，强化爱国主义、集体主义和革命英雄主义精神，掌握必要的国防知识与技能。

高级中学应当开设国防教育教学课，内容主要包括：马克思主义军事思想；我国国防建设成就、国防方针政策和国防领导体制；人民军队的发展历程、性质、宗旨和职能任务；国防法律法规；武装力量知识；近现代国防历史；国防科技知识；信息化战争基本常识；国际战略环境与国家安全形势。

图 5-8　中学生国防教育

4. 中小学国防教育的基本要求

对小学和初级中学学生的国防教育，应当采取课堂教学与课外活动相结合的方法，做到内容通俗易懂、形式活泼直观。

（1）小学和初级中学应当把国防教育列入教育教学计划，纳入德育、语文、历史、体育、科学等课程之中，做到进教材、进教案、进课堂。

（2）小学和初级中学可以利用课余时间，组织学生开展以国防教育为主题的少年军校、军事夏令营以及读书演讲、知识竞赛等形式多样、寓教于乐的教育活动。

（3）小学和初级中学可以根据需要聘请校外辅导员，协助学校开展多种形式的国防教育。

高级中学应当开展学生军事训练，军训成绩应当记入学生本人学籍档案。具体内容要求，按照教育部、总参谋部和总政治部联合颁发的《高级中学学生军事训练教学大纲》执行。

高级中学应当针对学生的特点和需求，经常开展丰富多彩、形式活泼的国防教育活动。

学生接受国防教育情况，应当进行考勤登记。

第六章

理发技巧

在日常生活中，我们时常需要应用各种形式展示和谐美丽，如平衡、对比、对称、比例、节奏、整齐、一律、参差等，发型设计就是运用剪发技巧创造人体形式美，以此对人体的感观产生良性刺激，引起愉悦的反应。

第一节　理发的基础理论

一、点、线、面、三维

任何设计都离不开点、线、面和三维。在发型设计中也是通过这 4 个方面将设计思维逐一落实。

1. 点

点的概念：点是最简洁的形态，是构成一切形态的基础。点只有位置，而没有大小、方向、长度和宽度，只是表示一条线的开始和结束，或两条线相交叉处的形态。点是头型塑造的标记，对于造型有着特定的数量意义。

2. 线

线的概念:线由点的定向运动产生。线条是点运动的延续，连接起点和终点的就是线。线具有长度、方向和位置等特点。线的形态可分为直线和曲线两种。

直线包括：水平线、垂直线、倾斜线等，具有果断、明确、理性、坚定的感觉。

曲线包括：圆、C 形曲线、S 形曲线、波浪线、无规则曲线等，具有自由、柔和、优雅、含蓄的感觉。

3. 面

面的概念：在几何学的定义里，面是线移动的轨迹，线的重复有秩序的移动或按一定的方向变动便形成了面。

面具有长度、宽度、位置、方向等特点，但没有厚度，面强调的是形状和面积。我们可以把面理解为扩大的点、加宽的线以及无数个点密集集合后的效果，在视觉上形成了面。还可以使线环绕出各种不同的形，构成面。其中，最基本的面有 3 种，分别是方形、圆形和三角形。

4. 三维立体

三维立体是由多个面有机组合而成的。它具有长度、宽度和厚度。

二、头部重要的点

点在发型设计中不是孤立存在的，它必须依附在某个线体或形体上，如图 6-1 所示。

（1）前中点：从鼻尖一直向上至发际线的那一点。

（2）最高点：头顶最高的那一点。

（3）黄金点：最高点向后约一寸的那一点，头旋的位置。

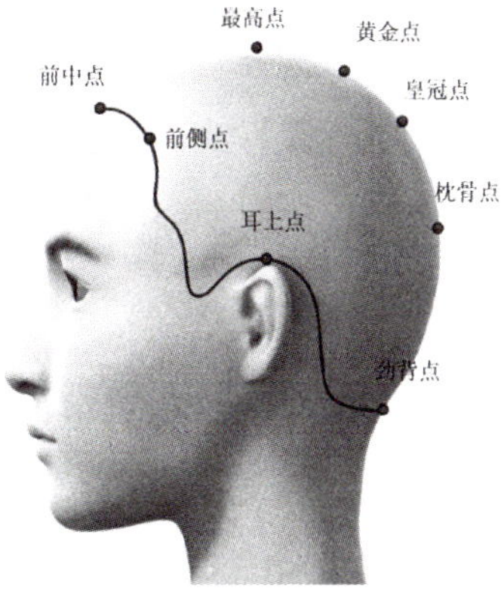

图 6-1　头部的点

（4）皇冠点：黄金点向后约一寸的那一点。
（5）枕骨点：头后面凸出来的那一点。
（6）劲背点：头后面发际线的中央最低点。
（7）前侧点：从眉尾一直向上至前额发际线开始呈弧形的位置。
（8）耳上点：耳朵上面的点。

三、头部分区

当线条运用在发型设计中时，通常用来做区域之间的间隔或是表现某一个形体的边沿轮廓，如图 6-2 所示。

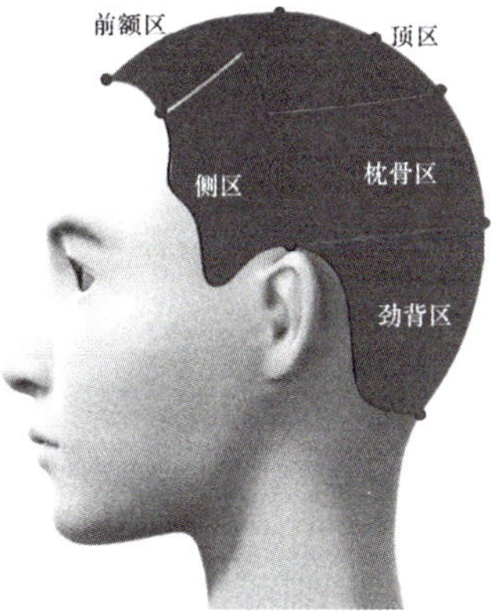

图 6-2　头部分区

（1）前额区：从最高点连接前侧点的三角区域。
（2）侧区：从前侧点以弧线连接耳上点的区域。
（3）顶区：最高点至皇冠点中间的区域。
（4）枕骨区：皇冠点至枕骨点中间的区域。

（5）颈背区：枕骨点以下的区域。

四、发型的结构

发型的结构是指发型的内部构造，通常分为方型、圆型和三角型 3 种。在发型的修剪过程中，也是通过将头发在不同的位置制作不同的形而产生不同的三维结构，从而得到最终的设计效果。

（1）方型结构。将头部的某一个区域或整个头发提拉出来，用方形剪法（剪切线与头发垂直）修剪一个平面，如图 6-3 所示。

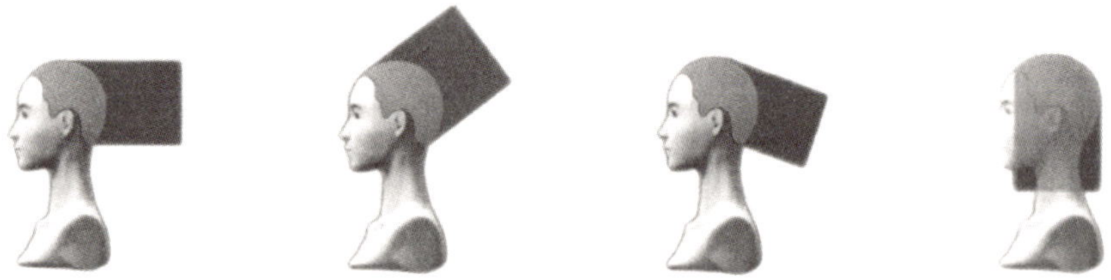

图 6-3　方型结构

（2）圆型结构。将头部的某一个区域或整个头发提拉出来，用圆形剪法（围绕头型的弧线）修剪一个球面，如图 6-4 所示。

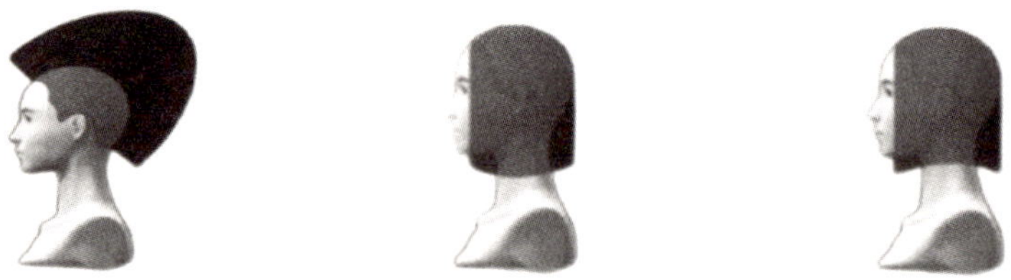

图 6-4　圆型结构

（3）三角型结构。将头部的某一个区域或整个头发提拉出来，用三角形剪法（由短到长）修剪一个倾斜面，如图 6-5 所示。

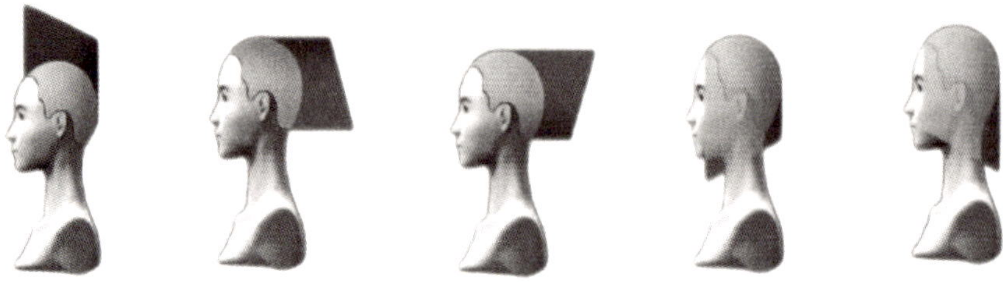

图 6-5　三角型结构

五、发型基本形态

发型的基本形态有 4 种，分别是固体型、边沿型、渐增层次型和均等层次型。

1. 固体型

（1）形状。接近尾部时其形状是与头部曲线相似的，在型的底部由于周界上的重发可看到直角的型线经烫弯曲或自然卷曲的头发会使发型膨胀——特别是在周界的发重区域。固体型可沿水平线、倾斜线或曲线在不同位置上进行修剪。

（2）结构。固体型是外圈发短，内圈发长，全部长度落到同一水平，在周界形成重的发型（也就是是说内圈最长的头发，外圈最短的头发都落在同一水平上）。

（3）表面纹理。因内圈长头发盖住其他头发的缘故，所以固体型的纹理是不活动的、表面不光滑的、没有间断的线条。如果头发有波浪或卷曲的，表面会呈现动态，但线条是不断开的，这种是由于头发卷曲形成的而不是剪出来的。

2. 边沿型

（1）形状。边沿型的形状近似三角型，在波浪或卷曲头发做边沿层次，宽度会被加强，形状也受边沿层次的低、中和高度的影响。

（2）重量。边沿型头发的重量发长都集中在长形线以上。最长头发的下落处形成重量线。重量线往往很清楚，一眼可见。重量区形成在形状的最宽角。发型的形状大小变化，重量也将随着变化。

（3）结构。在边沿型里，短的外圈头发沿着内圈的方向变长，在自然下垂状态下，头发沿着一定角度堆在一起。

（4）表面纹理。边沿型剪出的纹理是混合的，内圈是非活动纹理，外圈是活动纹理，后者是由发梢的相互叠加造成的。在直发上修剪就会形成纹理上的对比。

3. 渐增层次型

（1）形状。渐增层次型有许多种不同的形状或轮廓，从根本上说，它的形状是伸长的。如果不与其他形式混合使用，渐增层次型一般没有发重，也没有被加强的宽度区域。

（2）结构。一般而言，渐增层次型中头发长度的安排是：内圈较短的头发延伸到外圈较长的头发，头发较短的内圈自然就比较丰满，这也是渐增层次型的特点。

（3）表面纹理。渐增层次型的纹理是活动的，其发梢清晰可见，不互相叠加。大多数渐增层次型在修剪时，由于头发是顺着头部曲线扩散出去的，可形成一种轻叠的效果。

4. 均等层次型

（1）形状。均等层次型的特点是与头部曲线平行的圆形。

（2）结构。均等层次型中头发的长度都是相等的，没有明显的发重。均等层次型可在多种长度上使用，但一般在短到中等长度头发上使用居多。

（3）表面纹理。通常均等层次型的纹理都是活动的。自然或烫过的卷曲发纹理会加强纹理效果或发量。特别注意：在卷曲头发上做均等层次型发型时要注意头发的修剪量。

六、发型的修剪

1. 基本分区

（1）中分线。从前中点连接黄金点再到颈背点的分区，将头发分为左右两个区域，以便制作左右两侧头发的蓬松感或服帖感，如图 6-6 所示。

（2）横分线。从耳上点连接黄金点再到另外一侧耳上点的分区将头发分为前后两个区域，以便制作后部头发的蓬松感或服帖感，如图 6-7 所示。

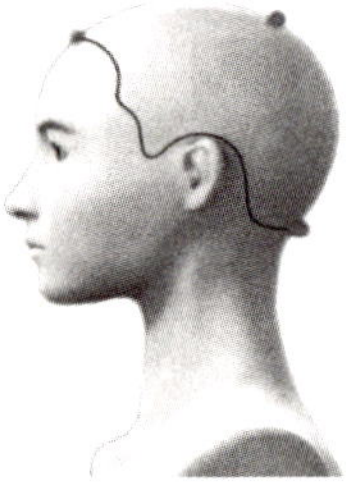

图 6-6　中分线

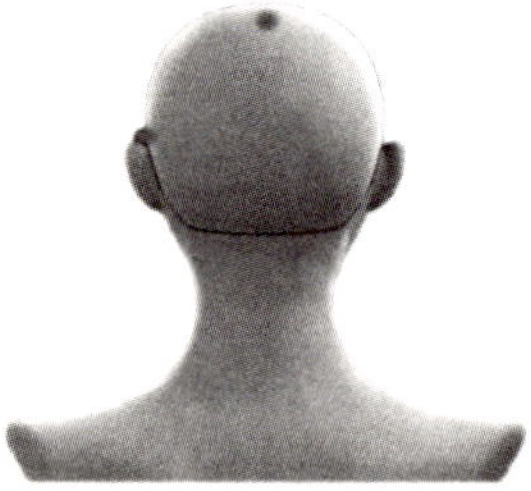

图 6-7　横分线

（3）马蹄区。从左边的前侧点至皇冠区到右边的前侧点，将头顶单独分出，将头发分为上、下两个区域，以便制作头顶头发的蓬松感或服帖感，如图 6-8 所示。

（4）光圈区。位于头顶的圆形分区将头发分为内、外两个区域，以便制作内部头发的蓬松感或服帖感（头顶为内部，发际线为外部），如图 6-9 所示。

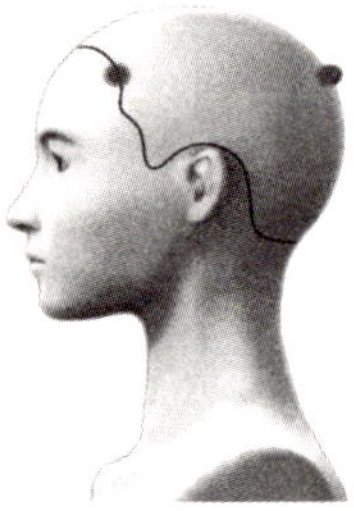

图 6-8　马蹄区

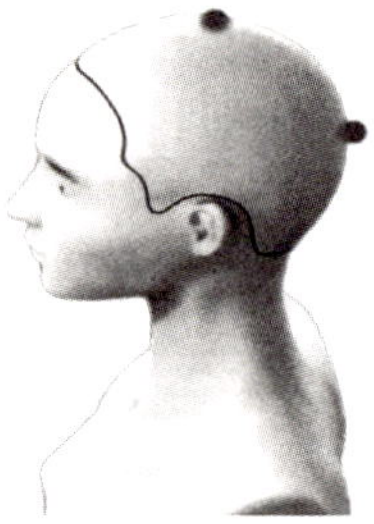

图 6-9　光圈区

2. 分发片

剪发分发片有很多种方式，在实际操作中需要灵活运用，在这里主要介绍几种常用的提取发片的方式以供参考。

（1）纵向提取发片。纵向提取发片进行修剪，可以呈现出轻微的扁平感，如图 6-10 所示。

（2）横向提取发片。横向提取发片进行剪发，可以让轮廓线非常明显，如图 6-11 所示。

（3）斜向提取发片。斜向提取发片进行剪发，可以使发型呈现柔和、自然的圆弧状，如图 6-12 所示。

（4）V 字型提取发片。V 字型提取发片进行剪发，产生的造型强调头发向前流动的状态，如图 6-13 所示。

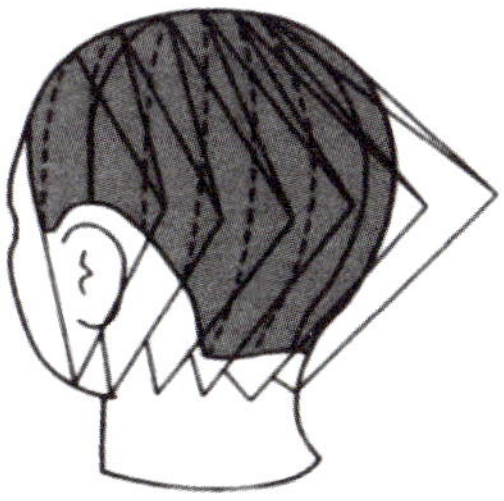

图 6-10 纵向提取发片

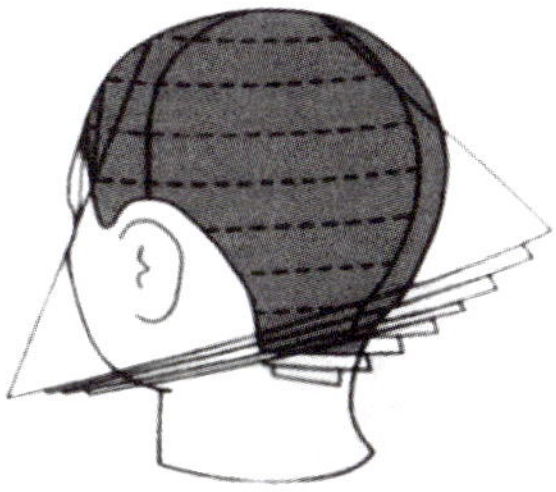

图 6-11 横向提取发片

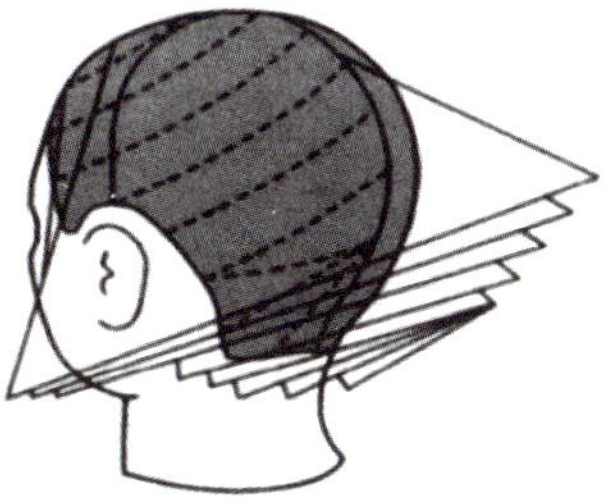

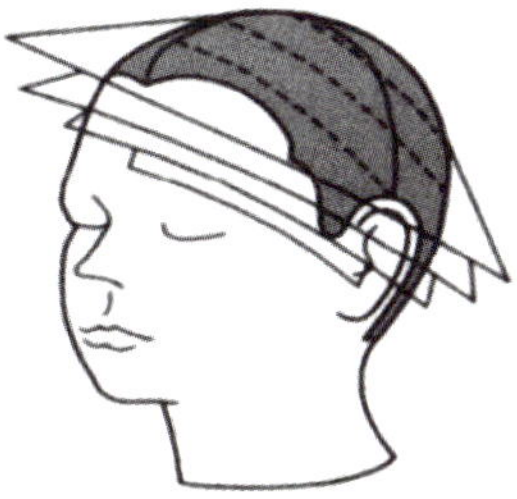

图 6-12 斜向提取发片

（5）A 字型提取发片。A 字型提取发片进行剪发，产生的造型具有整齐内收感，如图 6-14 所示。

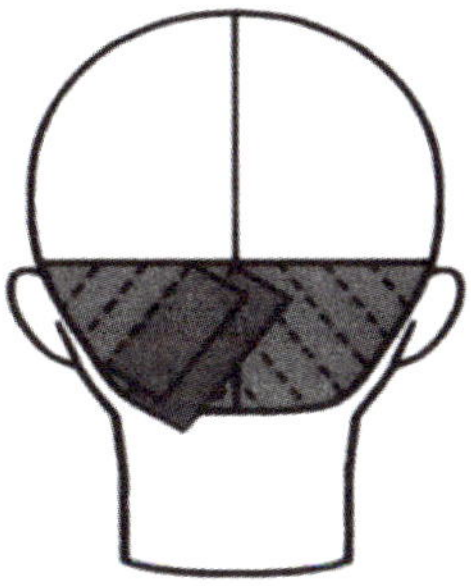

图 6-13 V 字型提取发片

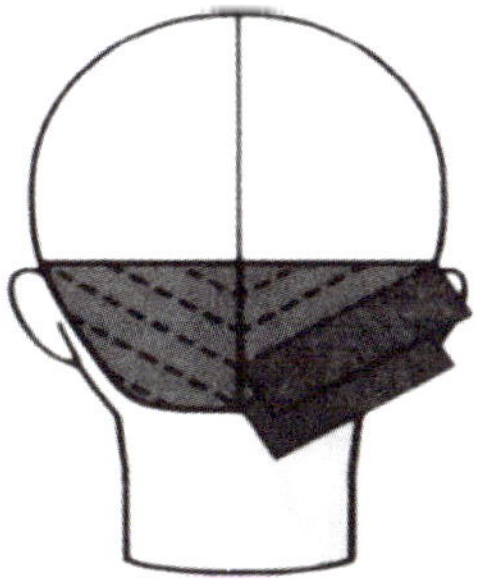

图 6-14 A 字型提取发片

3. 角度与发型层次的关系

角度是头部任何一个位置所提升的发片经过此点的切线所形成的角，在曲线的头部上用坐标表示，发片提升角度的大小决定着层次的高低，如图 6-15 所示。

（1）0° 提升：用梳子固定没有提升角度的发片。

（2）一根手指：发片与皮肤之间用一根手指相隔出的微小角度。

（3）45°：介于 0° 至 90° 之间。

（4）90°：拉出的发片与头皮垂直。

（5）90°以上：把头发拉出来的角度大于 90°。

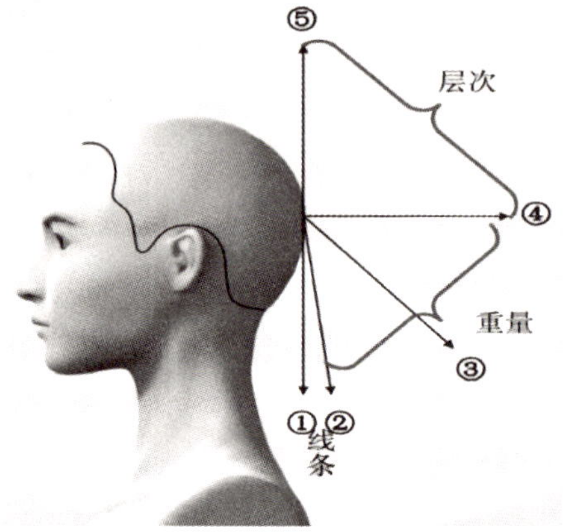

图 6-15　角度与发型层次关系

4. 提拉发片方向与发型层次的关系

（1）发片向上提升水平修剪，形成上短下长的层次。

（2）发片向前提升垂直修剪，形成前短后长的层次。

（3）发片向后提升修剪，形成前长后短的层次。

5. 剪发线与发型层次的关系

发片同时提升 90°角修剪，剪刀刀口在头发上剪切，用剪切线的不同角度来控制发型的层次。

（1）均等层次型（等长）：90°角提升，剪切线平行头肌剪切，所得之长相等。

（2）边沿型（低层次）：90°角提升，剪切线斜向内剪切，所得之长为上长下短。

（3）渐增层次型（高层次）：90°角提升，剪切线斜向外剪切，所得之长为上短下长。

6. 发型修剪方法

（1）方形剪法：剪切线与头发垂直，如图 6-16 所示。

图 6-16　方形剪法

（2）圆形剪法：剪切线随着头型走圆，为弧线，如图 6-17 所示。

图 6-17 圆形剪法

（3）三角形剪法：剪切线为直线，与头发是非直角的关系，如图 6-18 所示。

图 6-18 三角形剪法

第二节 常用理发工具及其使用技巧

提到理发工具，大家首先想到的是剪刀、理发器、吹风机等。其实，理发工具种类非常多，而每个大类里面又细分成不同的小类，如发剪有电推剪、平剪、牙剪、滑剪、翘剪等，下面对理发工具分别进行介绍。

一、理发剪

1. 电推剪

（1）电推剪的种类。电推剪一般分为插电式和充电式两种，如图 6-19 和图 6-20 所示。充电式电推剪一般不带线，但操作起来非常灵活，功率也比较小，而且刀头的力度也较小，非常适合自用，缺点就是需要用充电电池，工作时间受到限制。插电式电推剪是带线的，它的功率非常大，刀头力度也很强，而且不用担心电池问题，所以使用体验非常好，缺点就是它的线长一般只有 2.0 ～ 2.5m，由于受线长限制，操作起来不太方便。

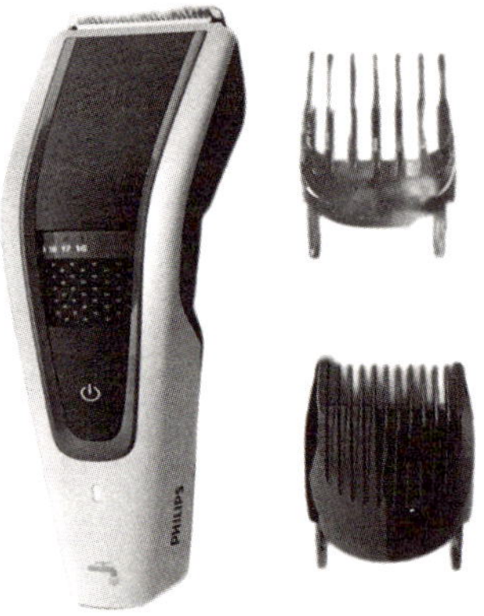

图 6-19　充电式电推剪

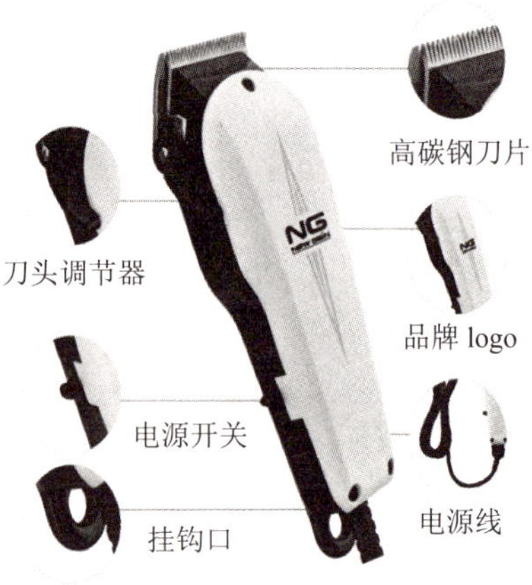

图 6-20　插电式电推剪

电推剪一般由固定推齿、活动推齿、调节手柄、壳体和装在壳体内的电器部件组成。

推齿：推齿现有钢制、陶制和钛合金 3 种。钛合金要优于其他两类。

电池：充电式电推剪电池分为锂电池和镍氢电池，锂电池一航充一次电能用 2 ～ 4h，镍氢电池一般能用 40 ～ 90min。

推头调节：一般自用电推剪都会配有 4 个定位梳，长度分为 3mm、6mm、9mm 和 12mm，较为高端的电推剪会配一个可调节定位梳，可手工调节长度为 1 ～ 12mm。

（2）电推剪的操作方法。男士剪发的时候，一般都会用到电推剪，也就是轧剪。用电推剪理发也需要一定的技巧，操作时用右手拇指与食指握住推子中上部两旁，其余 3 指握住电推子的右后侧位与底部，然后依靠腕部力量再搭配梳子，使电推剪运行。

1）满推：也称正推，即用右手食指、拇指握住电推柄前身，其余 3 指和手握住推子后半身，左手拿梳子、梳齿向上，刀齿板贴着梳面走，腕关节基本不动，依靠前肘轻轻向前推剪，这种方法适用于男士短发的后脑中部，两边鬓发以及短发类的顶部头发。

2）半推：这种方法可以不用梳子，操作时微微将手腕向内或向外转动，使推刀翘起半边，这种方法适用于耳频边沿及头部某些起伏不平的部分。

3）倒推：是将刀齿板向下动作，修饰轮廓边缘线上的"飞边"，使耳后、颈背部基线边缘的形线切齐。但要注意，刀的上齿板不能过于突出，不能超过下齿板，否则会推伤皮肤。

2. 剪刀

（1）剪刀的分类。常用的理发剪刀有平剪和牙剪两类。

1）平剪。平剪，其实就是普通的剪刀。它的刀口是直线的，没有锯齿状，可以用于修剪刘海或解决干枯分叉的发尾。但是使用平剪容易产生线条粗硬的情况，需要多次修剪才能产生自然、柔和的效果，如图 6-21 所示。

2）牙剪。牙剪就是一侧刀刃为锯齿状的剪刀，打剪、压剪、刷剪等都是它的"绰号"。牙剪的作用是打薄头发，在不改变头发整体长度的前提下，使厚重的头发变得更轻柔。现在牙剪一般有单面牙剪和双面牙剪两种，它们除了除发量不同外，用法基本相同，如图 6-22 所示。

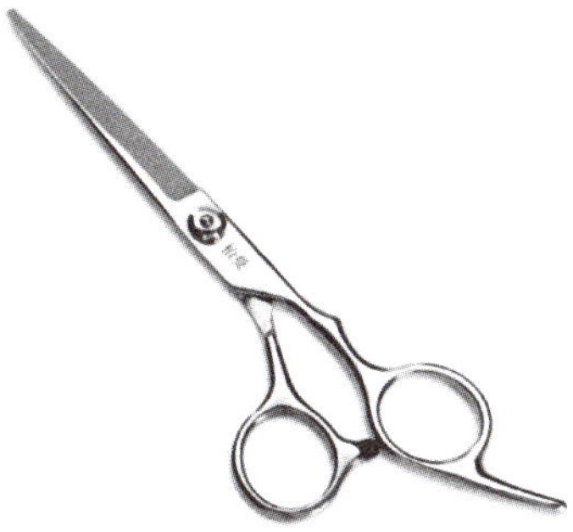

图 6-21 平剪

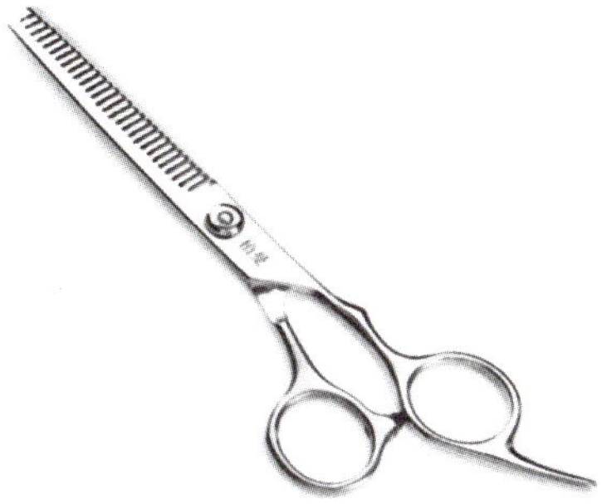

图 6-22 牙剪

（2）剪刀的使用技巧。随着时代的发展，剪发技术不断改进、更新，以适应各种发式造型的需要。其大致分为夹剪、抓剪、挑剪、锯剪、削剪。

1）夹剪。夹剪是理发修剪中最广泛采用的修剪方法之一，通过分区、分片，剪出轮廓、层次、形线来。方法是将右手无名指套在剪刀静片的环内，剪刀在不用时刀尖向上，握在右手的虎口处，无名指依然套在环内。拇指、食指拿梳子，从分出的发区中分出一发片来，用左手食指、中指夹住，发片长度不要超过手指长度，厚度不要超过手指直径，然后，握住剪刀的右手松开，将拇指放进剪刀的动环内，再将左手食指、中指夹住的头发发尾将多余部分剪去，使发型轮廓完美，如图 6-23 所示。

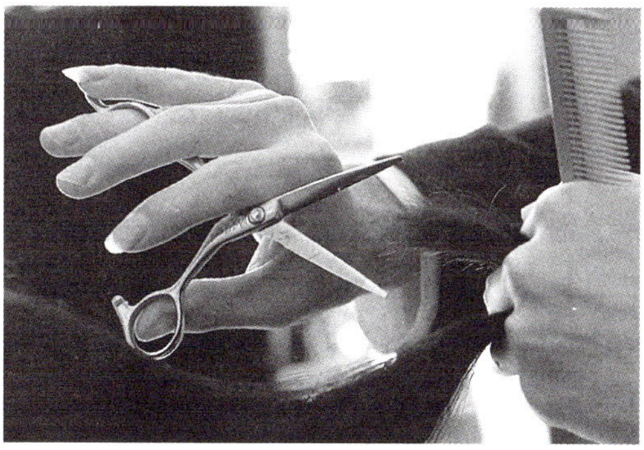

图 6-23 夹剪

夹剪的方法有两种。一种是剪去露在指背外的头发，叫指背夹剪或指外夹剪。另一种是剪去指肚内的头发，叫指肚夹剪或指内夹剪。操作时，手指夹住的头发要有一定的角度，通常有平直形、斜形、圆弧形等，夹剪一般从前额部开始，先剪出导线或基线，再向后将分好的头发逐层、逐片放下依次修剪。

夹剪时要注意以下 3 个方面。

一是要正确掌握拎起头发的角度，拎起头发角度的大小决定了层次的高低，通常角度大、层次高，角度小，层次低。

二是要正确掌握剪刀运用的角度，根据发式的要求，夹住头发的手指有一定的方向性和角度，剪刀应按此方向和角度去剪，如果剪出留发长度一般采用平剪，如果使头发有一定的层次，一般采用斜剪。不同部位的头发，采用不同角度的修剪，能形成高低不同的层次。

三是夹起的头发要平直，不能歪斜或有松有紧，第一片头发剪好后，在剪第二片时应含有第一片部分的头发做导线，以此为准，从而使各发片发股之间衔接无误。

2）抓剪。抓剪是用梳子梳理起一股头发，再用手指抓住这股头发进行修剪的技法。它与夹剪不同，夹剪夹起的头发成片形，而抓剪抓起的头发通常是一束，基部较大，发梢成尖形。抓剪通常用于顶部、两侧头发的修剪，如图 6-24 所示。

抓剪中，抓起头发基部的宽度大小，决定剪发后形成的弧度大小。一般抓起头发的基部大，剪后弧度就大；反之，基部小，剪后弧度就小。抓剪时不同部位的抓剪，形成不同的弧度。向上、向后、向前的抓发方向不同，也会产生不同的弧度。在抓剪时，抓起头发后剪刀落刀的部位要适中，不要过高或过低，这会影响头发的长度和所形成的弧度。

3）挑剪。挑剪是用梳子挑起一片头发，按着发式的要求，挑到一定的长度，剪掉多余的头发，如图 6-25 所示。这是剪刀与木梳最密切配合的修剪方法。

图 6-24　抓剪

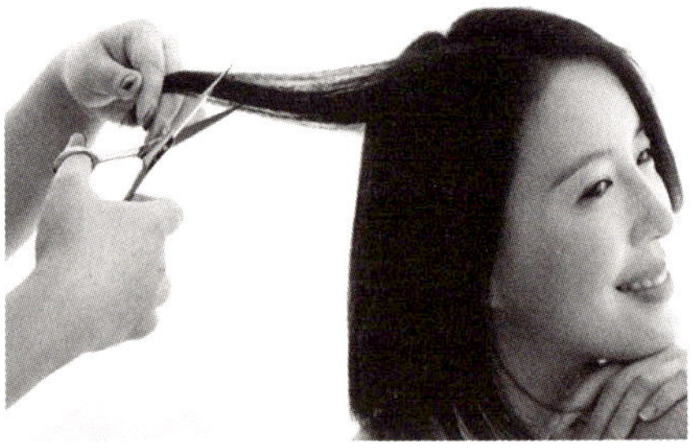

图 6-25　挑剪

修剪时要注意保持段差细腻均匀，避免造成脱节或过分密集。向上推进修剪时，要按各部位需要，依次沿不同方向向前推剪，控制段差和修饰密度。

4）锯剪。锯剪是使用锯齿剪刀进行剪发的一种技法。锯齿剪刀一片刀刃呈锯齿形，剪发后发梢参差不齐，发量减少。锯剪通常用于头发轮廓的修剪，使整个发型有飘逸感。

锯剪主要是剪刀与头发保持斜线向上或向下剪发，不能平行地剪，而要斜线移动地剪，这样不会形成重叠，影响头发层次。锯齿的部位要事先考虑好，做到心中有数。一般说头发厚的部位要多剪，头发少的部位，特别是短发和头部两侧要少剪。

5）削剪。削剪是削刀或剪刀在头发上快速滑动，切断头发的剪法。削剪后发尖呈笔尖状，有轻盈感和动感。削剪通常用于修理层次、轮廓及削薄头发。

二、梳子

常用梳子分为按摩梳、猪鬃梳、扁平梳、造型梳、塑料梳和气垫梳。

1. 按摩梳

此类梳子外观胖胖圆圆的，有许多梳针气垫。这种梳子的主要功能是按摩头皮，促进头皮的血液循环，对头发生长很有好处，如图 6-26 所示。

2. 猪鬃梳

此类梳的密度最高，虽没有按摩头皮的功效，但可以梳落发上的灰尘，也适用于梳整直发。白猪鬃比较软，适合小孩子（怕痛的人）使用，如图 6-27 所示。

3. 扁平梳

扁平梳的梳面只有线而非整个面，它可以整理贴平的头发，非常适合头发很长的女士使用，方便出门前将秀发梳顺，如图 6-28 所示。

图 6-26　按摩梳

图 6-27　猪鬃梳

图 6-28　扁平梳

4. 造型梳

造型梳是用来搭配吹风机做造型用的梳子，也被称为专业梳。其外形常为滚筒形，方便吹整发型，如图 6-29 所示。

5. 塑料梳

这种梳子很常见，容易产生静电，打结发丝，但尖头的塑胶梳可以起到头发分缝的作用，如图 6-30 所示。

6. 气垫梳

气垫梳拥有高弹性柔软气囊，任意梳头梳齿不变形。梳发时不容易拉扯头发，梳齿的圆头又能按摩头皮，如图 6-31 所示。

图 6-29　造型梳

图 6-30　塑料梳

图 6-31　气垫梳

三、吹风机

1. 吹风机的种类

常见的电吹风机主要有负离子型、纳米水离子型、超静音型和扩散风嘴型 4 类。

（1）负离子型吹风机。其在工作时会产生带负电的离子微粒，中和头发中常有的正电荷，从而抚平乱发，使其帖服顺滑，还可以消除静电，如图 6-32 所示。

（2）纳米水离子型吹风机。纳米水离子的体积很小，可以轻松地深入纤维的内部，有保湿、锁水等功效，非常适合干枯的发质，如图 6-33 所示。

图 6-32　负离子型吹风机

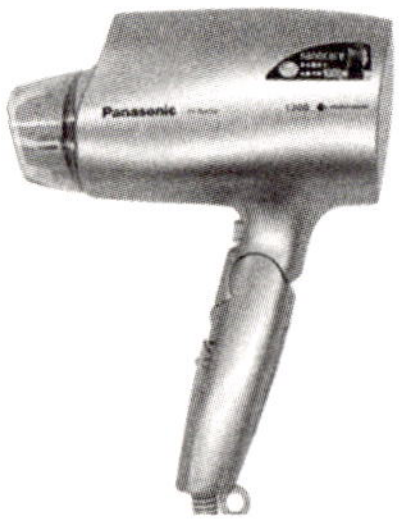

图 6-33　纳米水离子型吹风机

（3）超静音型吹风机。这种吹风机的重量通常较轻，但是风力并不小，适合不喜欢吹头发有太大噪声的人群使用。

（4）扩散风嘴型吹风机。这种吹风机风嘴是向外扩张的形状，适合刚造型完的卷发，让它能够更长时间地保持丰盈、弹性饱满的质感。

2. 吹风机的使用技巧

（1）吹风机的使用。

1）铲式动作。铲式动作是运用于发根部位流向的吹法，可调整全头各部位发根的发流方向及蓬度，角度可从 0° ～ 90° 来铲吹发根处最佳，亦可同时表现发型的服帖度或蓬松感。

2）推式动作。推式动作是运用于发根部位弧度的吹法，可推高撑蓬耳上点以上的发根部位，将扁塌的发根推撑弧度，来增加头发的蓬松度及密度，根部角度以 60° ～ 90° 以上来推撑弧度最佳，可使发型有扎实紧密的感觉。

3）提式动作。提式动作是运用于发根至发中部位弧度的吹法，可将全头发片吹出弧度弹性及蓬度亮度，通常角度为 45° ～ 90°，如提至 90° 及以上是为了特殊表现较大明显的弧度时用，发型将呈现紧密的亮度感。

4）拉式动作。拉式动作是运用于发中至发尾部位弧度、亮度的吹法。其效果是将头发片拉吹出弧度，让毛乱发片以平顺滑拉动作来达到光亮整洁的结实密度，角度以 60° 以下拉吹居多，发型呈现平顺柔亮的弧度及蓬松感。

5）转式动作。转式动作是运用于发尾部位亮度、弹性的吹法。其效果是表现发尾部位的弧度弹性或内弯光亮的特色，在操作上要让发尾呈现直、弯或卷发取决于翻转程度大小。吃发角度因延续拉式的动作，所以无法呈现角度数据。

（2）吹风机使用注意事项。

一是头发分区。分区头发有利于快速吹干头发。首先将上层的头发束到头顶，把下层的头发吹干，然后将头顶的湿发放下，再依次吹干。

二是先吹发根。要先吹发根，以免发根渗水，再吹发梢，能将吹风机对头发的伤害降至最低。

三是风筒与头皮要保持好距离。吹风筒与头皮保持在 15cm 左右，避免让它碰到头发，太近会导致头发热损伤。

四是吹风机要不停移动。如吹风机保持在一个区域静止不动，易引起此区域头发受损。

五是不要倒吹。湿头发的毛鳞片是张开的，顺着头发生长的方向吹会让毛鳞片闭合，倒吹会让毛鳞片张开，越吹越毛躁。

四、直发器

1. 直发器的分类

（1）按发热体分。直发器按发热体分陶瓷发热体和 PTC 发热体两种类型：陶瓷发热体直发器的优点是升温速度快，但有可能接触到使用者，并烫伤皮肤，如图 6-34 所示；PTC 发热体直发器的加热速度慢，拉直头发的效果稍微差一些，如图 6-35 所示。

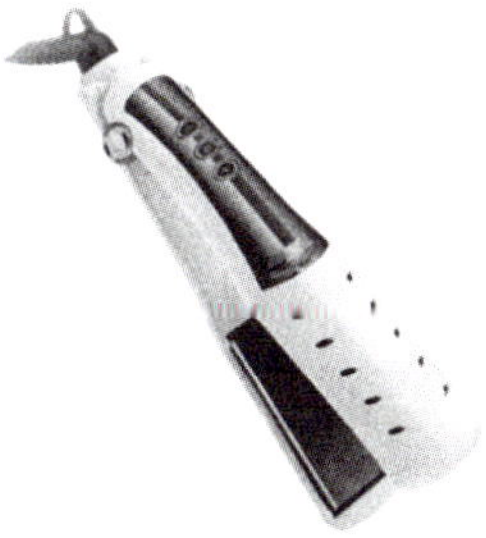

图 6-34 陶瓷发热体直发器

图 6-35 PTC 发热体直发器

（2）按发热板分。直发器按发热板分陶瓷发热板和铝板喷陶瓷釉两种类型：陶瓷发热板直发器绝缘性能好，但在拉直头发的过程中会稍微有些拽头发，如图 6-36 所示；铝板喷陶瓷釉直发器的优点是边缘很光滑，不会拽头发，但由于是金属，有漏电的安全隐患，如图 6-37 所示。

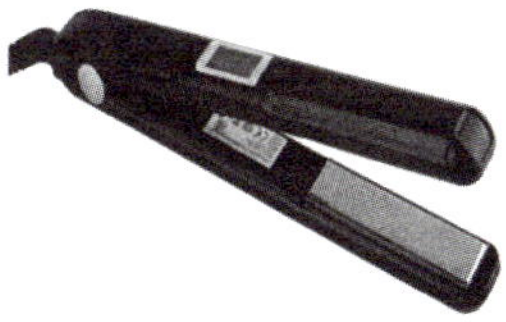

图 6-36 陶瓷发热板直发器

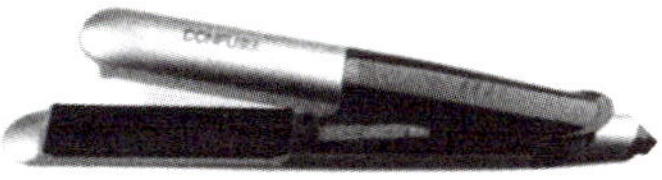

图 6-37 铝板喷陶瓷釉直发器

（3）按结构分。直发器按结构分为 X 型和 V 型：X 型为早年经典的直发器形状，如图 6-38 所示；现在更多使用 V 型，不仅光滑好看，还具有直发和卷发两种功能，如图 6-39 所示。

图 6-38　X 型直发器

图 6-39　V 型直发器

（4）按功能分。直发器按功能分为负离子型、蒸气型和纳米离子型 3 种类型：负离子型直发器适合干躁毛糙的头发，如图 6-40 所示；蒸气型直发器适合干枯的发丝，如图 6-41 所示；纳米离子型直发器适合头发严重受损的人群，如图 6-42 所示。

图 6-40　负离子型直发器

图 6-41　蒸气型直发器

图 6-42　纳米离子型直发器

2. 直发器的使用技巧

（1）直发器的用法。

1）首先将头发洗干净，用不用护发素都可以。

2）将头发阴干或用电吹风吹干。

3）将直发器接通电源，让发热板预热几分钟。

4）将需要处理的头发分区梳理通顺。

5）使用直发器夹住头发慢慢地从根部向尾部拉。

6）将头发按照步骤 5）、6）逐层处理。

7）头发处理好后断开电源，放凉直发器。

（2）直发器使用注意事项。

1）直发器属于高温电器，不要用手直接碰触加热板。

2）使用直发器前要确定头发已经干燥。

3）使用时要注意直发器要一直移动，不要停留在头发上。

4）每次夹住的头发数量不要太多、太厚，否则直发效果不好。

5）每次使用完毕后要等直发器温度降至室温后才能进行收纳保管。

第三节　军人发型标准

2018 年颁布的新条令规定，军人头发应当整洁，发型应当在规定的发型示例中选择（生理原因或者医疗需要除外），不得蓄留怪异发型。男军人不得蓄胡须，鬓角发际不得超过耳郭内线的二分之一，蓄发（戴假发）不得露于帽外，帽墙下发长不得超过 1.5cm；女军人发辫不得过肩。军人染发只准染与本人原发色一致的颜色。

一、男军人发型示例

平头理发技巧

1. 发型一（图 6-43）

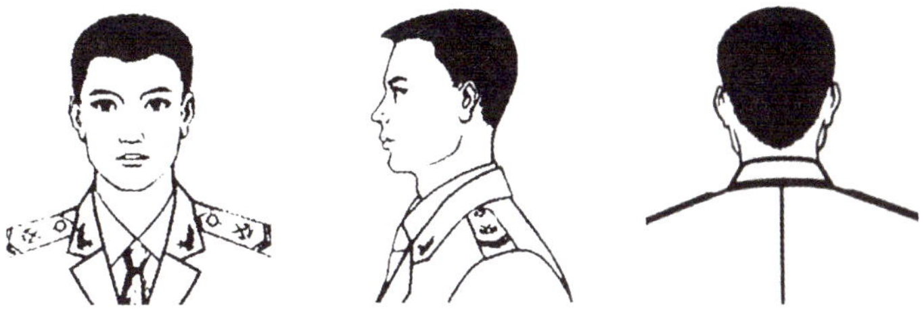

图 6-43　发型一

2. 发型二（图 6-44）

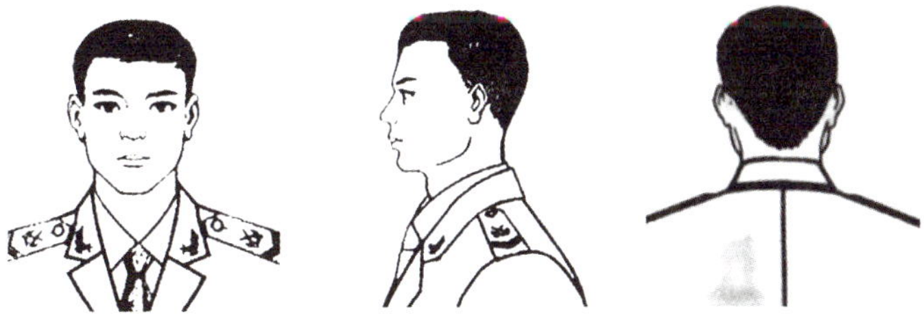

图 6-44　发型二

3. 发型三（图 6-45）

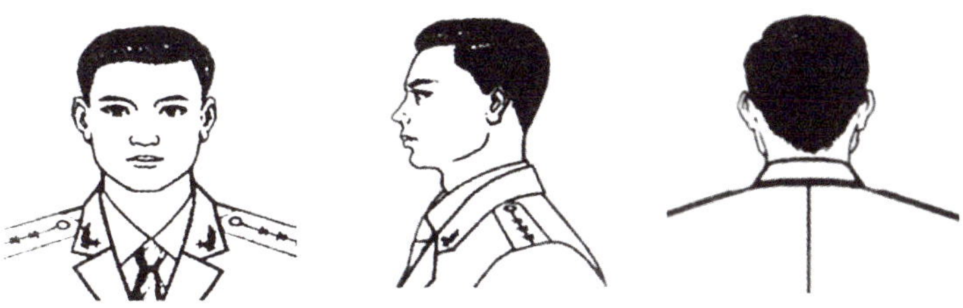

图 6-45　发型三

4. 发型四（图 6-46）

图 6-46　发型四

二、女军人发型示例

1. 发型一（图 6-47）

图 6-47　发型一

2. 发型二（图 6-48）

图 6-48　发型二

3. 发型三（图 6-49）

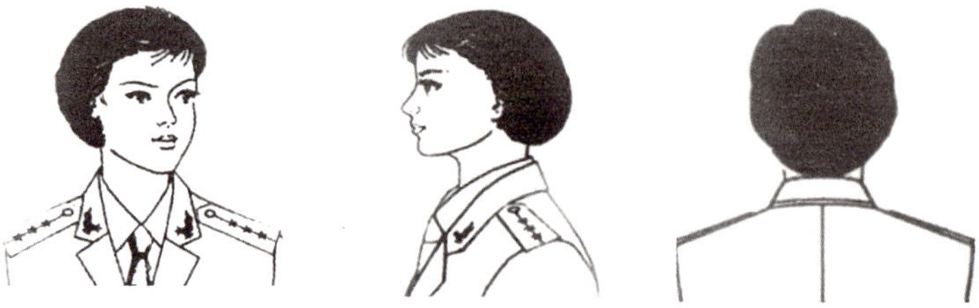

图 6-49　发型三

4. 发型四（图 6-50）

图 6-50　发型四

第七章

垃圾分类

践行“以校为家、自家自建”理念，在校园开展垃圾“分类回收、循环利用、变废为宝”活动，所得经费用于“五小工”日常运行，实现维修服务“工具自制、材料自给”和志愿服务“物质自备、经费自筹”，有效激发士官生主人翁意识。

第一节　垃圾分类的目的、意义、原则及要求

一、垃圾分类的目的和意义

垃圾分类，一般是指按一定规定或标准将垃圾分类储存、投放和搬运，从而转变成公共资源的一系列活动的总称。分类的目的是提高垃圾的资源价值和经济价值，力争物尽其用，减少垃圾处理量和处理设备的使用，降低处理成本，减少土地资源的消耗，具有社会、经济、生态等几方面的效益。

每个人每天都会扔出许多垃圾，在一些垃圾管理较好的地区，大部分垃圾会得到卫生填埋、焚烧、堆肥等无害化处理，而更多地方的垃圾则常常被简易堆放或填埋，导致臭气蔓延，并且污染土壤和地下水体。

垃圾无害化处理的费用是非常高的，根据处理方式的不同，处理一吨垃圾的费用约为一百元至几百元不等。人们大量消耗资源，大规模生产，大量消费，又大量生产着垃圾，后果将不堪设想。从国内外各城市对生活垃圾分类的方法来看，大致都是根据垃圾的成分构成、产生量，结合本地垃圾的资源利用和处理方式来进行分类。

垃圾分类是对垃圾收集处置传统方式的改革，是对垃圾进行有效处置的一种科学管理方法。面对日益增长的垃圾产量和环境状况恶化的局面，如何通过垃圾分类管理，最大限度实现垃圾资源利用，减少垃圾处置量，改善生存环境质量，是当前世界各国共同关注的迫切问题之一。

垃圾增多的原因，是人们生活水平的提高，各项消费增加了。根据相关数据，国内三家外卖平台每日订单量 700 万单左右，按照每单使用 1 个塑料袋，每天仅外卖所用塑料袋可覆盖 42 万平方米，几乎相当于 59 个足球场。

在生活垃圾处理领域，我国仍处于起步阶段，垃圾分类制度体系的不完善以及技术水平的限制，使得我国垃圾处理仍以填埋为主。根据生活垃圾处理行业分析数据显示，2010 年以来，我国生活垃圾清运量逐年上升，2019 年超过 2 亿吨，同比增长 6.81%。由此引发的环境问题日益突出，已成为影响新型城镇化发展的一个重要因素。面对“垃圾围城”的紧迫形势，开展垃圾分类、垃圾减量势在必行。

垃圾分类处理的优点如下所述。

（一）减少土地侵蚀

生活垃圾中有些物质不易降解，使土地受到严重侵蚀。垃圾分类，去掉可以回收的、不易降解的物质，减少垃圾数量达 60% 以上。

（二）减少污染

中国的垃圾处理多采用卫生填埋甚至简易填埋的方式，占用上万亩土地；并且虫蝇乱飞，污水四溢，臭气熏天，严重污染环境。

土壤中的废塑料会导致农作物减产；抛弃的废塑料被动物误食，导致动物死亡的事

故时有发生。因此回收利用还可以减少危害。

（三）变废为宝

中国每年使用塑料快餐盒达40亿个，方便面碗5～7亿个，一次性筷子数十亿双，这些占生活垃圾的8%～15%。1吨废塑料可回炼600千克的柴油。回收1500吨废纸，可免于砍伐用于生产1200吨纸的林木。1吨易拉罐熔化后能结成1吨很好的铝块，可少采20吨铝矿。有30%～40%的生活垃圾可以回收利用，应珍惜这个小本大利的资源。大家也可以利用易拉罐制作笔盒，既环保，又节约资源。

而且，垃圾中的其他物质也能转化为资源，如食品、草木和织物可以堆肥，生产有机肥料；垃圾焚烧可以发电、供热或制冷；砖瓦、灰土可以加工成建材；等等。如果能充分挖掘回收生活垃圾中蕴含的资源潜力，仅北京每年就可获得11亿元的经济效益。可见，消费环节产生的垃圾如果及时进行分类，回收再利用是解决垃圾问题的最好途径。

二、垃圾分类的原则

（一）分而用之

分类的目的就是将废弃物分流处理，利用现有生产制造能力，回收利用回收品，包括物质利用和能量利用，填埋处置暂时无法利用的无用垃圾。

（二）因地制宜

各地、各区、各社（区）、各小区地理、经济发展水平、企业回收利用废弃物的能力、居民来源、生活习惯、经济与心理承担能力等各不相同。

（三）自觉自治

社区和居民，包括企事业单位，逐步养成"减量、循环、自觉、自治"的行为规范，创新垃圾分类处理模式，成为垃圾减量、分类、回收和利用的主力军。

（四）减排补贴，超排惩罚

制定单位和居民垃圾排放量标准，低于这一排放量标准的给予补贴；超过这一排放量标准的则予以惩罚。减排越多补贴越多，超排越多惩罚越重，以此提高单位和居民实行源头减量和排放控制的积极性。

（五）捆绑服务，注重绩效

在居民还没有自愿和自觉行动而居（村）委和政府的资源又不足时，推动分类排放需要物业管理公司和其他企业介入。但是，仅仅承接分类排放难以获利，企业不可能介入，而推行捆绑服务就能解决这个问题。将推动分类排放服务与垃圾收运、干湿垃圾处理业务捆绑，可促进垃圾分类资本化，保障企业合理盈利。垃圾分类回收说难不难，分而用之实为关键，因地制宜提供方便，自觉自治行为规范。

三、垃圾分类相关要求

垃圾分类必须始于制度设计。具体分析，要重点设计好以下几个方面。

第一，要理顺垃圾分类工作的环节及相互关系，做到分工细致、流程简化、条理缜密、管理有序。垃圾分类是按一定标准将垃圾分类储存、分类投放和分类驳运，从而转变成公共资源的一系列活动的总称，必须协调推进分类储存、分类投放和分类驳运环节，而且，还必须同时推进分类收运环节和分类处理环节。这些环节的主体、作业内容及要求各不相同，应区别对待、理顺相互间关系，尤其要理顺主体之间的关系。分类储存和分类投放的主体是公众，分类驳运的主体是区域管理者，分类收运和分类处理的主体是企业，制度设计应保证这些主体之间形成相互促进、相互监督的关系。

第二，要把垃圾分类纳入社区自治内容，明确主体职责，充分调动公众和管理者的主动性和积极性。公众，包括居（村）民、企事业单位、集团单位，是垃圾分类的行为主体，在享有排放权利的同时，应承担源头减量、分类储存、分类投放和缴纳排放费等责任与义务，履行源头减量与排放控制的监督义务，逐步形成自觉、自愿、主动与合适排放垃圾的生产生活习惯。

区域管理者是分类驳运的主体，也是区域垃圾分类责任人。垃圾分类应坚持谁管理、谁负责的责任人制度，有物业管理服务的区域垃圾分类由物业管理服务企业负责，没有物业管理服务的由经营管理者负责，没有经营管理者的公共场所由其行政主管部门负责。垃圾分类责任人应负责组织、管理所在区域的垃圾分类，包括建立垃圾分类运行管理制度，设立指导管理工作专责岗位，制定垃圾分类方案，设置分类排放容器（堆点），负责分类驳运，指导、引导、规范与监督分类投放，计量管理分类垃圾和负责排放费管理。

第三，应坚持先易后难，循序渐进原则，制定切实可行的垃圾分类实施方案和执法监督计划。垃圾分类启动之初可考虑只将餐厨垃圾、大件垃圾和有害垃圾与其他生活垃圾分开，而且，宜先在管理正规且便于管理的集团单位、农贸市场、商场、校园、酒店宾馆、物业小区等单位（小区）开展垃圾分类，保证分类垃圾得到分类处理，并通过分类处理体系建设促进垃圾分类长效化。重视垃圾分类示范单位（小区）的建设工作，发挥榜样的示范效应，稳步推进垃圾分类区域由小到大、内容由简到繁和标准由粗到细。

第四，通过强化垃圾的物质利用促进垃圾分类。一是利用现有工业产能强化资源回收利用；二是加速建设餐厨垃圾资源化处理设施，加强餐厨垃圾等易腐有机垃圾的分类处理；三是创新体制和商业模式，重视利益的驱动作用，优化资源配置，融合垃圾资源化处理和产品生产，完善垃圾物质利用的财政补贴机制，理顺物质利用流程及产业链，完善市场准入退出机制，促进垃圾收运、回收、物质利用多元化和市场化，切实加强垃圾的物质利用，并借此促进垃圾分类。

第五，应加强垃圾分类及分类处理监管。坚持公开、公平、公正原则，采取行政监管、第三方专业监管和行业协会、人大、政协、新闻媒体、公众监管等形式，通过督察、检查、抽查、巡查和审核审计等方法，从实体和程序两方面对进入垃圾处理行业的单位进行规范监督。

第二节 垃圾的分类及其存在的问题和解决方法

一、垃圾的分类

（一）可回收物

可回收物主要包括废纸、塑料、玻璃、金属和布料五大类，如图 7-1 所示。

图 7-1 可回收垃圾

废纸：主要包括报纸、期刊、图书、各种包装纸等。但是，要注意纸巾和厕所纸由于水溶性太强不可回收。

塑料：各种塑料袋、塑料泡沫、塑料包装（快递包装纸是其他垃圾 / 干垃圾）、一次性塑料餐盒餐具、硬塑料、塑料牙刷、塑料杯子、矿泉水瓶等。

玻璃：主要包括各种玻璃瓶、碎玻璃片、暖瓶等（镜子是其他垃圾 / 干垃圾）。

金属物：主要包括易拉罐、罐头盒等。

布料：主要包括废弃衣服、桌布、洗脸巾、书包、鞋等。

这些垃圾通过综合处理回收利用，可以减少污染，节省资源。如每回收 1 吨废纸可造好纸 850 千克，节省木材 300 千克，比等量生产减少污染 74%；每回收 1 吨塑料饮料瓶可获得 0.7 吨二级原料；每回收 1 吨废钢铁可炼好钢 0.9 吨，比用矿石冶炼节约成本 47%，减少空气污染 75%，减少 97% 的水污染和固体废物。

（二）厨余垃圾

厨余垃圾（上海称湿垃圾）包括剩菜剩饭、骨头、菜根菜叶、果皮等食品类废物。经生物技术就地处理堆肥，每吨可生产 0.6 ～ 0.7 吨有机肥料。

（三）有害垃圾

有害垃圾含有对人体健康有害的重金属、有毒的物质或者对环境造成现实危害或者潜在危害的废弃物，包括电池、荧光灯管、灯泡、水银温度计、油漆桶、部分家电、过期药品及其容器、过期化妆品等。这些垃圾一般单独回收或填埋处理。

（四）其他垃圾

其他垃圾（上海称干垃圾）包括除上述几类垃圾之外的砖瓦陶瓷、渣土、卫生间废纸、纸巾等难以回收的废弃物及尘土、食品袋（盒）。采取卫生填埋可有效减少对地下水、地表水、土壤及空气的污染。

大棒骨因为“难腐蚀”被列入“其他垃圾”。玉米核、坚果壳、果核、鸡骨等则是餐厨垃圾。

卫生纸：厕纸、卫生纸遇水即溶，不算可回收的“纸张”，类似的还有烟盒等。

餐厨垃圾装袋：常用的塑料袋，即使是可以降解的也远比餐厨垃圾更难腐蚀。此外，塑料袋本身是可回收垃圾。正确做法应该是将餐厨垃圾倒入垃圾桶，塑料袋另扔进“可回收垃圾”桶。

果壳：在垃圾分类中，“果壳瓜皮”的标志就是花生壳，其的确属于厨余垃圾。家里用剩的废弃食用油，也归类在“厨余垃圾”。

尘土：在垃圾分类中，尘土属于“其他垃圾”，但残枝落叶属于“厨余垃圾”，包括家里开败的鲜花等。

二、垃圾回收存在的问题

（一）回收萎缩

国营垃圾回收日见萎缩。中国是最早提出垃圾分类收集的国家之一。以北京为例：1965 年，二环路以内，国营废品收购站有 2000 多个。20 世纪 80 年代后，其规模严重萎缩；1997 年，三环路以内的国营废品收购站仅剩 16 个。

（二）拾荒大军

拾荒大军取而代之问题多多。8.2 万人的拾荒者，每年从北京“捡走”9.3 亿元，同时还将废弃物转化成为新的资源，客观上减轻了政府处理垃圾的负担，减少 18 亿元的处理费用，延长了垃圾填埋处理场的使用寿命。但是，这些民间自发的拾荒者，均是无照经营，缺乏规范、检验和约束，致使垃圾在捡拾、收集、运输、加工过程中造成严重的二次污染，他们自身的传染病发病率也较高。

（三）垃圾道

垃圾道成为百姓的苦恼。北京如今高楼林立，垃圾道成为许多地方的卫生死角，脏乱不堪的垃圾道口，蚊蝇十分张狂，加上拾荒者的胡乱翻找，使得居民们每当走过时必捂鼻而过，底层的住户可就无法逃避，在炎热的夏季也不敢打开门户。老百姓期待新型垃圾回收办法的实施。

（四）袋装垃圾

袋装垃圾并非长久之计。北京一些地方开始实行封闭垃圾道，用塑料袋装垃圾定时回收的办法，以减少垃圾露天堆放对环境的影响。2000 年 2—5 月期间，北京组织了“发展绿色流通，倡导绿色消费”的一次大型绿色消费调查。调查结果表明：消费者使用后的商场购物袋重复使用的占 89.91%，其中，充当垃圾袋的占 57.05%。

（五）不懂垃圾分类

分类垃圾桶的困惑。北京一些街边虽然采用了分类垃圾桶，但许多人不知如何进行分类投放，不知道什么是可回收的垃圾。在一些社区，由于民间环保组织的倡导，也开展了垃圾分类的尝试，但环卫局的垃圾车又把分类好的垃圾倒到一起运走，严重挫伤了老百姓的环保积极性，产生了负面影响。可见，没有完整的收购、运输、销售、加工、成品市场等组织的再利用产业体系的支持，垃圾分类无法产生经济效益，只能是劳民伤财的空忙。

（六）埋不胜埋，烧不胜烧

随着经济的发展和人民生活水平的提高，垃圾问题日益突出。中国 668 座城市中，2/3 被垃圾环带包围。这些垃圾埋不胜埋，烧不胜烧，造成了一系列严重危害。

垃圾资源化潜力随着生活水平和经济的发展也不断增长。在垃圾成分中，金属、纸类、塑料、玻璃被视为可直接回收利用的资源，占垃圾总量的 42.9%，可直接回收利用率应不低于 33%。

三、垃圾回收解决方案

（一）依靠社区消费者

面对此现状，首先一定要尽快规范拾荒者的经营行为，加强引导和管理，在使其减少对社会不良影响的前提下，实现从无序到有序的经营企业的转变，充分发挥垃圾分类回收利用的作用。更重要的是，必须建立更加超前的消费者分类回收体系。

（二）树立垃圾分类的观念

广泛开展垃圾分类的宣传、教育和倡导工作，使消费者树立垃圾分类的环保意识，阐明垃圾对社会生活造成的严重危害，宣传垃圾分类的重要意义，呼吁消费者积极参与垃圾分类。同时教会消费者垃圾分类的知识，使消费者进行垃圾分类逐渐成为自觉和习惯性行为。

（三）改造或增设垃圾分类回收的设施

可将一个垃圾桶分割成几个隔断或建立几个独立的分类垃圾桶。垃圾分类应逐步细化。垃圾分类搞得越细越精，越有利于回收利用。可以用不同颜色的垃圾桶分别回收玻璃、纸、塑料和金属类包装垃圾、植物垃圾、生活垃圾、电池灯泡等特殊的垃圾。垃圾桶上必须注明回收的类别和简要使用说明，指导消费者使用。垃圾桶也可以成为企业广告的载体，企业可以承担制作费用。

社区回收站可由社区物业或居委会负责管理，建立现代社区的垃圾经营和回收服务功能，使垃圾回收成为其创收的途径，贴补消费者卫生保洁费用的不足。政府可实行减免经营税的倾斜政策，来调动社区的管理积极性。新建小区更是要合理规划垃圾回收站，并使其逐渐成为审批和验收的必备条件，强化新型社区的综合功能。

（四）改善垃圾储运形式

对于一些体积大的垃圾，应该压缩后进行储运。尤应注意的是，要对环卫局的垃圾回收车进行分隔式的改造，分类装载垃圾。充分发挥原有垃圾回收渠道的作用，将可再生利用的垃圾转卖到企业。另外，建立垃圾下游产业的专门回收队伍，由厂家直接回收，实现多渠道回收，引入价格和服务的竞争机制，以此提高他们的服务质量和垃圾的回收率。

（五）实行家庭短期收集，定期分时段分类回收

可以将垃圾分类一星期内暂时由家庭保管，环卫每天早晨收集容易腐烂的菜叶等餐厨垃圾，每天中午收集可以回收利用的垃圾，中午收集建筑垃圾，晚上收集其他垃圾。社区或物业管理部门定期对新来户上门指导或发宣传册，让居民都知道如何垃圾分类。有条件的地方，还要定期播放学习国外环保收集垃圾的视频，提高本地区居民的素质，使他们形成爱护环境就是爱护自己的意识。

四、垃圾回收操作流程

垃圾分类及回收操作流程

产生垃圾时，应将垃圾按本地区的要求做到分类储存或投放，并注意做到以下几点。

（一）垃圾收集

收集垃圾时，应做到密闭收集，分类收集，防止二次污染环境。收集后应及时清理作业现场，清洁收集容器和分类垃圾桶。非垃圾压缩车直接收集的方式，应在垃圾收集容器中内置垃圾袋，通过保洁员密闭收集。

（二）投放前

纸类应尽量叠放整齐，避免揉团；瓶罐类物品应尽可能将容器内产品用尽后，清理干净后投放；厨余垃圾应做到袋装、密闭投放。

（三）投放时

应按垃圾分类标志的提示，分别投放到指定的地点和容器中。玻璃类物品应小心轻放，以免破损。

（四）投放后

应注意盖好垃圾桶上盖，以免垃圾污染周围环境，滋生蚊蝇。

第三节 士官生如何做好垃圾分类

近年来，我国加速推行垃圾分类制度，全国垃圾分类工作由点到面、逐步启动，46个重点城市先行先试，分类投放、分类收集、分类运输、分类处理，成效初显。越来越多的城市已经或正在出台生活垃圾管理条例，将垃圾分类纳入法制框架。

2017年，《关于军队单位落实生活垃圾分类制度的意见》印发，明确对于驻地已实施强制分类制度的军队单位，要积极主动配合当地有关部门，坚决落实生活垃圾强制分类制度和驻地有关要求，积极做好营区生活垃圾分类工作。对于驻地尚未实施生活垃圾强制分类制度的军队团以上机关、院校、科研和医疗单位，要率先开展生活垃圾强制分类工作；其他单位应当按照要求，以及驻地人民政府制定的生活垃圾分类指南，自觉稳步地开展生活垃圾分类。2019年，在北京地区组织开展了5个生活垃圾分类示范营区建设。

生活垃圾分类不仅是基本的民生问题，也是生态文明建设的题中之意。加快推进军队单位生活垃圾分类工作，对于引导官兵形成绿色生活方式，不断改善营区和驻地环境质量具有重要意义。作为当代大学生、士官生的我们，做好垃圾分类显得尤为重要。

一、做好垃圾分类的必要性

随着我国经济水平和人民生活水平不断提高，垃圾问题日益突出，大学校园虽然实行封闭管理，但士官生日常训练、工作学习、生活都在营区内，人员相对集中，便于管理，能够做到令行禁止。然而，士官生日常生活购物和手机网络购物增多，部分士官生环保和垃圾分类意识不足，每天都会比以往产生更多的垃圾，垃圾分类工作进展缓慢。士官生做好垃圾分类，有利于保护自然环境、节约自然资源，同时也有利于发扬我军勤俭节约、艰苦奋斗的光荣传统和优良作风。

二、士官生如何做好垃圾分类

（一）提高思想认识，加大宣传教育

我军历来重视内务建设和环境卫生、营区环境呈现绿化、美化、净化、细化的特点。垃圾要分类丢进垃圾桶，体现军人真正的内在美。尽管这只是认知和行为上的小小改变，可是播下绿色的种子对国家意义重大。士官生以学习训练为主业，但这并不与绿色低碳相冲突。作为准军人要主动成为垃圾公害治理的积极践行者，通过垃圾分类来为战胜垃圾公害贡献自己的力量。莫以善小而不为，垃圾处理问题必须要得到全社会的共同参与才能解决。勤俭节约废物利用，是我军的传家宝。学院在优良传统宣传教育中可以增加垃圾分类方面的引导，向士官生介绍垃圾分类的好处和常识，鼓励士官生变废为宝。在饭堂、垃圾桶、垃圾场制作温馨提示，如“请给垃圾找个合适的家”“垃圾分类人人做，做好分类为人人”“积极参与垃圾分类，创优美营区环境”等，扩充士官生对垃圾分类的

认识和提高其自觉性。

（二）发挥“五小工”作用，培育良好习惯

为进一步弘扬“奉献、友爱、互助、进步”的志愿者精神与传统美德，用实际行动践行当代雷锋精神，学院成立了“以校为家、自家自建”五小工志愿服务队。“五小工”可以承担起士官营区的生活管家责任，积极推行开展垃圾分类活动，对回收的垃圾进行定期分拣和处理，既美化了环境，又将垃圾义卖的费用再次用于“五小工”志愿活动。

垃圾分类看似是一件很小的事情，但要养成良好的垃圾分类习惯，非一日之功。从现在开始就要了解掌握科学的垃圾分类方法。如果有人不按照规定处理垃圾，就要对其进行批评和说服教育。对待垃圾分类应当一丝不苟，非常严格，废旧报纸和书本要捆扎得整整齐齐，有水分的垃圾要控干水分，锋利的物品要用纸包好防止割伤，用过的喷雾罐要扎一个孔以防出现爆炸。虽然我们目前的垃圾分类工作还在起步阶段，不过，不积跬步无以至千里，若每名士官生都能从自身做起，摒弃嫌麻烦的想法，从一点一滴改变，逐渐培养垃圾分类的意识和行为，最终形成垃圾分类的良好习惯。

（三）细化分类标准，配套硬件设施

我国一般根据垃圾的成分构成、产生量、回收利用方式，将垃圾分为可回收垃圾、厨余垃圾、有害垃圾和其他垃圾。针对大学校园特点和士官的自身实际，在士官营区，以可回收垃圾和其他垃圾为主，厨余垃圾和有害垃圾较少。应结合这个特点，坚持先易后难、循序渐进的原则将垃圾按以下标准分类。

（1）可回收垃圾：主要包括废纸、塑料、玻璃、金属、布类、电子产品。

（2）厨余垃圾：包括剩饭剩菜、果皮等食物垃圾和落叶、杂草等植物垃圾。

（3）有害垃圾：包括废电池、废日光灯管、过期药品等对人体有害的物质。

（4）其他垃圾：包括砖瓦、渣土、纸巾、大骨头、烟头、花生壳等难以回收利用的废弃物。

（5）特殊垃圾：主要指涉军装备物资、营产营具损耗形成的垃圾，还有单位自定的特殊垃圾。

士官生应主动作为，不怕麻烦，积极动手动脑，变废为宝，促进垃圾变资源。对于特殊垃圾还要积极联系上级机关及时报废回收，按规定统一处置。垃圾分类是一项长期的社会工程。其成效并不局限于一个时间段，持之以恒是关键。树立垃圾分类的生态文明理念，管理到位，措施得当，通过全体师生的长期坚持和不懈努力，学院垃圾分类工作一定会走在社会的前列。

三、士官生垃圾分类的操作流程

产生垃圾时，应将垃圾按本地区的要求做到分类储存或投放，按照操作分类，适量积攒，打捆扎口，对应投放。

（一）可回收垃圾

士官营区可回收垃圾主要有：矿泉水饮料瓶、废旧报纸书籍、硬纸板等。收集垃圾时，应做到密闭收集，分类收集，防止二次污染环境，收集后应及时清理作业现场，清

洁收集容器和分类垃圾桶。各楼层将清扫中收集的可回收垃圾集中存放在可回收垃圾桶内，指定专门人员密闭收集可回收垃圾桶内垃圾，积攒存放在回收垃圾暂存点。达到一定数量后，安排集中售卖处理。

（二）其他垃圾

其他垃圾，包括砖瓦、渣土、纸巾、大骨头、烟头、花生壳等难以回收利用的废弃物。清扫卫生后产生的垃圾，集中到各楼层其他垃圾桶内，由值日人员集中清倒至营区垃圾场，由地方环卫部门集中处理。

（三）厨余垃圾

厨余垃圾包括剩饭剩菜、果皮等食物垃圾和落叶、杂草等植物垃圾。厨余垃圾应做到袋装、密闭投放。

（四）有害垃圾

有害垃圾包括废电池、废日光灯管、过期药品等对人体有害的物质，应做到单独袋装、专门投放。灯管灯泡等垃圾，为防止伤害垃圾处理人员，应单独处理；为防止过期药品被误食，投放前应进行损坏。

附录一　生活工具的使用

一、钳子的使用

（1）使用钳子时应该用右手操作，将钳口朝内侧，便于控制钳切部位，用小指伸在两钳柄中间来抵住钳柄，张开钳头，这样分开钳柄更灵活，如图 1 所示。

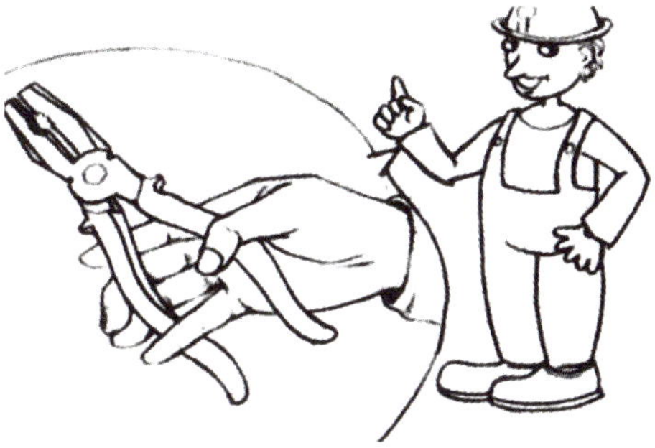

图 1　钳子使用 1

（2）钳子的刀口可用来剖切软电线的橡皮或塑料绝缘层，也可用来切剪电线、铁丝，刀口在剪 8 号镀锌铁丝时，应用刀刃绕表面来回割几下，然后只需轻轻一扳，铁丝即被切断。铡口可以用来切断较粗的电线、钢丝等较硬的金属线，如图 2 所示。

图 2　钳子使用 2

（3）用尖嘴钳弯曲导线接头时，应先将线头向左折，然后紧靠螺杆依顺时针方向向右弯曲即成，如图 3 所示。

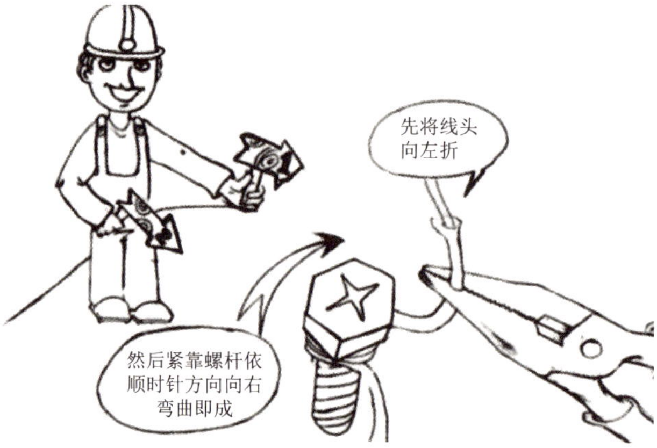

图 3　尖嘴钳使用

（4）钳子的绝缘塑料管耐压 500V 以上，有了它可以带电剪切电线，但使用中切忌乱扔，以免损坏绝缘塑料管，也不可用钳子剪切双股带电电线，会导致短路，更不可把钳子当锤子使，如图 4 所示。

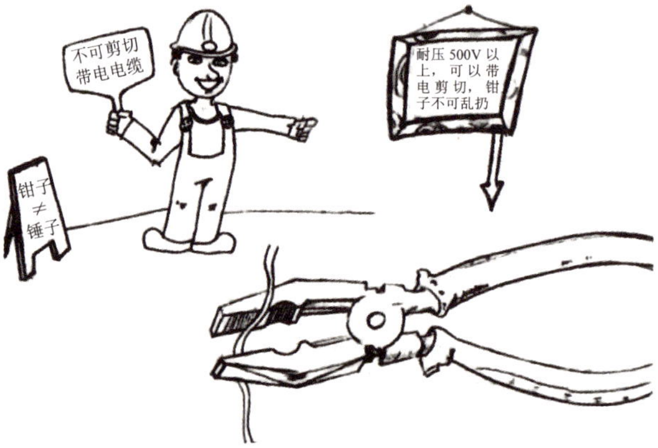

图 4　钳子使用 3

二、螺丝刀的使用

（1）大螺丝刀的使用：大螺丝刀一般用来紧固或旋松大的螺钉。使用时，用大拇指、食指和中指夹住握柄，手掌顶住握柄的末端，以适当力度旋紧或旋松螺钉，刀口要放入螺钉的头槽内，不能打滑。

（2）小螺丝刀的使用：小螺丝刀一般用来紧固或拆卸电气装置接线桩上的小螺钉，使用时可用大拇指和中指夹住握柄，用食指顶住握柄的末端捻旋，不能打滑以免损伤螺钉头槽。

（3）长螺丝刀的使用：用右手压紧并转动手柄，左手握住螺丝刀的中间，不得放在螺丝刀的周围，以防刀头滑脱将手划伤。

注意事项：

1. 电工必须使用带绝缘手柄的螺丝刀。

2. 使用螺丝刀紧固或拆卸带电的螺钉时，手不得触及螺丝刀的金属杆，以免发生触电事故。

3. 为防止螺丝刀金属杆触及皮肤或触及临近带电体，应在金属杆上套装绝缘管。

4. 使用时应注意选择与螺钉顶槽相同且大小规格相适应的螺丝刀。

5. 切勿将螺丝刀做他用，以免损坏螺丝刀柄或刀刃。

三、锯弓的使用

锯弓主要由 3 部分组成：框架、锯条、调节旋钮，如图 5 所示。

使用锯弓时第一件事就是安装锯条。安装锯条时，先将锯条的两个孔套进固定柱上，再旋紧调节旋钮，如图 6 所示。

图 5 锯弓组成

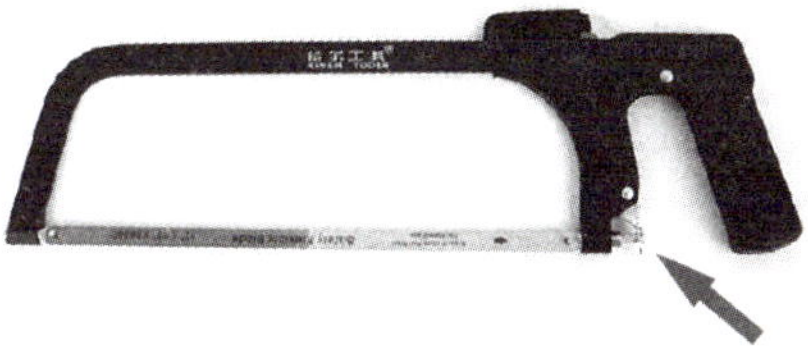

图 6 安装锯条

需要注意的是，锯条的安装是有方向的，锯齿应该朝向远离把手的一侧。工作时，一只手握紧把手，另一只手握住弓背，腰部微弯。用力也是有方法的，当向下推动锯弓时用力，向上拉动时应轻拽，如图 7 所示。

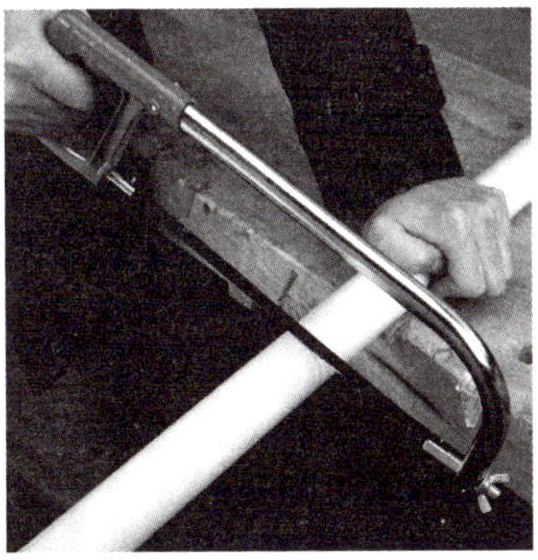

图 7 锯弓使用

四、锤子的使用

锤子是在日常生活中属于很常见的一种手工具之一。锤子是用来敲打物体使物体移动或变形的工具。我们经常用它来敲钉子，矫正或是将物件敲开。它有着各式各样的形式，常见的形式是一柄把手以及顶部。顶部的一面是平坦的以便敲击，另一面则是锤头。锤头的形状可以像羊角或是楔形。使用前一定要观察其是否牢固，比如手柄部分和金属头部有没有松动或者脱落，否则很容易造成伤害。

锤子也分大小，在每个使用场合选择的榔头不同，要根据工况条件选择，比如使用大榔头时，在大锤活动范围内不能有人，以防误伤。

有一种羊角锤不但可以敲击，还可以起钉子：只需要用羊角锤的缝隙夹住钉子，往前后一拉就能出来。最好在羊角锤下面垫点东西，这样起钉更省力，如图 8 所示。

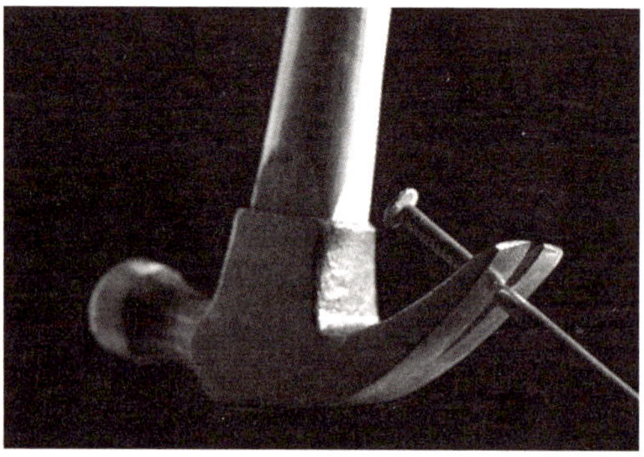

图 8　羊角锥起钉

还有一种为圆头锤，如图 9 所示。圆头锤在凹凸不平的表面比较适用，比如有个小坑要钉钉子，那么圆头锤可比平头敲得更深，也更方便。

图 9　圆头锤

如果我们使用大号锤子，应注意：锤头与把柄连接必须牢固，凡是锤头与锤柄松动、锤柄有劈裂和裂纹的绝对不能使用；锤头与锤柄在安装孔的加楔，以金属楔为例，楔子的长度不要大于安装孔深的 2/3；在击打时有一定的弹性，把柄的中间靠顶部的地方要比末端稍狭窄；锤头不准淬火，不准有裂纹和毛刺，若发现飞边卷刺应及时修整；使用过程中，必须注意前后、左右、上下，在大锤运动范围内严禁站人，以免在施工过程中伤及他人。

羊角锤既可敲击、捶打，又可以起拔钉子。但对较大的工件锤打就不应使用羊角锤。钉钉子时，锤头应平击钉帽，使钉子垂直进入木料，起拔钉子时，宜在羊角处垫上木块，增强起拔力，但不应把羊角锤当撬具使用，应注意敲击面的平整完好，以防钉子飞出或锤子滑脱伤人。

五、扫把的使用

（1）握法：用一只手的大拇指按在扫把端上，并用其他的四指握住，另一只手则在下方 30 ～ 40cm 处握住。

（2）姿势：上身微向前倾，但不可太弯曲，采用不易疲劳的姿势。扫法：扫把不离地面，扫动时手要用力往下压，既要把灰尘、垃圾扫干净，又要防止灰尘腾起，如地面灰尘过多，可用喷雾器喷些清水再扫。每扫一下应在地面上墩一墩，以拆除沾在扫把上的灰尘及垃圾。

图 10　扫把的使用

（3）作业方式。

1）为了不踩踏垃圾，应不断向前方清扫。

2）从狭窄处向宽广处清扫，从边角向中央清扫。

3）室内清洁时，原则上由里及外。

4）清扫楼梯时，应站在下一级，从左右两端往中央集中，然后再往下扫，要注意防止垃圾、灰尘从楼梯旁掉下去。

（4）注意事项。

1）一定要扫干净，不可留下纸屑灰尘，不可在地面上留下扫把痕迹，特别是将垃圾扫入铲时，不可留下未扫进去的垃圾和灰尘。

2）扫把容易粘附棉状尘，应经常用毛刷子或毛梳子工具将其除去。

3）每天作业完毕，拖把、尘推、扫把均要晾干后归库。

4）地面上有香口胶等恶性沾污垢时，要及时用小铲除去，并用地拖拖干净。

六、拖布的使用

（1）为提高长拖把使用效率，拖地之前最好能够先将毛发及灰尘垃圾扫除。

（2）拖把拖地的方向尽量顺着地板的纹路，才易将污垢带除，达到清洁的效果。

（3）清洗拖把最好以流动的水来冲洗会较干净，如果有使用地板清洁剂的习惯，可先将脏污的拖把放在水龙头下冲掉污垢后，再放入装有清洁剂的水桶中浸湿，再拧干拖地。

（4）要注意各种类型拖把的使用方式，用对方法才能提高拖把使用的效率，例如有些胶棉拖把在使用前要先泡水才能使用。

（5）使用拖把擦木头地板时，尽量不要使用含水量高的拖把，如胶棉拖把。因木质地板表面具毛细孔，容易吸水气，而造成地板变形脆弱，缩短寿命。

附录二　工作及新闻报道

一、工作情况

学院坚持把抓好“五小工”志愿服务队建设当作一项重要工作来做，建立志愿服务长效机制，各小组根据自身情况广泛开展志愿活动，既围绕社会公益事业开展主题志愿者行动，也立足营区环境整治、营产营具维修进行服务，不断拓展志愿者活动领域。志愿服务队自成立以来主要开展了以下活动：水木维修工组定期对营区公共设施损坏情况进行排查和维修；电子维修工组为师生开展电子维修，定期为办公电脑进行清理维护；营房维修工组对士官楼栏杆和墙面进行油漆翻新；志愿服务组开展敬老院献爱心、“让爱在书本间传递爱心”义捐活动，共计义捐480元，积极开展校内外志愿服务活动；理发工组定期开展义务理发活动。同时，结合党和国家重要节日，加强爱党、爱祖国、爱社会主义教育宣传力度，以“不忘初心、牢记使命”主题教育为契机，建强党员志愿者队伍。各小组在工作中注重培育典型，打造特色品牌，坚持搞好活动宣传，通过“航院兵事”微信公众号、长沙航院官网和各大媒体，对志愿服务进行广泛报道，在全院师生、上级部门、兄弟单位和全社会引起强烈反响。“五小工”志愿服务队自成立以来，累计开展活动1000余次，为学院节约资金300000余元，改善了生活设施，美化了校园环境，提升了实践能力，使士官生树立了以校为家的思想觉悟，激发了乐于助人的精神境界，工作成效显著，打造了德育实践新品牌。

二、其他活动

（一）参加建党100周年红歌比赛

2021年是中国共产党建党100周年，也是“五小工”志愿服务队成立两周年，为进一步争当优秀青年志愿者，“五小工”合唱队登上红歌舞台，用歌声表达对党的热爱，如图1所示。

（二）周边中小学定点志愿服务活动

“五小工”志愿服务队坚持与周边中小学建立志愿服务点，将所学知识服务中小学生成长进步，为他们送去科学文化和国防教育，如图2所示。

三、新闻报道

“五小工”志愿服务队的每一次志愿服务活动都是一个独立的新闻事件，为进一步做好活动宣传、扩大社会影响，提升志愿服务正能量，让社会更加清晰地认识志愿服务内涵，通过报刊、媒体终端等方式大力开展新闻报道。自成立以来，“五小工”志愿服务事迹先后被“航院兵事”微信公众号、长沙航院官网和中国教育新闻网、新湖南客户端、《三湘都市报》和《潇湘晨报》等各大媒体宣传报道，如图 3 所示。

图 1 “五小工”合唱队

图 2 “五小工”志愿服务队

人民日报 有品质的新闻

全国职业院校劳育交流会在长沙航院举行

10月25日上午，教育部职业院校文化素质教育指导委员会主办，长沙航空职业技术学院承办的全国职业院校劳动教育经验交流会召开。交流会采取线上线下同时进行的方式，线下主会场设长沙航空职业技术学院，另外设教育部、昌平职业学校等六个视频分会场，各地教育行政管理机构、职业院校和研究机构线上参会，线上参会人数超过13000人。教育部职成司领导、湖南省教育厅领导、教育部职业院校文化素质教指委部分委员、全国劳动教育部分专家、全国高职院校代表参加会议。

会上湖南省教育厅二级巡视员柴世钦代表省委教育工委、省教育厅致辞，介绍了省委教育工委就加强劳动教育进行顶层谋划的情况，他认为，"这次全国劳动教育经验交流会是对我省职业院校劳动教育成果的一次检阅，更是对我省职业院校劳动教育教学改革发展的一种助推"。

教育部职成司司长陈子季讲话，就切实做好劳动教育工作提出了要求，他强调，在深入推进劳动教育的同时，要进一步规范职业院校实习工作。他指出，实施劳动教育意义重大，各地和学校要将劳动教育摆在突出位置上，切实加强劳动教育条件保障、专业支持和督导评估，整体提高职业院校劳动教育质量和水平。

随后，长沙市教育局，重庆工业职业技术学院，山东省潍坊商业学校，北京市昌平职业学校，长沙航空职业技术学院等相关专家们就职业院校劳动教育的内涵、实施劳动教育的路径以及新时代劳动教育理念及保障等内容进行了经验分享。

中国教育新闻网

首页 综合 两报四刊精品 学前 基教

长沙航空职院300名"五小工"开展志愿服务活动200余次

作者：阳锡叶 李金津 贺迪军

发布时间：2020.03.04

来源：中国教育新闻网

中国教育报-中国教育新闻网讯（记者 阳锡叶 通讯员 李金津 贺迪军）"我志愿成为一名光荣的五小工。我承诺：以校为家，自家自建，苦练技能，积极工作……"在湖南长沙航空职业技术学院有着这样一群学生，5公里长跑、引体向上、俯卧撑不在话下，擒拿、格斗、匕首操样样精通，还能在日常生活中发挥自己独有的"十八般武艺"，保障学院营房、水木、电子维修任务，开展义务理发、志愿服务，他们用实际行动践行着当代雷锋精神，他们就是长沙航院士官学员组成的"五小工"志愿服务队。

"五小工'志愿服务队是模拟部队'五小工'建立的，旨在引导学生从自身做起，以

图3 "五小工"志愿服务队报道